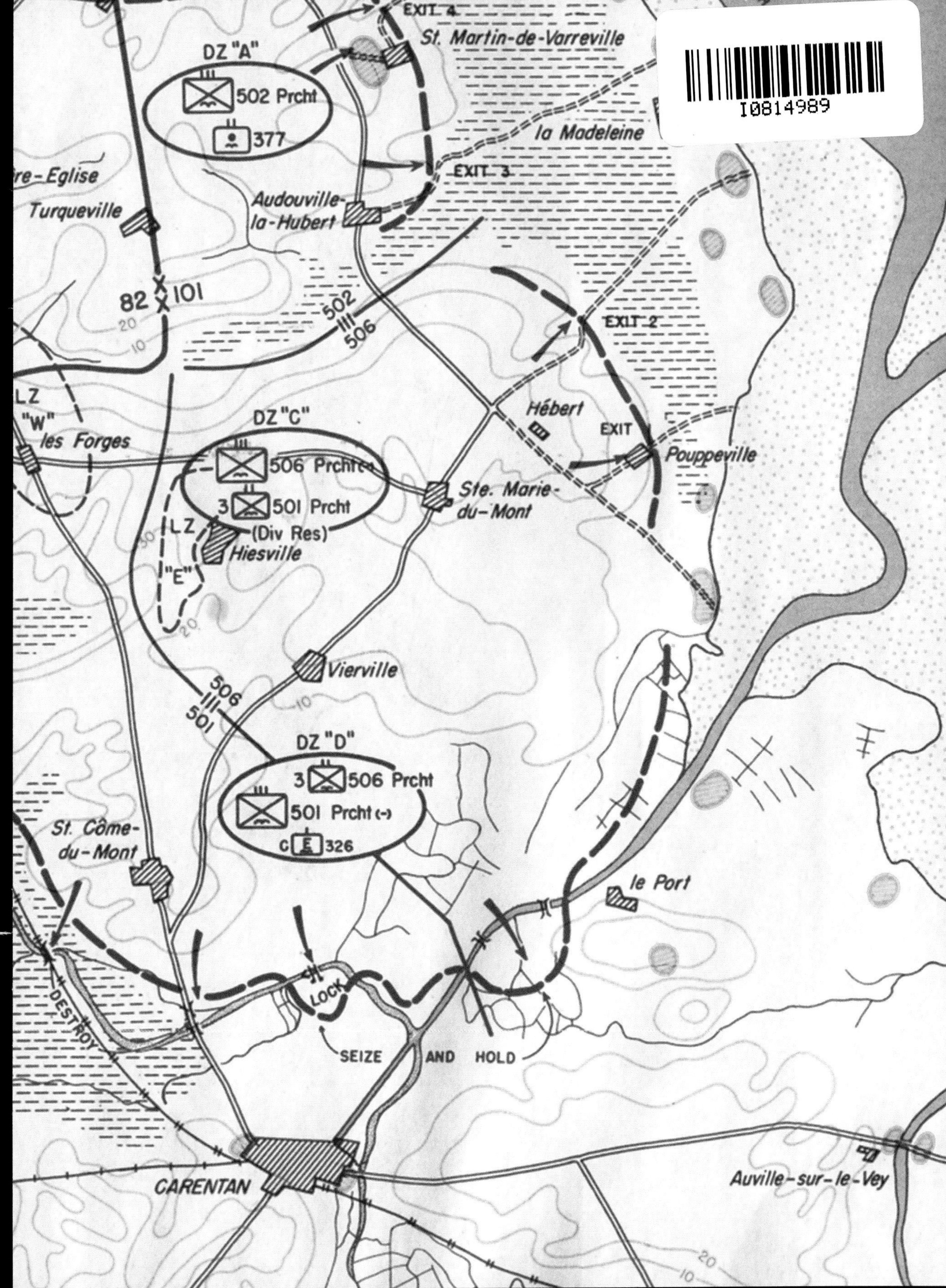
EXIT 4
St. Martin-de-Varreville
DZ "A"
502 Prcht
377
la Madeleine
-re-Eglise
Turqueville
EXIT 3
Audouville-
la-Hubert
82
101
502
506
EXIT 2
LZ
"W"
les Forges
DZ "C"
506 Prcht
3
501 Prcht
(Div Res)
LZ
Hiesville
"E"
Hébert
EXIT
Pouppeville
Ste. Marie-
du-Mont
Vierville
506
501
DZ "D"
3
506 Prcht
501 Prcht (-)
C
E
326
St. Côme-
du-Mont
le Port
DESTROY
LOCK
SEIZE
AND
HOLD
CARENTAN
Auville-sur-le-Vey

« Il est des époques, des hommes et des événements, sur qui l'Histoire, et elle seule, peut porter un jugement définitif. Les contemporains et les observateurs individuels ne doivent se permettre d'écrire, que ce qu'ils ont vu ou entendu. Voilà ce qu'exige la vérité. »

TITE LIVE (59 av. J.-C. - 17 apr. J.-C.)

Traduction et adaptation française : Paul Cherrier
Maquette : Helmut von Keusgen, Nicolas Bucourt pour la version française

ISBN : 9-782840-485438
Dépôt légal 2e trimestre 2019

Éditions Heimdal
2, rue de la Cartoucherie
14400 Saint-Martin-des-Entrées
Tél. : 02 31 51 68 68 – Fax : 02 31 51 68 60
www.editions-heimdal.fr

Helmut Konrad von Keusgen

& SAINTE-MERE-EGLISE MERDERET

Zone d'opérations aéroportées américaines du jour J

HEIMDAL

SOMMAIRE

REMARQUE ET REMERCIEMENTS DU TRADUCTEUR

Je me suis efforcé d'avoir un regard le plus critique possible dans la traduction de ce nouvel ouvrage de Helmut-Konrad Freiherr von Keusgen, dont le principal mérite est de présenter plusieurs témoignages allemands passionnants, et méconnus, de l'occupation et des combats du Cotentin. Il a fallu apporter diverses précisions et corrections, parfois sous la forme de notes de bas de page (NDT), pour que le lecteur francophone ait une description la plus recherchée et cohérente possible des événements. L'iconographie a, elle aussi, nécessité d'être retravaillée et approfondie, car celle de la version d'origine, vouée à un public germanophone peu coutumier de la bataille de Normandie, aurait sans doute paru lassante aux yeux de nombre de nos lecteurs.

Je suis reconnaissant à von Keusgen et à sa collaboratrice madame Röhrs pour avoir répondu avec enthousiasme à mes questions. Je remercie chaleu- reusement mes collègues Damien Bouet et Thierry Quittard, qui ont permis une valorisation non négligeable de l'iconographie, ainsi que Thibault Grimaldi et Philippe Tanne pour l'accès à de belles pièces de leur collection. Un grand merci aussi, pour le temps qu'ils m'ont consacrés, à Emmanuel Allain, du centre D-Day Experience (ancien Dead Man's Corner Museum) de Saint-Côme-du-Mont, et à Eric Belloc, du musée Airborne de Sainte-Mère-Église. Leurs explications précises et détaillées sur l'univers des US-Paratroopers en Normandie ont permis d'enrichir cet ouvrage.

Paul Cherrier, mars 2019

GLOSSAIRE

Vocabulaire allemand

Artillerist : Artilleur
Divisions-Kommandeur (Div.-Kdr.) : Commandant de division
Fallschirmjäger (Fsch.-Jg) : Chasseur-parachutiste
Fernmelder : agent de transmissions servant soit un téléphone, soit un poste-radio
Festung : Forteresse
Flak : D.C.A.
Flak-Instandesetzungs-Zug : Section de réparation et d'entretien de D.C.A.
Generalleutnant (Gen.-Lt.) : Général de division
Gefreiter (Gefr.) : Caporal
Hauptmann (Hptm.) : Capitaine
Heer : Armée de terre
Kampfgruppe : Groupement tactique
Karabiner (Kar.) : Fusil court ou mousqueton
Landser : Troufion, troupier, en jargon militaire allemand
Leutnant (Lt.) : Sous-lieutenant
Luftbeobachter : Observateur du ciel
Luftwaffe : Aviation
Major : Commandant
Maschinengewehr (MG.) : Fusil-mitrailleur ou mitrailleuse
Maschinenpistole (MP.) : Pistolet-mitrailleur
Oberfeldwebel : Adjudant-chef
Obergefreiter (Ogefr.) : Caporal-chef
Oberleutnant (Oblt.) : Lieutenant
Oberst : Colonel
Oberstleutnant (OTL) : Lieutenant-colonel
Ostfront : Front de l'Est
« ***Rommelspargel*** » **:** Asperge de Rommel
Schützenloch : Trou individuel
Stabs-Kompanie (Stabs-Kp.) : Compagnie de commandement
Unteroffizier (Uffz.) : Sergent ou sous-officier
Zeltbahn : Toile de tente

Vocabulaire anglais

Airborne Division : Division aéroportée
"All American" ("AA") : surnom des hommes de la 82nd Airborne
Brigadier : Général de brigade
Bundle : Ballot de ravitaillement`
Corporal : Caporal
Dropping Zone (DZ) : Zone de parachutage
Glider : Planeur
Glider Infantry Regiment (GIR) : Régiment d'infanterie aéroporté par planeur
Gliderman - Gliderist : Soldat aéroporté ou aérotransporté par planeur
Headquarter-Company : Compagnie de commandement
Jumpmaster : Largueur
"Krauts" : Surnom américain donné aux soldats allemands
Landing Zone (LZ) : Zone d'atterrissage
Major : Commandant
Parachute Infantry Regiment (PIR) : Régiment de parachutistes
Paratrooper : Parachutiste
Pathfinder : Éclaireur
Platoon : Section
Private : Soldat de 2e classe
"Screaming Eagle" : surnom des hommes de la *101st Airborne*
Stick : File de parachutistes
Task Force (T.F.) : Groupement tactique
***Troop Carrier* (aviation) :** Avion transporteur de troupes

Avant-propos

La place de l'église médiévale Notre-Dame de l'Assomption et, au premier plan, la borne miliaire de la période gallo-romaine. A priori, un lieu figé depuis des siècles, si ce n'est ce curieux mannequin qui se démarque, suspendu à son parachute sur le clocher... (Photo Damien Bouet)

Un village et une rivière de l'est du Cotentin

Sainte-Mère-Église. Cerné de prairies grasses et de pommeraies, cette grosse bourgade de la Manche est nichée sur un terrain plat, entre le Merderet à l'ouest et le littoral du Cotentin à l'est. Son histoire est ancienne : à l'origine, un petit groupement d'habitations portant le nom franc de « Sindmer », à un peu plus d'un kilomètre au nord-ouest de l'emplacement actuel du village. Après que ce dernier ait été entièrement dévasté durant la Guerre de Cent Ans (1339-1453), et sa population anéantie, cet endroit a alors été tristement baptisé « Vallée de Misère ». Plusieurs siècles auparavant, la construction d'une église romane a débuté, vers 1080, qui porte d'abord les noms, emprunts de latin et de vieux français, d'*Ecclesia de Sancta Maria*, de *Saincte Mariglise*... pour dériver jusqu'à son appellation actuelle de Sainte-Mère-Église. A la fin du XVe siècle, avec le retour à la paix et la disparition de « Sindmer », une paroisse se développe autour de l'église, qui en prend le nom. L'édifice est inscrit aux monuments historiques depuis la Monarchie de Juillet.

La borne miliaire de Sainte-Mère-Église, un vestige gallo-romain sur son socle de pierre, transformée en calvaire au moment de la Christianisation, qui a débuté au Bas-Empire et s'est prolongée durant tout le Haut Moyen-âge. (Photo : von Keusgen)

De nos jours, comptant environ 2 500 habitants, la commune est localisée à proximité de la voie ferrée Paris-Caen-Cherbourg, et d'une autoroute la longeant à l'ouest depuis 1992, remplaçant ainsi l'ancienne Route-Nationale 13 à deux larges voies qui, jusque là, traversait le cœur du village, avec un trafic fort soutenu. Dans le centre du bourg s'étend une grande place, sur laquelle se dresse l'église. Les soubassements de sa nef remontent au XIe siècle, le clocher et le transept sont plus tardifs, bâtis du XIIIe au XVe siècle, le clocher – haut de 28 mètres – est en bâtière, une forme répandue dans le Cotentin et l'ouest du Bessin. Cet imposant bâtiment a naturellement donné son nom à la place de l'église, que nous retrouverons si souvent dans la suite de ce récit.

Sur la place, ornée de tilleuls et longée à l'ouest par l'ancienne RN-13, se dresse une borne miliaire du Haut-Empire. A cette époque, une importante voie romaine y passait, qui conduisait vers le nord jusqu'à *Coriallo* (Cherbourg).

Non seulement Sainte-Mère-Église prétend fièrement avoir été la première commune de France libérée sur le continent, le 6 juin 1944, mais elle est devenue bien plus ! Elle est un centre essentiel des commémorations annuelles du Débarquement, où s'y démarque tout particulièrement le volet aéroporté américain des opérations du Jour-J. Ce dernier y est fêté, à chaque début de juin, de façon hautement spectaculaire, attirant de nombreux touristes du monde entier, qui viennent y voir l'église, le musée Airborne, les monuments et plaques commémoratives, des démonstrations de parachutages, les camps de reconstitution... Une source non négligeable de revenus pour les commerces, hôtels et restaurants dont les noms, à de rares exceptions près, rappellent le D-Day ou les parachutistes américains. Un sanctuaire, pourrait-on dire une vitrine des opérations aéroportées US !

A une petite dizaine de kilomètres au nord-est et à l'est du village s'étend la côte orientale de la Péninsule du Cotentin, bordée d'un charmant cordon dunaire et, juste en arrière, de marais et de prairies bocagères. Au sud-ouest et à l'ouest de Sainte-Mère-Église serpente une petite rivière, le Merderet, s'écoulant du nord au sud et bordée de nombreuses aires marécageuses. Une route peu large part du village en direction de l'ouest et du cœur de la péninsule, enjambant le Merderet juste à côté d'un manoir très pittoresque. S'y trouve un petit pont en pierre, à arche unique. Une autre route, partant

Vitrail de l'église rendant hommage à la libération du village par les *US-Paratroopers*. (Photo : Gerold Maderthaner)

Le pont sur le Merderet de La Fière. Là, les combats très violents du début de la bataille de Normandie ont, finalement, laissé peu de cicatrices dans le paysage. (Photo : von Keusgen)

de Sainte-Mère-Église, franchit le même cours d'eau à plus de quatre kilomètres au sud de La Fière, à la sortie occidentale de Chef-du-Pont, au hameau Le-Port-Bréhay, à l'ouest de Grainville. Le Merderet, peu large, mesure 36 kilomètres de long, et son débit lent, marqué par une eau relativement trouble (p-H de 8,3), le conduit jusque dans la Douve, à six kilomètres au sud-ouest de Sainte-Mère-Église. Cette dernière se jette dans le canal de Carentan qui, au nord-est de cette ville, rejoint la Manche au niveau de la sauvage baie des Veys.

Entre légende(s) et réalité

Dans la nuit du 5 au 6 juin 1944, un parachutiste américain atterrit sur le clocher... et va entrer dans la légende, rappelée par ce mannequin. (Photo : von Keusgen)

Le 12 avril 1973, je découvre Sainte-Mère-Église, un village presqu'insignifiant durant de longs siècles, encore banal au début de 1944 et qui, en quelques heures, s'est retrouvé projeté sur le devant de la scène internationale, considéré dorénavant comme la première commune de France (continentale) libérée, au premier jour de l'invasion des forces alliées occidentales en Normandie. J'avais déjà lu quelques écrits sur les événements nocturnes s'y étant déroulés et, en arrivant sur la grande place, bien sûr les scènes du film épique *Le jour le plus long* de Cornelius Ryan me reviennent en mémoire. Je contemple l'église médiévale, faisant penser à une ancienne fortification. Le centre-ville est propre, simple, les habitations présentent une architecture sobre, rustique, en pierre... à part la route principale ponctuée par la circulation automobile, l'ensemble paraît vraiment « figé dans les siècles ». Rien ne laisse penser qu'un drame d'ampleur mondiale s'y est déroulé en 1944, jusqu'à ce que j'y regarde de plus près. A plusieurs endroits sur l'église, comme de part et d'autres des hauts abat-sons du clocher, je note des trous d'impacts rebouchés et, sur la clôture en fer forgé d'un jardin bordant la face sud de la place, je note plusieurs points d'impacts, ayant déformé le métal. Au vu de la puissance du choc, ils n'ont pu être causés que par des éclats[1], mais la question qui s'éveille en moi est quand et comment se sont-ils produits ?

1. Ce qui est sans doute assez contestable et peut être débattu... Que dire, parmi d'autres communes, de Bénouville et Ranville dans le Calvados, nettoyés dans les mêmes temps par la *6th British Airborne Division*, ou encore Sainte-Marie-du-Mont, au sud-est de Sainte-Mère-Église ? (NDT)

Puis, je visite le musée Airborne, alors uniquement composé de deux grands bâtiments, dont la forme de la toiture rappelle celle de coupoles de parachutes. S'y trouvent exposés de très nombreux objets du temps, une collection remarquable accompagnée d'informations très intéressantes sur les actions aéroportées et combats s'étant déroulés sur Sainte-Mère-Église et aux alentours.

Ci-contre : depuis la balustrade du clocher, vue en direction du sud et du musée *Airborne*, inauguré en 1964 sur le terrain de l'ancien parc municipal. (Photo : von Keusgen)

Au cours de plus de trois décennies suivantes, je me rends régulièrement sur Sainte-Mère-Église, et je constate que toutes les publications traitant des événements s'y étant déroulés le *D-Day* prennent un caractère légendaire, et sont même, au fil du temps, de plus en plus biaisées par rapport à la réalité. Des récits issus de recherches et sources insuffisantes, et donc superficiels, souvent grossièrement déformés les uns par rapport aux autres. Cela s'avère manifeste lorsque l'on prend le temps d'interroger de nombreux témoins, avec un regard critique, comme je l'ai fait pour servir de socle à mon travail... On parle d'une puissante batterie de *Flak* (des canons de 88 mm) installée dans la commune, qui aurait causé des pertes sensibles parmi les avions de transport la survolant, dans la nuit du 5 au 6 juin 1944. Or, il ne s'y trouvait alors qu'une section d'entretien et de réparation de *Flak*, sans canon en état de fonctionnement, établie dans l'ancien parc municipal (le parc de la Haule, remplacé par l'actuel musée Airborne). J'ai également lu qu'une compagnie complète de soldats allemands y stationnait, des « durs à cuire » armés de plusieurs mitrailleuses et qui, lors des parachutages sur la place de l'église, ont fait un véritable « carton » parmi les parachutistes américains, en plein saut, à l'image de ce que véhicule *Le jour le plus long*. L'on parle également du tintement, pendant des heures, des cloches de l'église au cours de cette nuit-là, de tirs de *MG.* partant du clocher, d'un para américain qui y est resté accroché durant des heures, et qui a ensuite été récupéré par des soldats allemands et constitué prisonnier... L'on y retrouve également que, soi-disant, les organisateurs du Débarquement ne savaient rien de la présence d'une immense région inondée autour du Merderet. Or, les Allemands avaient installé ces espaces inondés dès la première moitié de 1943, et de

Ci-dessus et ci-dessous : en bordure de la place de l'église, gros plans sur des impacts ayant déformé le fer forgé d'une clôture, qui n'ont pas pu être causés par des armes individuelles d'épaule ou de poing... (Photos : von Keusgen)

très nombreuses photographies aériennes, précises, avaient été prises dans toute la région.
Au cours de mes recherches de long terme, j'ai également dû constater que les données chronologiques sont souvent très imprécises dans divers ouvrages et articles, impliquant que la restitution des faits se retrouve fort distordue par rapport à la réalité.
Le 6 juin 2007, je rencontre un témoin de la *Wehrmacht*, l'ancien *Unteroffizier* Rudi Escher, avec lequel j'entretenais déjà des contacts épistolaires et téléphoniques très fréquents. Depuis la mise sur pied de la *91. Luftlande-Division* en février 1944, Escher appartenait à la compagnie de commandement du *Grenadier-Regiment 1058*. Comme convenu, nous nous retrouvons sur les lieux du drame, à savoir la place de l'église de Sainte-Mère-Église. Il se trouvait exactement là dans la nuit du 5 au 6 juin 1944, les témoignages écrits et oraux qu'il m'a fournis sont très solides, parcourus de détails captivants. Je le considère comme un témoin essentiel de ce qui s'est produit cette nuit-là dans cette partie du village, et ses souvenirs permettent de contredire nettement ce que de nombreux auteurs écrivent de façon récurrente. Durant notre première rencontre, il m'a déclaré : « *Concernant les événements s'étant produits sur cette place de l'église, je ne peux apporter d'informations que sur ce qui s'est passé jusqu'à 3 heures du matin (à peu près), ce mardi 6 juin 1944, vu qu'ensuite les deux groupes constituant notre section cycliste ont quitté le village, pour retourner auprès de notre* Kampfgruppe *sur Fauville. Avec l'incendie d'une maison, la place était alors assez bien éclairée et, là-bas, à part nous, il ne s'y trouvait indiscutablement pas d'autre force allemande. Même au cours des journées précédentes, nous n'avions pas vu d'autres soldats allemands que nous et, lorsque nous étions partis vers 3 heures, la fameuse maison en flammes était déjà entièrement consumée... Peu après minuit ce 6 juin, quatre soldats et moi avions quitté la place de l'église, et ce pour une durée de plus de deux heures et demie, afin de tenter de mettre la main sur des éclaireurs ayant sauté en bordure du village. A ce moment-là, la villa n'était pas encore en flammes, elle ne l'a été qu'à partir de la venue du gros des avions de transport alliés, qui sont passés à environ une centaine de mètres seulement au dessus de nos têtes ! Les « Amis » qui, durant l'absence de notre groupe de cinq, se sont posés en parachute sur la place, n'ont quasiment pas essuyé de riposte, ce qui m'a été déclaré directement par mon observateur, de service dans le clocher. Ils ont pu facilement disparaitre aux alentours, dans l'obscurité. Mes deux sentinelles du clocher n'étaient armées que de* Karabiner, *et notre* Maschinengewehr *était laissé dans notre rudimentaire pièce de repos, à mi-hauteur du clocher. L'on ne pouvait absolument pas aller plus haut avec ; là-haut, depuis la balustrade de pierre au bas de la couverture d'ardoise, il était impossible de tirer avec un* MG. *Sur cette balustrade, il n'y avait de toute façon pas assez de place pour le mettre en batterie, même sans affût. Cette nuit-là, aucune balle n'a été tirée par des soldats de la* Wehrmacht *depuis le clocher* ».

Interview de Rudi Escher par l'auteur en 2007, qui logeait dans l'église de Sainte-Mère-Église à la veille de l'*Invasion*, avec quelques camarades placés sous son commandement. (Photo Karin-Clarissa Röhrs)

Cette impossibilité de mettre en batterie un fusil-mitrailleur à cet endroit, l'observateur de l'*Uffz.* Escher, l'*Obergefreiter* Rudolf May, me l'a bien confirmée lui aussi. D'ailleurs, je n'ai jamais entendu parler de tels tirs de la part de témoins américains ou français que j'ai interrogés durant mes recherches, et pas non plus de témoignages de denses fusillades sur la place de l'église. Juste après cet échange avec le vétéran Escher, je suis autorisé à monter dans le clocher, pour me faire une idée personnelle des conditions dans lesquelles les observateurs allemands effectuaient leur service à l'époque, et aussi m'assurer si, oui ou non, l'on pouvait y faire feu avec un *MG*. (précisons que lors de mon service militaire dans la *Bundeswehr*, j'avais été formé à l'emploi du *MG.42*). En compagnie d'un policier en civil, je fais l'ascension dans l'escalier en colimaçon d'à peine 80 centimètres de large. Je suis ensuite étonné en voyant l'endroit servant au logement des hommes d'Escher, en dessous de la charpente de l'aile sud du transept. Un lieu exposé aux courants d'air, sombre et peu hospitalier, avec une ouverture sans volets, sur un plancher inégal reposant sur d'épaisses poutres séculaires, au milieu de la poussière et d'excréments d'oiseaux recouvrant le bois et la bauge, la vie de ce petit groupe de *Landser* était extrêmement spartiate ! Aucun confort, des conditions sanitaires et d'hygiène au plus bas. A l'époque, pas de sacs de couchage, les hommes disposent uniquement de couvertures pour se parer du froid, ou éventuellement du *Feldmantel* (capote) ou – faute de mieux – de la *Zeltbahn* (toile de tente individuelle).

La montée se poursuit jusque dans la chambre des cloches, au moyen d'un escalier en bois et, pour accéder ensuite à l'espace des plus étroits entre la balustrade de pierre et la couverture d'ardoise, de chaque côté du clocher, il faut emprunter une échelle droite sur quatre mètres, branlante et dans le vide... Une véritable aventure, quasiment impensable avec un *MG*.

Une fois redescendu, je me dois de donner raison à Escher. Mettre en batterie et tirer sur la place avec un fusil-mitrailleur de 1,23 mètre de long, pesant 11,5 kilos, ne pouvait être qu'une entreprise très, vraiment très compliquée. Or, n'imaginons même pas s'il avait en plus fallu y hisser l'affût (d'une masse de 20,5 kilos), ainsi que les longues bandes de cartouches (même conditionnées dans des caisses)... Notre ancien sergent de la *Wehrmacht* poursuit : « *Notre groupe n'avait qu'un seul MG.* [...] *Mais pourquoi aurions-nous dû le monter jusque tout là-haut, et pour le mettre où ? Autrement, mes hommes avaient reçu comme arme d'épaule individuelle le K.98k et un fusil à tir rapide. Pour ma part, j'étais seul à disposer d'un pistolet-mitrailleur* ».

Ci-dessus : la balustrade méridionale de l'église, donnant sur la place, depuis laquelle les Allemands auraient ouvert le feu... (Photo Bernhard Prugger)

Ci-dessous, à gauche : par une petite porte dissimulée, à côté de l'autel, nous escaladons dans le raide escalier du clocher, en juin 2007. Les nombreuses questions nouvelles m'assaillant, nous réitérerons cette ascension trois mois plus tard. (Photo Karin-Clarissa Röhrs)

Ci-dessous : l'autel splendide de l'église catholique Notre-Dame de l'Assomption de Sainte-Mère-Église. (Photo Bernhard Prugger)

Une fois avoir gravi l'escalier, marqué de multiples graffitis, nous découvrons la pièce spartiate où cantonnaient – devrait-on plutôt dire bivouaquaient – les quelques cyclistes de l'*Uffz.* Escher. Se rendre jusque là avec un *MG.*, et encore plus haut sur la balustrade, aurait été une entreprise bien difficile... (Photos von Keusgen)

Quant à la falsification – involontaire ou non – d'événements de ce secteur, je citerais ici deux ouvrages parmi une multitude : le grand classique américain *Le jour le plus long* de Cornelius Ryan et son « équivalent allemand », *Sie kommen !* de Paul Carell, publiés à peu près à la même époque. Dans son œuvre, Carell décrit les derniers instants vécus par le *Generalleutnant* Falley et son aide de camp, le *Major* Bartuzat, de retour de nuit vers le QG de leur division, établi dans un château. Le lecteur y découvre quasiment une saga romanesque, alors que tous deux sont en voiture et tombent au beau milieu des parachutages américains. Paul Carell : « *La voiture fonce sur les routes d'Ille-et-Vilaine, puis de la Manche, à destination du Château Haut, au nord de Picauville. Ils entendent le bruit de combats et le grondement des avions. En arrière, dans la zone Carentan-Bayeux-Caen et sur la côte, de très violents bombardements aériens doivent être en cours. L'horizon est couvert par la fumée et les explosions. Presque arrivée, l'auto bifurque hors de la route principale. Le château est de l'autre côté... Mais n'entend-on pas des tirs de MG ? Ne seraient-ce pas des rafales de MP qui crépitent ? Falley extrait son pistolet de son étui, il bondit hors de la voiture. "Attention !" crie le Major Bartuzat. Trop tard ! "Hands up !" hurle un homme, pistolet-mitrailleur en joue. Le général décharge deux coups avec son pistolet Walther. Puis, les MP pétaradent, criblant de balles Falley et Bartuzat. En ces premières heures nocturnes du 6 juin, la bataille de France voit la mort de son premier général* ». Ce n'est qu'un exemple parmi une multitude, dans lequel l'histoire est arbitrairement déformée. En outre, Carell prétend citer les derniers mots du général, bien qu'il n'ait eu aucun témoin pour lui rapporter cela. Dans le cas de cet événement tragique, la mort d'un officier général allemand, non seulement spectaculaire, doit revêtir un caractère honorable. Même si, nous le verrons, la réalité a été encore plus spectaculaire, quoique moins glorieuse...

Y compris dans les archives officielles, comme au *Bundesarchiv* de Fribourg, il est question de façon récurrente d'un certain « Château Haut » comme QG, quoiqu'un édifice de ce nom ne soit retrouvé sur aucune carte française d'époque dans les alentours de Picauville, ni d'ailleurs dans un plus long rayon (certes, plusieurs localités comportent le terme « Haut », comme La Bergerie-de-Haut, à l'ouest de Sainte-Mère-Église). C'est Paul Vilette, tout jeune homme en 1944, habitant de Picauville, qui m'a montré ce bâtiment à l'écart de toute grande route, dans lequel l'état-major divisionnaire de Falley était installé : le château de Bernaville.

Bien souvent, les châteaux français sont baptisés suivant le nom de la commune sur laquelle ils se dressent. Comment se fait-il qu'un tel « Château Haut » soit retrouvé dans les sources allemandes ? Peut-être à cause d'une méprise, d'une erreur de transmissions... Ou alors, il s'agissait d'une appellation intentionnelle de camouflage. Quoiqu'il en soit, Paul Vilette et un autre témoin très important, la Normande Marguerite Lagouche, m'ont rapportés que le général cantonnait dans un vieil autobus, ce qui est évoqué dans de rares publications, ou plutôt qualifié de bureau mobile ou de poste de transmissions. Ce bus était fixe, installé sous de hauts arbres et dissimulé par d'épais filets de camouflage, à plus de 600 mètres du château, et tout près de l'ancienne minoterie des Lagouche. Evidemment, un cantonnement beaucoup plus spacieux et confortable reviendrait normalement « de droit » à un officier de son rang, d'autant plus que le charmant château se trouve si près de là ! Sûrement Falley partait-il du principe, qu'en cas d'*Invasion* sur le littoral du Cotentin, son QG serait pris sous le feu des lourds obus de l'artillerie de marine...

En septembre 2007, à l'ancienne minoterie Lagouche, j'ai pu faire la connaissance de Marguerite, douée à 86 ans d'une mémoire encore très vive.

Wilhelm Falley, né à Metz le 25 septembre 1897 (à l'époque territoire du *II. Reich* allemand), a été promu *Generalleutnant* le 1er avril 1944. Le 25 du même mois, il reçoit le commandement de la *91. Luftlande-Division*, qui prépare alors son transfert dans la Manche. (Collection Claus Falley)

Le château de Bernaville, édifié au XIXe siècle, accueille une partie de l'état-major divisionnaire de la *91. LL-Div.* Difficilement repérable, à l'écart des grands axes et des localités, Falley choisira néanmoins de ne pas y cantonner... En 1944, il appartient à un dénommé Noyon, de Cherbourg. Après la guerre, il sera racheté par la commune de Picauville et transformé, pour plusieurs décennies, en maison de retraite. (Photo von Keusgen)

A l'endroit précis où le général Falley a été tué dans la nuit du 5 au 6 juin, Marguerite Lagouche et Paul Vilette nous relatent leur vécu. Madame Lagouche, 23 ans en 1944, nous a aussi confié qu'après la guerre, l'épouse du général est venue sur les lieux, et qu'elles ont discuté de la mort si tragique et mystérieuse de son mari... (Photos Alexander Keusgen)

Elle vit à cet endroit depuis 1937 et, ayant eu 24 ans en 1944, elle a pu observer l'événement depuis la fenêtre de son domicile, quand Falley a été tué aux premières heures de la nuit du D-Day. Elle m'en a parlé en détails, visiblement très émue –. Elle m'a présenté une version bien différente de celle présentée dans le fameux *Sie kommen !*

Elle a raconté qu'en 1997, un vétéran américain était venu à la minoterie avec son fils d'à peu près 45 ans. Il lui avait dit qu'ici-même, en 1944, alors âgé de 23 ans, il aurait tué « un gamin » et en aurait souffert toute sa vie. Il se serait agi d'un soldat allemand de 17 ans. Cet ancien G.I. était donc revenu là pour tenter d'apaiser ce traumatisme... Il avait également avoué à madame Lagouche, que les premiers parachutistes américains n'avaient pas fait de prisonniers, abattant alors toute personne se révélant être « du camp adverse », qu'elle ait cessé le combat ou pas.

Un autre témoin de ces événements confus est Emmanuel Laisné, 14 ans au moment du Débarquement. A l'époque, il résidait avec sa famille sur la propriété des Lagouche : « *Au contraire du récit du soldat américain qui dit avoir abattu Falley* [il est question ici de Malcolm Brannen][1]*, je peux certifier qu'il est mort dans sa voiture. Après l'action, je le revoie encore très bien à l'intérieur de cette dernière, mais pas gisant sur la route... Il est resté là pendant trois jours d'affilée. Par curiosité, mes parents et d'autres personnes étaient allés voir le lieu du drame. Pour moi-même, alors gamin, c'était assez fascinant et j'y étais allé plusieurs fois. Le 9 juin seulement, quelques soldats allemands sont venus récupérer les corps, en les enveloppant dans ces couvertures, pour les évacuer dans un véhicule...* ».

Il convient maintenant d'évoquer Jack Schlegel, un para américain du IIIe bataillon du *508th Parachute Infantry Regiment* (*508th PIR*), régiment de parachutistes alors rattaché la célèbre *82nd US-Airborne Division*. Au cours de cette nuit du 5 au 6 juin 1944, il a atterri avec quelques camarades à proximité de la petite commune de Picauville. Alors perdus, ils cherchent à rejoindre leur compagnie et tombent sur la minoterie des Lagouche et sur la voiture accidentée du général. Schlegel la fouille et trouve un ample drapeau à croix gammée, encore ficelé en un petit paquet. Il s'en empare, pour aller le cacher dans une grange toute proche, sous deux planches de bois mal fixées, ne voulant pas prendre le risque de « se promener » avec un pareil effet. Il viendra le récupérer quelques semaines plus tard, après une période de captivité, qui l'a conduit jusqu'en Bretagne. 25 ans après les faits, à l'occasion d'un retour en Normandie en 1969, il offrira l'immense drapeau au musée Airborne de Sainte-Mère-Église, où il reste exposé de nos jours.

J'ai pris le temps d'étoffer, de croiser toutes mes recherches concernant les opérations aéroportées du Cotentin. Des événements très variés, confus, marqués par des combats multiples et très divers. J'ai pu interroger de nombreuses personnes des différentes nations impliquées – des témoins qui étaient vraiment là –. Deux épais classeurs, renfermant entre autres courriers, observations et notes diverses, compte rendus d'entretien, photographies... Tout cela a été rassemblé au fil des années, et m'a permis de reconstituer une version nouvelle des événements du Jour-J s'étant joués dans cette zone d'opérations aéroportées américaine. Rectifier des interprétations faussées de façon flagrante, et surtout – une difficulté de taille – restituer une chronologie cohérente des faits. Au total, j'ai passé huit semaines sur place, en différents séjours.

La chronologie, c'est bien ce qui, dans de nombreuses publications (dont les sources sont exploitées de manière assez superficielle, quand vraiment elles le sont, pour ne pas se baser qu'uniquement sur du simple recopiage), représente un véritable chaos. Deux raisons à cela : pour ainsi dire, aucun soldat n'a pu contrôler fréquemment sa montre (s'il en possédait une), durant les événements intenses et hautement risqués qu'ils ont vécus, et le cas échéant se souvenir précisément de l'heure qu'ils y ont lu des décennies après. En outre, pour les assaillants américains et britanniques, c'est l'heure de Greenwich qui a cours, avançant d'une heure par rapport à celle utilisée par les Allemands. Les recopiages de faits erronés sont fréquents et, dans certains cas, il n'a pas été difficile de « tirer sur le fil », et de distinguer les écrits en ayant simplement repris un – erroné – plus ancien.

Par ailleurs, on se rend compte qu'une distinction est rarement opérée entre des engagements massifs et des faits plus épisodiques ou isolés. Ainsi lit-on souvent que, le 6 juin 1944, les planeurs ont atterri en Normandie après le lever du soleil. Toutefois, dès les premières heures nocturnes de l'*Invasion*, des atterrissages de planeurs ont bien eu lieu, en zone aéroportée américaine tout comme dans celle des Britanniques, au nord-est de Caen. C'est une des raisons pour lesquelles il était si crucial, que le débarquement ait lieu par une pleine lune, avec un plafond nuageux le plus dégagé possible ; c'est bien la météo qui a contraint le SHAEF à décaler de 24 heures l'opération *Overlord*.

A l'origine de récits et d'écrits erronés, sans doute trouve-t-on également les déclarations de témoins oculaires, par exemple les nombreux civils français qui n'avaient pas forcément les connaissances suffisantes du monde militaire. Nous avons pu l'entrevoir plus haut, les événements s'étant déroulés autour de l'église de Sainte-Mère-Église sont parmi les plus déformés, avec une chronologie pêle-mêle. Gonfler la réalité des échanges de tirs et des pertes permet de leur donner un effet impressionnant, pour quelque raison que ce soit (se glorifier, se placer sur le devant de la scène et se faire passer pour un témoin clé, etc.).

Comme les horaires cités dans mon récit correspondent à l'heure d'été continentale, et que j'ai replacé mes divers témoignages conformément à cette dernière, certaines actions sans arrêt retrouvées dans les livres ne peuvent pas s'être produites, ou pas au moment présenté par leurs auteurs. Dans pareil cas, j'ai renoncé par précaution à me servir de tels écrits, même s'ils suivaient une trame accrocheuse, spectaculaire et palpitante.

La voie menant à la minoterie a été baptisée du nom du *Paratrooper* Jack Schlegel. (Photo von Keusgen)

Jack Schlegel, né en Allemagne en 1923 et naturalisé Américain durant l'Entre-deux guerres. (US-NARA)

Durant la traversée de retour en Grande-Bretagne, Schlegel expose le drapeau découvert dans la voiture de Wilhelm Falley. (US-NARA)

Robert Murphy, du *505th PIR*, a aussi été honoré en terre normande, une rue portant dorénavant son nom. (Photo von Keusgen)

L'auteur et le vétéran Murphy (décédé en 2008) au manoir de La Fière, théâtre d'affrontements très violents aux premiers jours de l'*Invasion*. (Photo Karin-Clarissa Röhrs)

Plus j'ai retrouvé d'erreurs au cours de mes recherches, plus cela m'a motivé à rédiger un ouvrage sur Sainte-Mère-Église et le Merderet dans ma série sur le D-Day. Comme dans mes travaux précédents, la restitution des faits se base principalement sur des récits vécus, ainsi que sur des rapports officiels téléphoniques ou radio, sans oublier les journaux de marche de différents échelons. M'imprégner des lieux où l'action s'est produite a aussi été essentiel, pour me faire une impression la plus précise possible des conditions géographiques, météorologiques, visuelles, etc. Par exemple, en visitant de nuit les champs de bataille, au début du mois de juin et par pleine lune. Ainsi peut-on se faire une meilleure idée des conditions qu'ont connues les combattants et civils (luminosité, visibilité, température, etc.).

J'ai aussi tenu à mettre en relief la bataille du pont de La Fière, dont le général et historien militaire américain S.L.A. Marshall écrivait : « *Vraisemblablement, La Fière a été le combat le plus sanglant dans l'histoire des hostilités américaines...* ». Elle fut indiscutablement bien plus virulente et couteuse en hommes que celle de « Sainte-Mère ».

Comme ces affrontements de Sainte-Mère-Église et des alentours ont été allègrement mythifiés et idéalisés, ça n'a pas été une entreprise aisée que d'apporter un éclairage nouveau et limpide, parmi la foule d'événements complexes qui s'y sont déchaînés le Jour-J et au cours des journées suivantes. J'ai dû reporter de plus de deux ans la publication de mon manuscrit initial, vu l'apport de nouveaux récits et de connaissances réactualisées. J'ai très souvent été confronté à des témoignages qui ne pouvaient pas corroborer (partiellement ou en totalité) avec la trame des événements. Sans difficulté, j'ai pu écarter certains récits vécus, dont les auteurs (toutes nationalités confondues) ont « adapté », sciemment ou non, leur vécu au cours des décennies. En effet, leur vision des faits a pu être influencée par leurs lectures ou des films, qui « colportaient » des erreurs plus ou moins graves historiquement. C'est une circonstance peu commode pour l'historien, à laquelle je me suis moi-même retrouvé confronté à diverses reprises, dans le cadre de la rédaction d'autres ouvrages (par exemple, celui sur le Pegasus Bridge et la batterie de Merville). Plusieurs causes peuvent exister : *Deutschfeindlichkeit* – la germanophobie –, le patriotisme, l'autopromotion, la volonté de se reconstruire un passé de héros... Quant à ce dernier cas, un exemple est bien connu depuis plusieurs années : l'Américain d'origine arménienne Howard Manoian, qui s'est installé dans le Cotentin après la guerre. Observant le prestige dont jouissaient les vétérans des *Paratroopers*, il s'est fait passer pour l'un d'eux, un ancien de la *82nd Airborne*. J'ai pu le rencontrer plusieurs fois, ce qui n'était pas difficile, vu qu'il participait très volontiers aux commémorations du Jour-J (sur Sainte-Mère-Église, ou encore à celle du monument « *Iron Mike* » de La Fière). Il m'a rapporté, qu'il avait atterri dans le cimetière de Sainte-Mère-Église, qu'il avait vu Rudi Escher et ses hommes, qu'ensuite il avait rejoint le pont de La Fière, etc. Lors d'une interview, alors que cherchais à creuser un peu sa mémoire, il m'a soudain déclaré : « *Je pense ne pas avoir envie de répondre à toutes les questions...* ». Cela m'a interpellé et, en lui demandant s'il se souvenait d'une situation psychologiquement éprouvante, d'un traumatisme, Manoian m'a dit : « *Non, de tels souvenirs, je les ai rayés de ma mémoire.* ». Il évitait les questions sur des faits précis, ne me racontant que des épisodes ou anecdotes décousus, sans souci de chronologie... En 2009, j'entends une nouvelle peu surprenante à la BBC : Manoian a été démasqué. A l'époque, il avait en fait appartenu à la *33rd Cheminal Decontamination Company*, qui servait à l'arrière, dans la zone d'*Utah Beach*. Comme Manoian

est loin d'être le seul à s'être recréé une histoire personnelle héroïque – et donc à mentir – quant au D-Day, j'ai pris soin d'écarter les récits me semblant trop peu fiables.

Mon ouvrage est également accompagné de très nombreuses photographies – certaines inédites sur le côté allemand –. Lors de l'analyse de plusieurs de ces photos, j'ai constaté que certaines ne correspondaient pas aux faits... Un exemple flagrant ici, et bien connu : un reportage présentant des G.I.s semblant combattre âprement aux alentours de l'église de Sainte-Mère-Église... Il appartient aux archives nationales des États-Unis. Parfois, en les commandant auprès du NARA, l'on peut en recevoir qui ont été « montées », où les images présentent des scènes de combat jouées pour les besoins de la propagande. Il arrive qu'il ne soit pas facile de les distinguer d'authentiques scènes de combat. Sur les trois célèbres clichés présentés ici, il s'avère impossible qu'il s'agisse de combats réels. En effet, après la nuit du 5 au 6 juin, le village et la place de l'église ont été scrupuleusement « nettoyés » de toute présence allemande. Le photographe a néanmoins réussi son coup, car elles sont très réalistes et spectaculaires. Le spectateur s'imagine volontiers la présence d'un sniper dans le clocher et le péril qui en résulte.

Il est également très souvent écrit (ou vu dans *Le jour le plus long*), que d'importants largages de combattants ont eu lieu sur le bourg même de Sainte-Mère-Église. En fait, « seuls » 32 *Paratroopers* ont atterri sur le village, principalement dans sa partie nord-est, et quelques uns seulement sur la place de l'église. On retrouve parfois qu'au cours de cette nuit si cruciale, par pur hasard toute une compagnie de fantassins allemands traversait la localité au moment des parachutages. Comble du malheur pour ces *Landser*, ils ne portaient sur eux que des munitions d'exercice... Ce qui s'est ensuite passé pour eux n'est néanmoins pas expliqué.

Parmi d'innombrables lieux qui ont été pris dans la tourmente de la Seconde Guerre mondiale, j'ai donc choisi dans ce livre de faire revivre au lecteur le destin des hommes qui y ont été confrontés, militaires comme civils, sur Sainte-Mère-Église et la région du Merderet. Le lecteur y découvrira également plusieurs récits remarquables d'anciens *Fallschirmjäger* du *Fsch.-Jg-Rgt. 6*, dans leur tentative pour enfoncer la tête de pont américaine le Jour-J, et notamment reprendre Sainte-Mère-Église.

Helmut Konrad Frhr. von Keusgen

Superbe casque de saut américain retrouvé sur Valognes, quasiment complet, présentant bien sur son *liner* les ajouts spécifiques aux parachutistes. Il a appartenu à l'un des nombreux *US-Paratroopers* dispersés dans la nuit du 5 au 6 juin... (Collection Thibaut Grimaldi)

Un mannequin « Rupert » réalisé pour le film *Le Jour le plus long*. Ceux véritablement largués dans la nuit du 5 au 6 juin étaient beaucoup plus rudimentaires... (Photo von Keusgen)

Ces clichés impressionnants véhiculent l'idée de combats virulents pour « nettoyer l'église ». Néanmoins, comme on peut le lire sur l'horloge du clocher, l'une a été prise à 12 heures 40 et l'autre à 15 heures 43. Or, dès la fin la matinée, la présence allemande avait totalement disparu du village, et d'autant plus dans le clocher de l'église, dont les deux uniques observateurs allemands sont partis dès 3 heures du matin environ, le Jour-J...[2] (US-NARA)

2. D'autres remarques peuvent être faites sur ces photos. Les G.I.s visibles ici ne sont pas des *Paratroopers* : soit des *Gliderists*, soit des fantassins de la *4th US-InfantryDivision*. Si le dernier cas est vrai, alors elles auraient de toute façon été prises le 7 juin au plus tôt (NDT).

Une contrée manchoise ba
au cœur de l'Histoire mond

scule de l'insignifiance iale

La zone marécageuse du Parc régional des marais du Cotentin de nos jours. Naturellement très humide, en 1943 les Allemands en ont profité pour en créer une immense zone inondée artificielle, en bloquant la porte à flots de La Barquette. Alors, toutes les régions plates bordant la Douve, le Merderet et le canal de Carentan à la mer, se sont retrouvées immergées. (Photo von Keusgen)

L'occupation de Sainte-Mère-Église

Sur la route principale (RN-13) de Sainte-Mère-Église, à l'angle nord-ouest de la place de l'église se trouve un petit salon de coiffure, tenu par les époux Le Cambaye, établis dans le village depuis 1923. Juste au dessus du salon est installé leur logement de 39 mètres carrés, dans lequel ils vivent avec leurs quatre enfants (une fille et trois garçons), où ils ont d'ailleurs tous vu le jour. Une habitation peu confortable, sans cour intérieure ni jardin, dont l'unique accès donne directement – sans trottoir – sur la grande route reliant Carentan à Montebourg. L'eau, pour les besoins quotidiens domestiques, doit être puisée à l'une des deux grosses pompes manuelles à balancier, à l'angle de la rue opposée, récupérée au moyen de simples seaux ou brocs. Pas de toilettes non plus, les « commissions » sont faites dans des récipients vidés chaque jour, à l'extérieur, en un point d'assainissement prévu à cet effet. Pour laver le linge, il faut allumer le feu sous une ample lessiveuse. Ensuite, pour rincer les vêtements qui ont terminé de bouillir, ils sont chargés sur une charrette à bras (en bois) et transportés jusqu'à un lavoir, localisé sur la route de Ravenoville. Pour plaisanter, les habitants surnomment cet endroit « la mare aux canards ». Malgré cette vie plutôt dure, les époux Le Cambaye gagnent assez d'argent avec leur salon pour couvrir les dépenses quotidiennes essentielles.

Le salon de coiffure des Le Cambaye en 1928, où sont aussi vendus des couvre-chefs et des articles de toilette. (Collection Juliette Brault)

La RN-13 qui traverse alors Sainte-Mère-Église, en regardant vers le nord. Carte postale de la Belle-Époque. (Collection von Keusgen)

Juliette est la cadette de la famille, née le 30 janvier 1927. Le 19 juin 1940, la jeune adolescente se tient le long de la grand-route, auprès du salon de coiffure familial, et observe une troupe de soldats français, épuisés et la faim au ventre, retraitant en direction de Cherbourg après les combats perdus face au *Blitzkrieg* : « *De nombreux habitants leur tendaient quelque chose à manger ou à boire, leur redonnant un certain courage. Visiblement, ces soldats de notre armée battue avaient tous mal aux pieds, leurs brodequins étaient bien médiocres... La route sur laquelle ils marchaient lentement était toute droite et très, très longue* ». Peu après, les soldats de la Wehrmacht entrent dans le bourg, en chantant « *Wir fahren nach Engeland* » . Dans la

En 1941, les quatre enfants du couple Le Cambaye. Troisième à gauche : Juliette, alors âgée de quatorze ans. (Collection Juliette Brault)

Procession religieuse dans Sainte-Mère-Église, cette fois en regardant vers le sud et Carentan. De grands tilleuls bordent la limite occidentale de la place de l'église. (Collection von Keusgen)

foulée, le cap de la Hague est atteint sans difficulté par les forces allemandes. En ces premiers jours d'occupation, l'on entend fréquemment que l'Angleterre serait bientôt attaquée et prise, mais l'idée d'un débarquement là-bas sera reportée au mois de septembre, avant d'être définitivement abandonnée le 10 janvier 1941. Entre-temps, la *Luftwaffe* connaît un échec lourd contre la RAF, dans le cadre de la Bataille d'Angleterre. La France est divisée en plusieurs zones, or la Normandie n'appartient pas à la « zone libre ». Sur la façade de la mairie est hissé le drapeau du IIIe Reich, un bureau de représentation des autorités d'occupation est établi (une *Ortskommandantur*) et, comme dans des milliers d'autres communes françaises, des affiches bilingues proclament les instructions de l' « ordre nouveau ».

L'occupation allemande se déploie, les troupes réquisitionnent de plus en plus de bâtiments, dont de nombreuses habitations. Les Le Cambaye y échappent néanmoins. Leur famille, comptant six bouches à nourrir, et les modestes pièces de leur logement ne permettant pas d'héberger des soldats. « Tant mieux ! », pense-t-on à l'époque.

Juliette explique : « *Ils ont néanmoins occupé le gros de notre garage, pour y installer une cantine. Chaque jour, des détachements allemands marchaient dans les rues, le regard fier et droit, fusil à l'épaule, et chantant allègrement. Plus le temps passait, plus tout ça devenait insupportable. Les commerçants étaient contraints de travailler avec l'occupant. Cela n'a toutefois jamais empêché mon père d'écouter la radio anglaise, dont le programme en langue française commençait par "Ici Londres, les Français parlent aux Français...". Maman avait parfois très peur, car il arrivait que des soldats allemands arrivent au salon à ce moment-là. Et puis, il y a eu toutes les restrictions. Les vivres se faisaient de plus en plus rares, idem pour les vêtements neufs. Partout, le manque surgissait. Mais dans les grandes villes, c'était bien plus à plaindre que pour nous.*

Il fallait régulièrement se rendre à la mairie y récupérer les cartes de rationnement pour le pain, la viande, les souliers, etc. Bientôt, plus de savon ni de lessive pour laver le linge. Maman avait conçu son « *ersatz* » *: de la graisse de bœuf et de la soude caustique, imitant le savon avec une couleur bien blanche... mais qui ne moussait pas. Ça décrassait un peu, juste un tout petit peu, et il fallait frotter fort et longtemps. Il n'y avait plus non plus de rassemblements de gens dans les rues : personne dehors à partir de 19 heures. Les ampoules, les vitrines étaient badigeonnées de bleu, pour que la lumière se fasse la plus faible possible. Bientôt, nous avons pu entendre des formations d'avions dans le ciel, la nuit, et quand il arrivait – rarement – de mettre le nez dehors, en regardant par la fenêtre, l'on pouvait apercevoir dans le ciel les amples faisceaux des projecteurs allemands, cherchant à encadrer les avions alliés. Quand ça tirait, on voyait l'éclatement des obus de Flak, avec une lumière perçante. Heureusement, c'était assez loin d'ici, la plupart de ces affrontements se produisant en direction de la côte, ou de Cherbourg. Mais nous avions quand même peur, qu'un jour, on soit pris nous aussi là-dedans... Ce fut un temps vraiment morose, de 1940 à 1944 : pas de soleil, pas de sourires, des fêtes de Noël tristes...* ».

Le plus jeune frère de Juliette, Michel Le Cambaye, complète : « *C'était une période dure, sans aucune joie, très "sérieuse" pour des gamins. Épisodiquement, les Allemands nous donnaient un petit cadeau. Mais nous étions sous une contrainte permanente. Ça n'allait pas bien pour nous. Petit garçon, je jouais simplement avec quelques cartons et des cerceaux en fer, que l'on faisait rouler dans la rue, et quelques marionnettes. On ne pouvait plus se procurer de jouets...* ».

Tickets de rationnement, valables pour mai 1944, permettant d'acheter divers produits de consommation. (Collection privée)

Un jour, comme chaque lundi après la fermeture du salon, les époux Le Cambaye se rendent à leur garage, pour fabriquer leur succédané de lessive. A cette occasion, lorsque le soldat allemand assez âgé chargé de la cantine voit le couple, il sort d'une cachette un morceau plutôt rassis de *Kommißbrot* (pain de munition) et un peu de saucisse, et les donne à Monsieur Le Cambaye.

D'une façon ou d'une autre, les habitants doivent bien s'arranger de la présence allemande, avec plus ou moins de bonne volonté. De part et d'autre, une certaine méfiance règne, larvée. Si possible, on évite de se croiser ou de se parler dans la rue, et les contacts inévitables se font avec une « discrétion polie ». Notons qu'il y aura à Sainte-Mère-Église, comme ailleurs en France occupée, des liaisons amoureuses entre des Françaises et des soldats allemands. La présence continue de l'occupant, les libertés toujours plus restreintes, le spectre d'arrestations ou de dénonciations, l'exigence de laissez-passer, le black-out, l'interdiction de photographier, d'écouter la radio, les subsistances de plus en plus prisées... Tout cela ne contribue évidemment pas à une bonne ambiance dans le bourg, après des décennies de liberté et d'individualité, de calme et de suffisance alimentaire ; même si la vie n'était pas facile avant l'Occupation, sous la IIIe République, elle est franchement regrettée par l'immensité des Français. Le marché noir prospère, chez les civils français comme chez les soldats allemands. Oui, les Français attendent impatiemment le départ des troupes d'occupation, et ce, si nécessaire, par une libération venue de l'extérieur... Malgré la propagande, on sait que les Anglais « tiennent bon », et que les Américains sont entrés en guerre !

En face du salon de coiffure des Le Cambaye, se trouve une grande boucherie et un restaurant, qui appartient à la famille Legoupillot. Cette dernière comprend trois filles, dont Jeannette, 17 ans en 1944, amie de Juliette le Cambaye. Jeannette Legoupillot est plus nuancée sur l'Occupation : « *Les Allemands achetaient et mangeaient chez nous, et ont toujours été très corrects. A Sainte-Mère-Église, il n'y en a jamais eu non plus beaucoup de stationnés... Je trouve que nous n'avions pas vraiment l'impression d'être durement occupés* ».

Au fil de la guerre, les unités bien équipées et beaucoup de jeunes soldats (nés en 1920, 1921...) de la *Wehrmacht* sont affectés ailleurs, ce qu'ils regrettent la plupart du temps, pour être envoyés principalement sur la terrible *Ostfront*, et dans une bien moindre mesure en Afrique du Nord (jusqu'au printemps de 1943) ou en Italie. En échange sont expédiés de très jeunes gars en Normandie, à peine sortis du service du travail et de l'adolescence, mais aussi des blessés en convalescence, des hommes assez âgés et, à partir de la fin de 1943, des bataillons de dits « volontaires de l'Est » (essentiellement d'anciens prisonniers de l'Armée Rouge, ethniquement différents des Russes). Parallèlement, le vent tourne nettement pour le *Reich* de Hitler, au cours de l'année 1943 ; le spectre d'un débarquement d'envergure se profile, sur les côtes de France. Il faut y parer sans traîner, et si les moyens manquent, certaines mesures – rudimentaires mais très efficaces – sont aisées à mettre en œuvre, comme l'inondation intentionnelle de vastes espaces.

Les basses terres du Cotentin sont situées à très faible altitude, et parfois à peine au dessus du niveau de la mer, comme les prairies et joncs bordant la Taute, la Douve et même le Merderet. Depuis le Moyen-âge, des digues et des barrages ont été construits dans cette zone, dans la région de Carentan, et au printemps de 1943, les Allemands ont bloqué en continu l'écluse et

Le maire de Sainte-Mère-Église à la fin de l'Occupation : Alexandre Renaud, photographié chez lui. Il possède la pharmacie, du côté nord de la place. Avec habileté, il tâchera au maximum de représenter les intérêts des habitants face aux autorités allemandes. Il entretient souvent des relations cordiales avec les *Ortskommandanten* du village mais qui, fréquemment, sont remplacés... (Collection Henri-Jean Renaud)

Monument érigé à l'honneur d'Alexandre Renaud (1891-1966), sur la place de l'église. (Photo von Keusgen)

surtout la porte à flots de La Barquette, au nord-est de la ville. Ainsi, ces cours d'eau débordent largement de leur lit mineur. En juillet 1943, malgré l'été, l'eau vient clapoter jusqu'au bord de la chaussée surélevée à l'ouest du pont de La Fière. A la fin de l'été et à l'automne, par endroits, la surface inondée s'étend sur près d'un kilomètre de large.

L'hiver 1943/44 s'écoule sans rebondissements, outre quelques bombardements aériens dans la zone de Valognes, de Montebourg et surtout de Cherbourg, visant avant tout les installations du Mur de l'Atlantique, comme les batteries d'artillerie. Parfois, des lamelles d'aluminium sont larguées, efficaces pour brouiller les écrans radars allemands, et aussi des tracts d'information. Chaque soir, la BBC apporte des nouvelles sur le déroulement de la guerre, les victoires soviétiques à l'Est, celles des Alliés occidentaux en Méditerranée et dans l'Atlantique... Et la promesse d'une libération prochaine pour le peuple de France. Mais peu de civils écoutent radio Londres, ce qui est formellement interdit et passible de dures punitions. Bientôt, il faudra aussi remettre les postes-récepteurs de radio dans les mairies. Une libération, ça fait des mois qu'on l'attend, et certains civils ont tendance à désespérer. Nombre d'entre eux sont aussi invités, pour leur sécurité, à quitter les zones « stratégiques » (villes et villages littoraux, zones industrielles...) soumises aux bombardements, pour aller rejoindre des proches à la campagne, considérée comme plus sûre... Mais ce n'est pas toujours évident.

A la veille du Débarquement, cela fait des mois que les avions de reconnaissance alliés survolent les côtes de France, pour observer et photographier l'avancement des travaux de fortifications. Des milliers de clichés sont pris, notamment depuis des Spitfires, qui ne peuvent manquer les vastes espaces inondés...

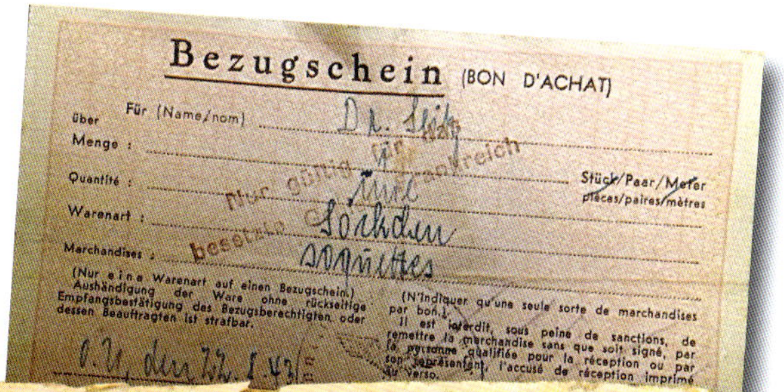

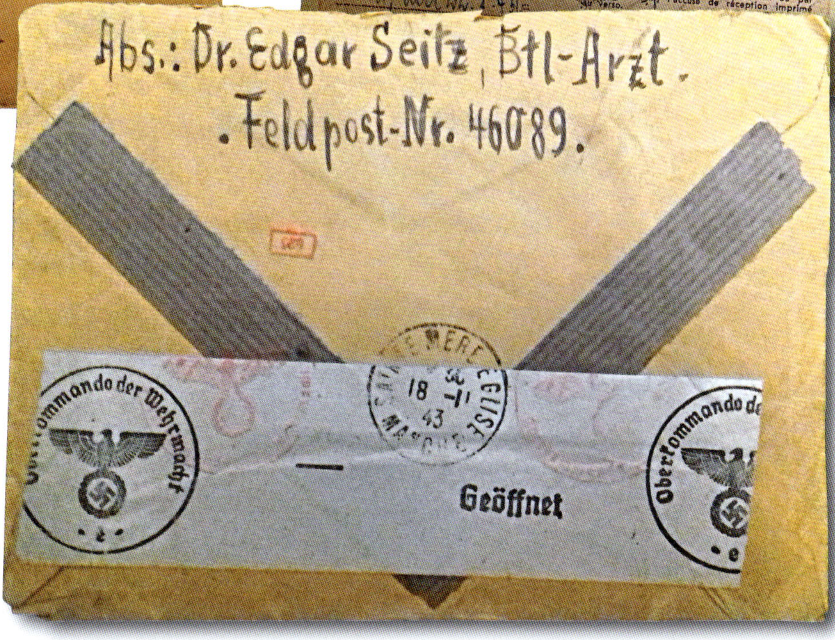

Originaire du sud-ouest de l'Allemagne, le docteur Edgar Seitz stationne dans la zone de Sainte-Mère-Église, Montebourg et Valognes en 1943, avant de rejoindre (de nouveau ?) l'*Ostfront* (d'après le numéro de *Feldpost*, il est membre du *Gren.-Rgt. 544* de la *389. Inf.-Div.*)... A l'époque, il correspond amicalement – en français – avec une Manchoise, qui a pu conserver ces documents. Son portrait a été réalisé en studio à Volognes. (Collection privée)

A partir de la mi-février 1944, des choses bougent du côté allemand, dans la Péninsule du Cotentin. Des déplacements de troupes ont lieu, le plus possible de nuit, pour passer incognitos des agents de renseignement de la Résistance intérieure, et ne pas être pris à partie par les « *Jabos* » alliés. Précisons que, pour les déplacements et ravitaillements des unités allemandes, des réquisitions massives ont lieu, par exemple les charrettes et véhicules motorisés : pour distribuer le courrier, transporter le ravitaillement, ou même pour les déplacements de temps libre des officiers. Tout est rétribué aux Français, même si le montant en est faible.

Une anecdote au passage... Durant le *Blitzkrieg*, en juin 1940 quelques soldats de la *British Expeditionary Force* se repliaient vers Cherbourg. Ils avaient alors traversé Sainte-Mère-Église, et avaient même eu le temps de se faire brièvement couper les cheveux chez les Le Cambaye. Ils avaient sympathisé, en laissant sur place, en souvenir, quelques photographies personnelles d'eux, en uniforme. Ils avaient aussi offert à Monsieur Le Cambaye un vêtement ignifugé [peut-être une cape imperméable [NDT]] et un poignard de combat. Le premier était très pratique, car on n'avait pas grand-chose de ce genre à disposition, par contre l'arme blanche... Lorsque les Allemands sont arrivés dans le village, monsieur Le Cambaye a préféré cacher ces deux effets dans le grenier. Ils auraient pu être accusés de sympathie envers les adversaires du *Reich*, car rapidement les Allemands ont proscrit toute forme d'aide envers les soldats alliés, par exemple à l'encontre d'aviateurs de la RAF dont l'appareil aurait été abattu...

L'emplacement du salon de coiffure des Le Cambaye, à une vingtaine de mètres au nord de la place de l'église. La famille y tiendra ce salon jusqu'au début des années 1970, au numéro 32. (Photo von Keusgen)

Monsieur Le Cambaye est un chef de famille simple, mais réservé et droit. Sous l'Occupation, il coupe souvent les cheveux de soldats allemands – qui le paient –, et les contacts avec eux ne sont pas non plus mauvais. Le plus jeune de ses enfants, Michel, se souvient : « *En 1944, de nombreux hommes du rang et officiers allemands, qui venaient au salon, semblaient las de la guerre. Ils s'entendaient bien avec mon père, certains parlaient français et conversaient volontiers, voire même plaisantaient* ».

En avril 1944, Juliette Le Cambaye, maintenant âgée de dix-sept ans, aide au salon de coiffure. Un jour, tandis qu'elle lit un journal, un officier allemand

Juste en face, toujours dans la rue principale, la famille Legoupillot possédait un restaurant. (Photo von Keusgen)

arrive pour se faire couper les cheveux. Lorsqu'un groupe de soldats allemands longe le salon en chantant, le père de Juliette, qui vient de terminer sa coupe, dit en allemand, sur le ton de la plaisanterie : « *Morgen, Alarm...* ». Deux jours après, une voiture s'arrête très tôt devant le salon, trois soldats allemands en descendent et pénètrent chez les Le Cambaye. Juliette : « *Ils portaient une plaque autour du cou, suspendue à une chaînette. Maman m'a dit : "Lève-toi et habille-toi tout-de-suite, ce sont des gens de la* Feldgendarmerie *!". Sans dire un mot, ils m'ont embarqué avec mon père jusqu'au bureau de leur chef. On nous a alors posé une foule de questions, et comme nous ne comprenions pas forcément très bien leur français, vu qu'aucun interprète n'était sur place, nous ne répondions pas assez vite à leur goût. L'un des Feldgendarmes m'a alors claqué les jambes avec une fine cravache. Ce que nous déclarions était tapé à la machine par un autre soldat. Un peu plus tard, après que nous ayons pu retourner chez nous, une voiture s'arrêta sur le bord de la route et plusieurs soldats allemands sont revenus dans le salon. Ils avaient l'air furieux et agressifs, ils ont tout fouillé, tout ouvert, tout regardé, même dans la caisse, dans laquelle, sous l'argent, étaient encore cachées les photos de soldats anglais de 1940... Ils n'ont rien trouvé, Dieu merci, et pas non plus la veste anglaise ni le poignard noir, dans le grenier* ».

A partir de mars 1944, sur Sainte-Mère-Église les activités allemandes semblent repartir. Des déplacements et transferts de troupes de l'artillerie et de l'infanterie se produisent, et un *Flak-Instandesetzungs-Zug* – section de maintenance et de réparation de D.C.A. – stationne maintenant dans le bourg. De nouvelles têtes arrivent dans les cantonnements, et les hommes de la section de réparation de *Flak* s'avèrent être, pour l'immense majorité d'entre eux, des Autrichiens du Tyrol assez âgés, commandés par un *Oberfeldwebel* vétéran du front de l'Est dénommé Werner Kassel, 25 ans. Il reçoit parallèlement la fonction de chef de l'*Ortskommandantur* de Sainte-Mère-Église, et loge chez l'habitant, comme de nombreux camarades. Le concernant, c'est dans la maison du vétérinaire, le docteur Georges Monnier, sur le côté sud de la place de l'église. Il est également chargé de la gestion de dépôts de munitions destinés, en cas de besoin, aux forces défendant la côte (du *Gren.-Rgt. 919*). Sa section, forte de 37 sous-officiers et hommes de troupe, s'installe principalement dans le parc de la Haule, près du cimetière, et entrepose de ce côté-là ses accessoires et son armement – aucune arme lourde ou pièce de *Flak* –. L'unité a « le privilège » de disposer de véhicules motorisés : quatre camions fonctionnant au méthane. De jour, ces engins restent dissimulés sous les arbres du parc, hors de la vue des appareils de reconnaissance et des « *Jabos* ». De nuit, avec le faible éclairage des feux de blackout, ils accomplissent des trajets d'approvisionnement dans les proches alentours, y compris jusqu'à la côte.

Georgette, 16 ans, la fille du docteur Monnier, relate : « *Avant le Débarquement, il y avait pas mal de soldats allemands dans le village, ils étaient très corrects et polis. Nous n'avions que peu de rapports avec eux, y compris avec ceux qui ont successivement logé dans notre maison. Une quarantaine à peu près ont reçu leur cantonnement chez nous, l'un après l'autre. Une fois, avec ma mère nous sommes parties quatre semaines chez des parents à Valognes, car notre maison était pleine de soldats. Cela remonte néanmoins à un certain temps avant l'arrivée des Américains. Je n'ai aucun souvenir de canons dans le village, ils étaient à l'extérieur. Ce fut, somme toute, une période houleuse, peu agréable à vivre, même si notre famille n'a pas ressenti l'occupation comme un trop gros fardeau... A titre personnel, les Allemands ne nous ont jamais importunés* ».

Sur une poutre du grenier de la maison appartenant, autrefois, au vétérinaire le docteur Monnier, une inscription peinte rappelle le stationnement, à cet endroit, de membres d'une *4. Kompanie*... S'agit-il de celle du *I./Gren.-Rgt. 1058*, ou d'une unité ayant stationné antérieurement sur Sainte-Mère-Église ? (Photo Éditions Heimdal - Bayeux)

En ce printemps, une nouvelle unité s'installe sur Sainte-Mère-Église, comprenant des hommes disciplinés, l'air dur, instillant la crainte pour les habitants du village... De telles troupes n'ont pas cantonné précédemment ici. Au grand soulagement des civils, ils ne restent qu'une quinzaine de jours, transférés ensuite dans la zone des hameaux de Gambosville, Fauville et La Coquerie, sur la RN-13, pour contribuer au barrage de cet axe routier non négligeable stratégiquement.
Les habitants sont eux aussi contrôlés davantage, par l'installation de plusieurs soldats allemands dans le clocher de l'église (voir description page **12**), d'où ils disposent d'une bonne vue sur la place et – servant ainsi de *Luftbeobachter* – sur le ciel. Leurs conditions de vie sont des plus rudimentaires : ils doivent uriner dans un seau en fer, vidé chaque matin au presbytère, tout proche. Dans ce dernier s'offre à eux la possibilité de faire leurs besoins dans de meilleures conditions, et de se laver. Depuis la balustrade, à la base du toit en ardoise du clocher, le panorama est de premier choix, sur des kilomètres à la ronde. Un téléphone s'y trouve, relié à un poste téléphonique intermédiaire installé dans une maison de la rue principale, à une centaine de mètres de l'église. Depuis ce poste intermédiaire, une autre liaison téléphonique part vers le sud, jusqu'au poste de commandement de la *Stabskompanie* du *Gren.-Rgt. 1058*, sur Fauville. Lors de la messe dominicale, il est interdit aux soldats allemands de faire des aller-venues dans le clocher, pour ne pas la perturber.
Georges Brault, 24 ans en 1944, a pour habitude, depuis plusieurs années, de se faire couper les cheveux chez les Le Cambaye, où son regard se porte souvent sur la jeune et jolie Juliette. Les deux jeunes gens se rapprochent, échangeant d'abord des sourires et quelques mots, et finissent par tomber amoureux. Juliette : « *Ayant alors dix-sept ans et demi, je ne pouvais me marier sans le consentement parental. Avec Georges, nous avions fini par nous tenir*

Ci-dessus : la balustrade bordant la face sud du clocher. Malgré sa position bien surélevée, elle ne permet pas d'apercevoir la mer, et n'a pas non plus servi de poste d'observation et de préparation de tir de l'artillerie. De là, on peut néanmoins observer les déplacements sur et en bordure de la place de l'église. (Photo von Keusgen)

Ci-dessous : l'équivalent d'une section du *Heer* pose au niveau du transept sud de l'église. [Au vu des tenues portées, cette photo a très certainement été prise avant 1944 [NDT]]. (Coll. Henri-Jean Renaud)

Une prairie du Cotentin hérissée de « *Rommelspargel* », ou asperges de Rommel, en vue de parer à tout atterrissage d'avion. Plantés à plusieurs mètres les uns des autres, ces troncs d'arbres dépassent d'environ deux mètres de la surface du sol, et sont souvent reliés par de la ronce d'acier, voire des cordes. (US-NARA)

Dans le Cotentin, quelques soldats allemands travaillent à l'implantation des « *Rommelspargeln* », ou « *Rommelpfähle* », peu avant l'*Invasion*. (ECPAD)

la main, par échanger de petits baisers, et notre désir de nous marier se faisait jour. Je suis donc allé voir mes parents pour leur demander la permission. Là, tous deux se sont montrés "désarmés" ; leur fille pensait à un mariage alors que les temps étaient durs, qu'ils ne possédaient rien, et que sais-je encore... ». La jeune Normande se confie alors au maire, Alexandre Renaud. Les larmes aux yeux, elle lui décrit sa détresse, en le priant d'aller parler à ses parents. Elle lui déclare : « *Nous nous aimons, nous souhaitons tellement nous unir, car personne ne sait si l'on survivra longtemps à toute cela. Si un malheur arrivait, je préfèrerais être mariée à l'homme que j'aime...* ». Le maire va alors parler aux époux Le Cambaye qui, à contrecœur, donneront leur accord. Quelques jours plus tard, une date est fixée pour le mariage – le mardi 6 juin 1944...

En novembre 1943, le *Generalfeldmarschall* Erwin Rommel quitte l'Italie et reçoit le commandement de la *Heeresgruppe B*, ainsi que la fonction d'inspecteur des travaux du Mur de l'Atlantique. En cet hiver 1943/44, il donne de nouvelles consignes, énergiques et pressantes, sommant les troupes de « faire vite ». Ses visites d'inspection sont nombreuses, il conçoit – avec son flair et son génie tactique bien connus – des mesures de défense à partir des moyens disponibles, même faibles. Ainsi imagine-t-il de planter des pieux de bois de deux ou trois mètres de long, la plupart du temps simples troncs d'arbres, dans les prairies non inondées pouvant servir à l'atterrissage d'aéronefs ennemis.

A cet effet, presque quotidiennement, le maire de Sainte-Mère-Église doit désigner de petits groupes masculins de travailleurs, parmi les habitants. Le 17 avril 1944, des *Pioniere* de la Wehrmacht requièrent de la main d'œuvre pour planter les dites « asperges de Rommel », dans les champs et prairies bordant le village. Là, il s'agit également d'abattre des arbres, dans cette région densément bocagère du Cotentin. Un *Unteroffizier* déclarera à un civil français réticent à cette tâche : « *C'est dans votre propre intérêt de travailler vite, car si tout est prêt, aucun avion anglais ne se hasardera à atterrir ici, et votre pays restera épargné des ravages d'une* Invasion... » ; c'est une façon de voir les choses. Beaucoup de Normands ne croient pas à l'hypothèse d'un débarquement chez eux, si loin de l'Allemagne. Les travaux de déboisage et d'installation des troncs d'arbres, plantés à la verticale, se prolongent plusieurs semaines, et ne sont pas encore terminés au début de juin 1944... Les *Landser* aident eux aussi à l'implantation de ces « asperges », sans enthousiasme d'ailleurs, principalement de la part des soldats relativement âgés manquant de motivation, d'endurance et de discipline. Ils préfèrent « faire durer les pauses », en prenant le temps de boire un coup et de manger un casse-croûte, parfois aux côtés de leur « collègues » français pour lesquels ils n'éprouvent, au fond, aucune antipathie particulière.

En ce mois d'avril 1944, une autre instruction est transmise à Sainte-Mère-Église, comme dans les autres communes : Les civils doivent déposer leurs poste-radio à la mairie. La possibilité qu'ils écoutent la BBC, et pas uniquement les programmes orientés par Vichy, est manifeste et inquiète les occupants. Les contrevenants s'exposent à de vives sanctions... Lorsque l'*Ortskommandant* prend contact avec Alexandre Renaud quant à cette mesure impérative, ce dernier s'oppose à son exécution, exposant le fait que les appareils-radio sont du strict domaine de la propriété privée. Alors, l'Allemand lui déclare que, si jamais les Alliés venaient à débarquer, il en serait tenu pour responsable... Les poste-radio resteront chez leurs propriétaires, et Renaud recevra un écrit comme quoi, si le Débarquement avait lieu dans cette zone, il serait pendu... Toutefois, cet *Ortskommandant* sera transféré ailleurs, au début de mai 1944 [si l'on suit le raisonnement de l'auteur, pour être remplacé par l'*Ofwb.* Werner Kassel [NDT]]

Une nouvelle division allemande dans le Cotentin

Suite à la défaite de Stalingrad, les structures du commandement allemand sont renforcées. L'*Oberkommando der Wehrmacht* émet des exigences auprès de la *Luftwaffe* et de la *Kriegsmarine*, pour qu'elles contribuent à réétoffer le *Heer*, l'Armée de terre fortement saignée. La *Luftwaffe* est dûment invitée à mettre à disposition du *Heer* ses personnels devenus disponibles avec l'affaiblissement des unités volantes. Toutefois, le Bavarois Göring – qui s'accroche toujours à son idée de refaire de « sa » *deutsche Luftwaffe* la force vive de l'ordre nouveau de la Mitteleuropa – réfléchit à une manière de remplir les exigences de l'*OKW*, tout en épargnant au maximum ses effectifs. Il avait donc décidé de créer des divisions de campagne de la *Luftwaffe*, en les plaçant à la disposition du *Heer* pour les opérations terrestres, avec l'arrière-pensée qu'en cas de retour de sa *Luftwaffe* sur le devant de la scène, il pourrait les réemployer sans difficultés pour d'autres tâches. En vain, le *General der Fallschirmtruppe* Alfred Schlemm avait tenté de dissuader Göring de cette perspective, vu que les personnels de la *Luftwaffe* se révèlent être inexpérimentés dans le cadre de la guerre terrestre dont, pour ne rien arranger, les conditions sont vraiment extrêmes à l'Est. Mais le *Reichsmarschall* n'a rien voulu entendre... De son côté, le commandement de la *Kriegsmarine* fait montre d'un raisonnement à peu près identique.

La *91. Luftlande-Division* est à l'origine une grande unité d'infanterie qui, après des mois de combats fort coûteux, avait été dissoute. Vers février et mars 1944, les personnels survivants sont transférés dans la région de Baumholder, dans les petites montagnes du Hunsrück, pour constituer le noyau d'une nouvelle 91e division. Elle reçoit également de nombreux éléments de la *Luftwaffe* (comme Rudi Escher), et qui forment même un contingent appréciable, la division est alors baptisée *91. Luftlande-Division*, 91e division aéroportée, même si, de fait, elle est largement conçue comme une grande unité d'infanterie classique, et absolument pas pour des opérations aéroportées. Son artillerie organique est l'*Art.-Rgt. 191* (issu de l'*Art.-Rgt. 621*), sous les ordres de l'*Oberstleutnant* Heinrich Kiewitt, et elle dispose d'un groupe de chasseurs de chars, la *Panzer-Jäger-Abteilung 191* (commandée par l'*Oblt.* Reimer). Outre ses formations organiques de commandement, du génie, des transmissions et du train, elle compte deux régiments d'infanterie : les *Grenadier-Regimenter 1057* et *1058*, respectivement sous les ordres de l'*Oberst* Sylvester von Saldern et de son homologue Kurt Beigang. La division aligne, au total, un peu plus de 10 500 hommes à la veille de l'*Invasion*. Adolf Hitler, comme Rommel, craint particulièrement des opérations alliées contre la Péninsule du Cotentin, au nord de laquelle est situé l'important port de Cherbourg, avec sa puissante *Festung*. Les flancs littoraux oriental et occidental du Cotentin étant assez faiblement défendus, cette division est installée dans le centre de la péninsule, entre les *243.* (à l'ouest) et *709. Inf.-Div.* (à l'est) au début de mai 1944.

Cette *91. Luftlande-Division* est aussi renforcée par une troupe de la *Luftwaffe* : le *Fallschirmjäger-Regiment 6* (*FJR 6*). Après de violents affrontements à l'Est, l'unité de parachutistes est remise en conditions au mois d'avril 1944, alignant presque 3500 hommes. Organiquement, elle appartient à l'origine à la *2. Fallschirmjäger-Division*. Quelques semaines avant l'*Invasion*, le régiment est envoyé dans le Cotentin, rattaché à la *91. LL-Div.* pour son approvisionnement, et servant aussi directement de réserve d'intervention pour le *LXXXIV. Armee-Korps* (84e corps d'armée, commandé par Erich Marcks). Les trois bataillons le

Le Dr. Friedrich-August Fhr. von der Heydte, né le 30 mars 1907 à Munich. En 1925, il intègre la *Reichswehr* comme *Offiziers-Anwärter* (aspirant) et, l'année suivante, il est congédié pour pouvoir envisager ses études de droit. Il est reçu à trois examens dans cette discipline et, à 25 ans, il devient docteur. Peu après l'accession au pouvoir d'Adolf Hitler, il rejoint la NSDAP et, en 1935, il reprend la vie militaire. Après plusieurs années de service, au moment de la Campagne de Pologne, von der Heydte est *Oberleutnant* et commandant de compagnie dans la *Panzer-Abwehr-Abteilung 6*. L'année suivante, il rejoint la *Luftwaffe* (alors *Hauptmann*) et prend la tête d'une compagnie du *FJR 3*. Ayant reçu son insigne de fusilier-voltigeur parachutiste, il participe à l'opération « Merkur » en qualité de commandant de bataillon, à l'issue de laquelle lui est remise la Croix de chevalier. Il sert ensuite à l'Est et, de juillet 1942 à janvier 1943, comme *Major* et commandant du *Fallschirm-Lehr-Bataillon* en Afrique du Nord. Le 15 janvier 1944, il reprend le commandement du *Fallschirmjäger-Regiment 6* (*FJR 6*)... (Collection F.-J. Fhr. von der Heydte)

A l'occasion de son départ de la *246. Inf.-Div.*, les hommes de Falley lui remettent un diplôme « d'adieu », réalisé très finement à la main, comportant le texte suivant : « *Les officiers, sous-officiers et hommes de troupe de la 246e division d'infanterie souhaitent à leur commandant qui les quitte, le* Generalmajor *Falley, succès et chance dans le cadre sa nouvelle, honorable affectation ! Nowosselki, le 18 avril 1944* ». A ce moment-là, la division est en ligne dans le saillant de Vitebsk, dans le cadre du *LIII. Armee-Korps*. (Collection Claus Falley)

Die Offiziere,
Unteroffiziere u. Mannschaften
der 246. Infanterie-Division

wünschen ihrem scheidenden
Divisions-Kommandeur,
Generalmajor Falley
Erfolg
und viel Soldatenglück
bei der neuen, ehrenvollen Berufung!

NOWOSSELKI, DEN 18. APRIL 1944.

Le *Major* Falley (à gauche) et son *Ib* (chef du bureau du ravitaillement), le *Major* Bollack, étudient une carte dans son QG de division sur le front de l'Est, avant son affectation en Normandie. (Collection Claus Falley)

constituant s'installent dans la partie sud de la péninsule, à sa base, dans un ample quadrilatère entre le Mont Castre, Lessay, Périers et Carentan, constituant une *Riegelstellung* – position en verrou – au sud de l'axe Carentan – La-Haye-du-Puits. Le Ier bataillon est implanté dans la zone de Saint-Jores et de Prétot, sous les ordres du *Hptm.* Emil Preikschat, le IIe bataillon dans la zone de Lessay et Périers (sous le commandement du *Hptm.* Rolf Mager) et, enfin, le IIIe (*III./FJR 6*) commandé par le *Hptm.* Horst Trebes, installé dans le secteur de Carentan et de Sainteny. Au début de février 1944, le Dr. Friedrich-August Freiherr von der Heydte a pris la tête du *FJR 6*, et son poste de commandement est établi sur Gonfréville, dans le petit hameau de L'Hôtellerie, à quelques kilomètres au nord de Périers. Pour le *Major* von der Heydte, il est important d'accoutumer ses tout jeunes soldats au terrain qu'ils ne connaissent pas, si densément bocager. En se relayant, des guetteurs sont chargés d'observer le ciel en permanence, les collines sont aménagées le plus efficacement possible en *Rundumverteidigung* – défense en hérisson –. Gros bémol, l'unité ne dispose que... de 70 véhicules motorisés (!), de plusieurs dizaines de types différents, ce qui n'est pas sans poser de lourdes difficultés en cas de réparations. Elle emploie donc principalement des véhicules à traction hippomobile réquisitionnés. Von der Heydte déclarera au « père » de la *Fallschirmtruppe*, le général Kurt Student : « *Si mon unité est pleinement préparée pour un engagement aéroporté, elle l'est bien moins pour le combat terrestre, étant donné son armement antichar insuffisant et la rareté des engins motorisés disponibles* ».

Précisons que le *Führer* lui-même a cerné la faiblesse des formations défensives stationnées en Normandie, certaines étant de valeur combattive très limitée. Il exigera de chaque officier et commandement de point d'appui qu'il signe une déclaration sur l'honneur, comme quoi en cas d'*Invasion* il tiendrait sa position jusqu'à la dernière cartouche et jusqu'au dernier de ses soldats. Von der Heydte prétendra avoir refusé de la parapher, considérant cela comme contraire à l'honneur, sans pour autant qu'on lui demande de rendre des comptes...

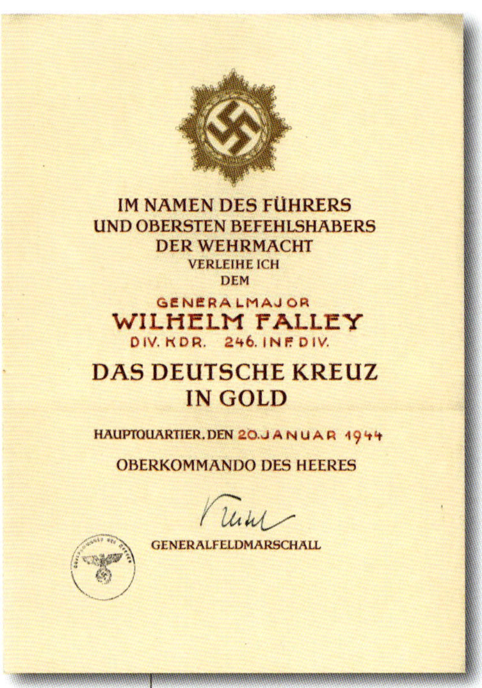
IM NAMEN DES FÜHRERS
UND OBERSTEN BEFEHLSHABERS
DER WEHRMACHT
VERLEIHE ICH
DEM
GENERALMAJOR
WILHELM FALLEY
DIV. KDR. 246. INF DIV.
DAS DEUTSCHE KREUZ
IN GOLD
HAUPTQUARTIER, DEN 20. JANUAR 1944
OBERKOMMANDO DES HEERES
GENERALFELDMARSCHALL

Un document précieux : le diplôme d'attribution de la Croix allemande en or du général Falley, établi au QG de l'*OKH* le 20 janvier 1944, et paraphé par le *Feldmarschall* Wilhelm Keitel. (Collection Claus Falley)

Par ailleurs (appoint blindé non négligeable), dans le sud du secteur de la *91. LL-Div.* stationne un bataillon de chars, la *Panzer-Ersatz-und-Ausbildungs-Abteilung 100*, comprenant un peu plus de 650 hommes, équipée majoritairement de blindés de récupération (*Beute-Fahrzeuge*). Le gros de l'unité est installé entre Baupte, Coigny et Beuzeville-la-Bastille, au sud de la Douve. Depuis le 25 avril 1944, le commandant de la *91. Division* est le *Generalleutnant* Wilhelm Falley, 47 ans (donc relativement jeune pour un officier général). Son QG, au château de Bernaville, présente de faibles aménagements défensifs : dans le parc, des tranchées d'environ un mètre de profondeur et 70 centimètres de large, et des trous pour quelques emplacements de *MG*. Dans l'un des communs du haras – appartenant au château – se trouvent aussi quelques chars factices, en terre. Comme ailleurs, les prairies se prêtant à des atterrissages d'avions sont hérissées d' « asperges de Rommel », pour lesquelles sont aussi abattus les magnifiques châtaigniers du parc du domaine, pourtant séculaires. Des fosses rectangulaires assez profondes, marquées par

La minoterie des Lagouche au début du XXe siècle, alors imposante. En 1944, le haut silo visible à droite, de même que la passerelle d'acier le reliant au corps principal de la propriété, n'existent plus. Du côté droit de la route (du silo), seul subsiste un mur de pierre au moment de l'*Invasion*. Comparer avec la photo de la page 15 en haut. (Collection Marguerite Lagouche)

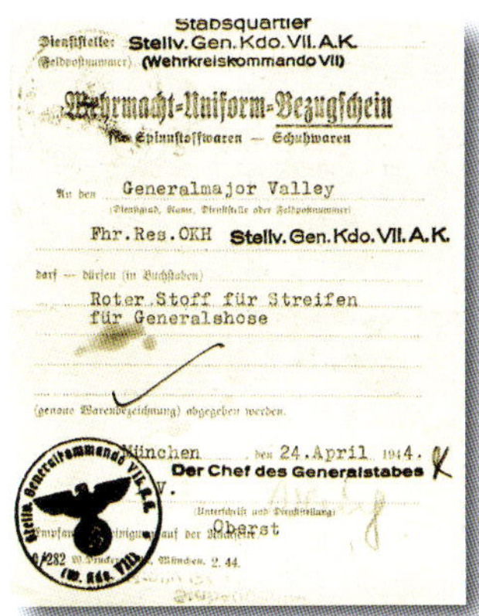

Stabsquartier
Dienststelle: Stellv. Gen. Kdo. VII. A.K.
(Feldpostnummer) (Wehrkreiskommando VII)

Wehrmacht-Uniform-Bezugschein
für Spinnstoffwaren — Schuhwaren

An den Generalmajor Valley
(Dienstgrad, Name, Dienststelle oder Feldpostnummer)
Fhr. Res. OKH Stellv. Gen. Kdo. VII. A.K.

darf — dürfen (in Buchstaben)
Roter Stoff für Streifen
für Generalshose

(genaue Warenbezeichnung) abgegeben werden.

München, den 24. April 1944.
Der Chef des Generalstabes
I. V.
(Unterschrift und Dienststellung)
Oberst

Formulaire autorisant le général Falley à recevoir du drap rouge pour ses bandes de pantalon ou de culotte, alors qu'il vient de quitter la *246. Inf.-Div.* et n'a pas encore rejoint sa nouvelle grande unité, la *91. LL-Div.*. Notons qu'il n'a pas encore été promu *Generalleutnant*. (Collection Claus Falley)

une rampe d'accès en pente douce, permettent de garer les véhicules à l'extérieur, sous quelques filets de camouflage ou des arbres, pour les masquer de la vue des pilotes de la *RAF* et de l'*USAAF*. Dans le château, les communs, les écuries et les bâtiments alentours est logée à peu près une centaine d'hommes de troupe, de sous-officiers et d'officiers de l'état-major divisionnaire. Falley, lui-même, est méfiant et décide de résider à l'écart du château, dans un autobus garé à quelques centaines de mètres de l'édifice. La raison de ce choix n'est pas précisément éclaircie. Toujours est-il qu'en ce printemps de 1944, les vols d'appareils de reconnaissance, « *Jabos* » et bombardiers alliés se font de plus en plus intenses. Par ailleurs, le château, à l'architecture massive, bien que situé à une quinzaine de kilomètres du littoral, pourrait toujours être la proie d'obus de l'artillerie de marine ennemie, en cas d'*Invasion*...

Comme cela a été vu pour Sainte-Mère-Église, sur Bernaville aussi (à 6,5 kilomètres à l'ouest du premier) des soldats allemands sont cantonnés chez l'habitant. Si les officiers préfèrent les belles demeures et les manoirs, ce n'est pas toujours faisable. La famille normande Laisné habite une dépendance du château, servant de ferme. Dès l'été de 1940, des officiers allemands s'étaient installés dans le château de Bernaville, et ses habitants avaient dû partir, y compris ceux des dépendances. Heureusement, les Laisné avaient pu déménager à la minoterie des Lagouche (voir page 15). Emmanuel Laisné, né en 1930, se souvient : « *Les Allemands se comportaient très bien avec les civils français. Mes parents leur vendaient du lait, qu'ils ont toujours payé sans faire d'histoires. Néanmoins, les adultes, comme mes parents, avaient interdiction de pénétrer sur le domaine du château. Nous, les gosses, pouvions quand même aller y ramasser des châtaignes, dans le parc* ».

En 1944, Marguerite Lagouche est enceinte pour la deuxième fois, ayant déjà une fille de cinq ans. Son mari, Alphonse, avait été mobilisé en novembre 1939, capturé par les Allemands au printemps de 1940 et envoyé dans le Reich. En octobre 1942, il avait eu le droit de retourner chez lui, sans doute dans le cadre de « la relève », avec une blessure à la main et une plèvre. Néanmoins, le travail n'y manquait pas et il s'était immédiatement « remis au boulot », heureux de retrouver sa femme et sa fille au pays. Marguerite se rappelle : « *Évidemment,*

Après la reconstitution de la *91. Division* (cette fois baptisée *Luftlande-Division*) au début de 1944 dans les vallons du Hunsrück, ses soldats rejoignent l'ouest de la France, après un stationnement sur Bitche. Ici, parmi d'autres jeunes soldats, l'on aperçoit le *Gefreiter* Heinrich Spieles, assis au milieu. Tous portent la casquette du modèle de 1943. (Collection Claus Falley)

il n'était pas possible de se soustraire aux réquisitions. Nous n'aimions pas les Allemands, mais ils étaient là et c'était ainsi. Leurs menaces de déportation pour telle ou telle broutille, ça faisait son effet. Toujours est-il que chez nous, on ne voyait pas grand-chose de la guerre. Aucun de nos bâtiments n'avait été réquisitionné par l'occupant. Les seules personnes que nous croisions, c'était les voisins. Bien entendu, chacun savait que les Allemands logeaient dans le château tout proche de Bernaville, et que la Feldgendarmerie *s'était établie sur la route de La Fière. Au printemps de 1944, on murmurait aussi qu'un général résidait dans un bus, à deux pas de chez nous...* ». Précisons que Marguerite Lagouche n'a jamais vu le *Gen.-Lt.* Falley sur le terrain de sa minoterie : « *Je ne vois pas pourquoi il serait personnellement venu ici. Quant à nous, nous avions des choses plus importantes à faire que de s'intéresser à un général allemand* ».

Heinrich Spieles, tout jeune *Gefreiter* de 18 ans, est fils d'un vigneron de Mehring-an-der-Mosel, au nord-est de Trèves. Le 10 janvier 1944, il doit se rendre à Kaiserslautern pour effectuer sa *Grundausbildung* (ses classes), où il reçoit également une formation de *Fernmelder* (agent de transmissions servant soit un téléphone, soit un poste-radio). Il est envoyé peu après à Baumholder, non loin de là, où il rejoint la section de transmissions de l'état-major du *Gren.-Rgt. 1058*. A la fin mars, l'unité est envoyée à pied sur Bitche, dans le nord-est de la Lorraine, où elle reste trois semaines. Puis, elle grimpe dans le train à destination de la Bretagne, pour un séjour fort bref, avant de descendre en fait à Carentan. De là, ses camarades des transmissions et lui poursuivent leur route jusqu'au petit village de Saint-Cyr, à un ou deux kilomètres à l'ouest de Montebourg, où ils arrivent le 8 mai 1944. Comme tous les bâtiments des alentours sont déjà occupés par des soldats allemands, les hommes de la section de transmissions doivent bivouaquer dans leurs petites tentes.

Heinrich Spieles en 1943, encore soldat de 1re classe, durant son instruction au sein du *Grenadier-Ausbildungs-Bataillon 352* (dont il porte les passants de pattes d'épaule), il y est, entre autres, formé comme *Fernmelder*, et initié au maniement du *MG.* et du mortier. (Collection Heinrich Spieles)

Précisons que Spieles n'est en aucune façon soldat par vocation. En 1939, son père, vétéran de la Grande Guerre, avait été rappelé sous les drapeaux à l'âge de 49 ans, et ne montre aucun intérêt pour les armes, ni d'attirance pour le nazisme. Il avait déclaré à son fils : « *Tu peux tout me demander, tout... sauf une chemise brune !* ». Le père de Heinrich avait pu retourner sur Mehring après huit jours, et reprendre ses activités agricoles, même si, avec l'approche des troupes alliées de leur *Heimat*, cinq ans plus tard, il sera affecté à un détachement de garde de la police, en novembre 1944.

A Saint-Cyr, avec quelques camarades le *Gefr.* Spieles doit établir un poste intermédiaire de téléphonie, ce qui est accompli en quelques journées de travail. Ensuite, il doit prêter main forte dans le cadre des installations d' « asperges de Rommel », dans les champs et prairies très vallonnées des alentours. Puis, des fractions de la *Stabs-Kompanie* du régiment sont transférées de Saint-Cyr vers Sainte-Mère-Église, réparties en trois groupements. Chacun d'eux comprend un groupe de fusiliers, un groupe de mortiers de 80 mm, et un groupe d'observation. Deux de ces groupements s'établissent au nord-est de la localité, et le troisième à l'est, où se trouve déjà le *Flak-Instandesetzungs-Zug* évoqué plus haut. Au passage, pour faciliter les transmissions, ce dernier se retrouve raccordé au poste intermédiaire (on l'a vu, établi dans deux pièces, au premier étage d'une maison de la rue principale), de même que l'*Orts-Kommandantur* et un détachement de l'*Organisation Todt*. Le groupe d'observation s'installe dans le clocher, quelques hommes auxquels appartient Heinrich Spieles, composé d'un *Unteroffizier* et de quatorze hommes de troupe. Durant ses douze jours sur place, Spieles est d'abord occupé à poser des câbles téléphoniques dans le

Dans cette maison de la rue principale de Sainte-Mère-Église est installé un poste intermédiaire de téléphonie du *Gren.-Rgt. 1058*, relié à différents endroits importants des alentours (château de Fauville, clocher de l'église...). (Photo von Keusgen)

Rudi Escher, 23 ans en 1944. Portant encore sa tenue de sortie de la *Luftwaffe*, alors *Oberjäger* (équivalent au grade d'*Unteroffizier* dans l'Armée de terre). A la veille de l'*Invasion*, il commande la *1. Gruppe* de la section cycliste de la compagnie de commandement du *Gren.-Rgt. 1058*. (Collection Rudi Escher)

bourg de Sainte-Mère-Église, majoritairement dans les arbres et le long des bâtiments.

Une fois installé le poste intermédiaire et posés les câbles, le *Gefr.* Spieles reçoit pour mission de faire son rapport deux fois par jour (à 8 heures et à 21 heures 30) auprès de son commandant de section, quant à l'état du réseau téléphonique dont il est responsable. Il doit donc le contrôler personnellement à pied, et scrupuleusement, pour vérifier qu'aucun câble n'ait été endommagé, voire saboté, ou encore qu'un quelconque agent ait installé un dispositif d'écoute. Parfois, Spieles est contacté inopinément par téléphone, son assiduité ainsi surveillée. S'il lui arrive de quitter son poste, même pour un besoin pressant, un collègue doit absolument le remplacer et savoir précisément où et comment le joindre au plus vite. Au cours d'une instruction dans le cadre de la compagnie de commandement, Spieles se souvient : « *L'on nous avait dit avec insistance, que nous n'avions pas le droit de porter atteinte à la propriété privée des Français, ce qui serait assimilé à du vol, et à un préjudice porté à l'image de la* deutsche Wehrmacht. *Quiconque parmi nous y aurait contrevenu, aurait été passible du tribunal militaire et de lourdes sanctions !* ».

Mai 1944 est inhabituellement chaud et, à plusieurs endroits, le niveau des zones artificiellement inondées baisse nettement. Une odeur désagréable se répand, des escadrilles de moustiques se déploient, de même que celles de bombardiers alliés, dont l'activité se fait sentir de façon croissante, contre les installations environnantes du Mur de l'Atlantique. Dans la seconde moitié de ce mois de mai, une *Kampfgruppe* forte d'environ 150 hommes est formée, en puisant dans différentes formations du *Gren.-Rgt. 1058*. Elle regroupe une section de MG, une section mobile équipée de *Ketten-Kräder*, et une autre également de *Pioniere*, de membres des transmissions et de cyclistes de la *Stabskompanie* du régiment, dont font partie Heinrich Spieles ou encore Rudi Escher. Le noyau de cette *Kampfgruppe* s'établit à deux kilomètres à peine au sud de Sainte-Mère-Église, au château de Fauville.

Rudi Escher, *Unteroffizier* de 23 ans originaire de la région de Cobourg et issu à l'origine de la *Luftwaffe* (autrement dit, versé dans le *Heer*), se souvient : « *Ce que nous devions défendre ici, à Fauville, ne me semblait pas bien clair. Les officiers s'étaient installés dans le château, auprès duquel se trouvaient la cuisine roulante et le dépôt de subsistances. Le reste de la compagnie de commandement, avec son commandant et son bureau, étaient installés en un autre lieu, inconnu de nous. Nous avions alors dû quitter nos positions antérieures, pour étoffer le dispositif défensif des alentours directs du château.*

Le château de Fauville, situé au sud de Sainte-Mère-Église, à quelques centaines de mètres à l'ouest de la RN-13. En mai 1944 et jusqu'à la veille du Débarquement, y sont cantonnés des officiers du *Gren.-Rgt. 1058*. (Archives von Keusgen)

En contrebas de ce dernier, nous avions établi nos nouvelles positions dans un chemin creux, plus exactement derrière l'une des deux haies bordant ce chemin. Là, nous avions creusé des tranchées individuelles avec nos bêches, dans lesquelles nous devions nous protéger, si jamais ça tournait au sérieux. Étant donné les haies épaisses et touffues bordant les parcelles, la vue est mauvaise à peu près partout dans cette région, et porte rarement loin. Non loin de nos trous, nous avions déployé nos tentes pyramidales (montées grâce aux toiles bariolées individuelles), dans une prairie. Mesurant deux mètres de côté, chacune d'entre elle permettait d'accueillir quatre hommes. A l'intérieur, il y avait vraiment très peu d'espace, l'on ne pouvait s'y déplacer qu'accroupis. Pour tenter de gagner un peu de place et de hauteur, nous avons alors creusé de 70 centimètres de profondeur en dessous. J'y dormais avec trois de mes hommes. En guise de tapis, nous avons disposé un peu d'herbe sur le sol terreux, et chaque homme était équipé d'une couverture, pas plus. Nous avions néanmoins interdiction de nous déshabiller pour dormir, et malgré cela, pour nous, les nuits ont vraiment été glaciales ! Nos toilettes, c'était en pleine nature, et chacun devait recouvrir ses besoins d'un peu de terre... Nous aurions vraiment préféré coucher dans des cantonnements chez l'habitant. Trois fois par jour, nous pouvions aller chercher notre nourriture à la cuisine roulante, avec nos marmites et bidons individuels. Changer de linge de corps représentait encore un problème supplémentaire, et nous devions garder nous-mêmes nos tentes, en se relayant. Il n'y avait alors aucun tableau de service, le déroulement du Dienst *restant totalement inorganisé...*
Du changement, nous en avons toutefois connu le ***19 mai 1944****. Ma* 1. Gruppe *a été déplacée un peu plus loin, à quelques centaines de mètres de distance, avec nos tentes. Quant à elle, la* 2. Gruppe *de notre section cycliste a dû se diriger dans le bourg de Sainte-Mère-Église, ses hommes devant servir comme observateurs, dans le clocher de l'église. La* 3. Gruppe *devait surveiller le passage à niveau de la ligne ferroviaire Paris-Caen-Cherbourg, à La Fière. Dans notre nouvel emplacement, nous devions assurer la surveillance du ciel depuis le haut d'un arbre, en se relayant toutes les deux heures. La nuit, les tentes et notre véhicule du train étaient gardés par des sentinelles-doubles. Il n'y avait rien d'autre de prévu pour notre petit groupe dans le cadre du service, en cette fin de mai 1944... ».*

Les soldats de la *91. Luftlande-Division* sont, pour partie, issus de la *Luftwaffe*, certains âgés d'une bonne trentaine d'années, à l'image de cet *Oberjäger* (ci-dessus). D'autres sont plus jeunes, comme Rudi Escher ou ces deux hommes de troupe coiffés de la *Fliegermütze* et portant la *Fliegerbluse*. (Collection von Keusgen)

L'*Ogfr.* Rudolf May, 22 ans, a déjà combattu à l'Est comme *MG-Schütze*. C'est l'un des rares vétérans du petit groupe de Rudi Escher. (Collection Jörg Kohnen-May)

Dans le manoir de Fauville, une nuit, un incident tragique se produit : la propriétaire des lieux, une dame âgée, doit aller aux toilettes, installées dans une petite cabane en bois à l'extérieur. L'un des gardes entend soudain quelqu'un approcher et, suivant le règlement, demande tout haut le mot de passe... La châtelaine, ne comprenant pas l'allemand, ne connaît pas le mot convenu. Le factionnaire, ne voyant rien dans l'obscurité et agissant suivant les instructions, ouvre le feu... La pauvre normande est tuée sur le coup.

Six jours plus tard [le **25 mai**], les trois groupes alternent. Alors, l'*Uffz.* Escher doit rejoindre le passage à niveau de La Fière. Là-bas, il doit annoncer sa présence auprès de l'unité amie la plus proche, sur Amfreville, à environ deux kilomètres à l'ouest de la voie ferrée, où il reçoit pour instruction, en cas d'attaque ennemie (notamment de nature aéroportée), de se frayer impérativement un passage jusqu'à cette unité, et de se tenir à sa disposition en attendant des ordres. Rudi Escher : « *Une nouvelle fois, nous devions réinstaller nos bivouacs avec nos* Zeltbahnen, *derrière une haie localisée à deux pas du passage à niveau. De jour, par groupes de deux, mes hommes avaient pour mission d'observer le ciel depuis un arbre, comme sur Fauville, de même que les alentours, en consignant toute chose étrange. De nuit, il s'agissait de surveiller, en sentinelles-doubles, la route et le passage à niveau. Ces quarts étaient relevés toutes les deux heures, comme c'est le cas la plupart du temps dans l'armée, auxquelles s'ensuivaient quatre heures de repos. La routine quotidienne consistait à aller récupérer la nourriture, à contrôler les gardes, et même à "se promener" en vélo dans les alentours, durant le temps libre de jour, pour tuer le temps. Il nous arrivait également, quelquefois, de nous baigner dans les zones inondées artificiellement, à un endroit où n'y avait qu'environ 80 centimètres de profondeur d'eau. A 400 mètres à peu près de notre position, en direction de l'ouest et d'Amfreville, sur un pont la route traversait la petite rivière du Merderet, dont l'écoulement était bloqué en aval. Par là-bas se trouvait une ancienne ferme, auprès de laquelle nous nous étions même baignés tout nus, ne disposant de toute façon d'aucun caleçon de bain. A cette occasion, l'un de mes soldats était tombé violemment malade et avait dû rejoindre, pour un séjour assez long, un hôpital militaire... Je ne l'ai plus revu. Suite à cela, nous logions dorénavant à trois dans la même tente, avec une couverture supplémentaire et un peu plus de place, mais en grelottant toujours autant de froid ! Durant notre temps libre, il arrivait que l'on se rende jusqu'à la grosse bourgade la plus proche, Sainte-Mère-Église, pour aller y chercher quelque chose à manger, car nous avions vraiment faim. Un jour, des gars ont ramené des oignons, que nous avons alors fait revenir dans le couvercle d'une marmite, sur un petit feu de camp. Nous nous plaignions tous du manque de ravitaillement et, avant toute chose, de la rareté du pain –* zu wenig Brot !*-. A cause de cela, à chaque fois nous mangions, comme des gloutons, tout ce dont nous disposions d'un coup et, le lendemain matin, nous n'avions plus rien à nous mettre sous la dent pour notre* Frühstück... ».

Le dernier document expédié par le *Generalleutnant* Falley à son épouse, une dizaine de jours avant l'opération « *Overlord* », représentant le château de Bernaville. (Collection Claus Falley)

Vu que, de nuit, les véhicules hippomobiles de ravitaillement empruntent la route qu'ils surveillent, l'*Uffz.* Escher donne à ses hommes un « tuyau illicite », pour leur permettre d'obtenir du pain : « *On s'était servi, tout simplement, et les chauffeurs avaient pas mal pesté. D'ailleurs, s'ils avaient fait leur rapport, nous aurions probablement tous été durement sanctionnés... En tous cas, pour les journées suivantes, nous avions enfin vraiment de quoi combler notre faim ! Le dernier jour de mai, après six jours passés là, les groupes changeaient pour la dernière fois : la* Gruppe « Schmitz » *relève mon groupe au passage à niveau de La Fière. Maintenant, c'était à nous de grimper dans le clocher de Sainte-Mère-Église. Je me souviens encore bien de mes hommes : l'*Obergefreiter

Wolfgang Bachmann (23 ans), qui était mon suppléant, le MG-Schütze *Rudolf May, lui aussi* Obergefreiter *et âgé de 22 ans, le* Gefreiter *Adolf Ackermann, le plus âgé d'entre nous (25 ans !), les deux* Grenadiere *de 19 ans chacun Alfons Jakl et Heinz Strangfeld, et enfin le* Grenadier *de 20 ans Wilhelm Schmelzer et un autre gars dont, hélas, je ne me rappelle plus du nom. En tout, sept* Landser *sous mon commandement, quoique seuls May et Bachmann eussent une expérience du front, ayant combattu en Russie.*
Nous étions tous logés en dessous de la chambre des cloches, dans la zone sud de la nef [l'aile sud du transept, plus exactement], *où nous vivions vraiment comme des souris. Tout était affreusement sale, nous dormions dans nos uniformes à même le sol, et nous avions toujours aussi froid que sur Fauville ou La Fière. La seule source de lumière consistait en une modeste fenêtre, dans l'épaisse façade de pierre, sans vitre ni même un volet. Chaque jour, deux de mes hommes allaient récupérer la nourriture de notre groupe, auprès de la* Feldküche *établie en bordure du village. Jour et nuit, deux soldats devaient monter en haut du clocher, afin de surveiller les activités sur la place, dans les rues et auprès des maisons visibles depuis cet endroit. Ils s'installaient sur les deux balustrades, en vue de se prémunir de toute action d'espionnage ou de sabotage, car des Résistants auraient aussi pu être déposés dans les environs, par des avions ennemis. Là-haut, dans le clocher, nous disposions d'un téléphone, relié au poste intermédiaire de transmissions de la rue principale. Nous continuions de nous relayer pour cette tâche d'observation, et ceux qui n'étaient pas de service là-haut pouvaient éventuellement se promener un peu dans les alentours de la place, en vélo, mais jamais bien loin. Nous étions de jeunes types, et nous faisions toutes sortes d'âneries. Or, à cette période de l'année, il faisait jour jusque vers 11 heures du soir. Par ailleurs, nous n'avions aucun contact avec les civils des lieux* ».

Trois jours plus tard, le dimanche **4 juin 1944**, la messe a lieu dans l'église. N'étant pas au courant, l'un des sept soldats de Rudi Escher descend du clocher par la petite porte en bois, tout près de l'autel, là où officie le curé ! Escher précise : « *Durant le culte, l'un d'entre nous est machinalement descendu dans les escaliers, a ouvert la porte, et d'autres ont voulu le suivre pour aller se dégourdir les jambes, à l'extérieur... Évidemment, voyant la gêne causée, ils ont tous fait demi-tour* ».

Dans la mesure où ils ne travaillent pas aux fortifications, les soldats des alentours – principalement de la *91. LL-Div.*, de la *709. Inf.-Div.* et du *FJR 6* – procèdent à des exercices. Occasionnellement, des groupes lourdement armés, effectuant ces derniers ou des manœuvres, traversent le bourg de Sainte-Mère-Église. Leurs casques et véhicules sont dorénavant couverts de

Chaque année, durant l'automne et surtout l'hiver, avec les épisodes pluvieux récurrents, le Merderet a facilement tendance à déborder de son lit mineur, pour inonder, sur plusieurs centaines de mètres, les prairies et joncs alentours. Ces deux photos, prises de nos jours sur Chef-du-Pont (en haut) et La Fière, donnent une idée de la situation au même endroit au début de juin 1944. (Photos von Keusgen)

Erwin Rommel au cours de sa dernière inspection dans la Péninsule du Cotentin, le 17 mai 1944. Ici, il examine une carte avec le *Hauptmann* Trebes, commandant le *III./FJR 6* (au premier plan, portant le *Tuchrock* de la *Luftwaffe*), et avec le général Falley (juste derrière Horst Trebes). Sur le bord gauche de l'image est visible le *Hptm.* Rolf Mager, commandant le *II./FJR 6* (ayant enfilé son « sac à os » bariolé), à côté d'un autre titulaire du *Ritterkreuz* [Il s'agit de *Oblt.* Helmut Wagner, commandant par intérim la *9.Kp./FJR 6*, tué le 7 juin dans la zone de Saint-Côme-du-Mont [NDLR]]. Emil Preikschat, à la tête du *I./FJR 6*, n'est pas présent ici. (Collection Claus Falley)

branchages, à des fins de camouflage, y compris les attelages des chevaux qui, on l'a vu, sont si indispensables pour les déplacements des unités pauvrement motorisées de cette zone.

Le **17 mai 1944**, le commandant en chef de la *Heeresgruppe B*, le maréchal Rommel, inspecte pour la dernière fois les forces allemandes stationnées sur la face orientale du Cotentin. Il examine de près les défenses et les éventuels exercices, et s'entretient volontiers « entre quatre yeux » avec les officiers rencontrés, y compris avec le général Falley, ou encore avec le *Major* von der Heydte.

Une dizaine de jours plus tard, Wilhelm Falley confiera à l'un de ses soldats, très doué, la tâche de dessiner et de colorier une petite carte postale représentant le château de Bernaville. Au dos, il écrit : « *De mon joli château, salutations pour la Pentecôte. Hélas, son intérieur n'est pas à la hauteur de ce qu'il promet de l'extérieur ! Ton W. [Wilhelm] – 28 mai 1944* ». Cette carte, sans doute antidatée, est envoyée à son épouse. C'est la toute dernière chose qu'elle recevra de sa part...

Une nuit, à la fin de mai 1944, des avions alliés (volant à faible hauteur) larguent des tracts, visant à fournir aux Français des informations sur la conduite à tenir en cas d'attaque contre le Mur de l'Atlantique et ses arrières. Y figurent aussi des silhouettes de parachutistes britanniques et américains, de même que celles d'avions alliés, pour pouvoir les distinguer des Allemands... En Normandie, les gens pensent que ces tracts ont été déposés un peu partout dans le Nord de la France, et ne s'attendent pas à un débarquement d'envergure sur leurs côtes, bien plus dans le Pas-de-Calais ou en Picardie, comme de nombreux soldats allemands d'ailleurs... A cette période, le temps se dégrade nettement, jusqu'aux premiers jours de juin, avec de fortes averses. Cela contribue à une remontée du niveau des zones inondées.

En ce printemps de 1944, une nouvelle unité de la *Wehrmacht* arrive dans la Manche, en renfort... Ses hommes ne sont pas des Allemands, ni même des *Volksdeutschen* : il s'agit de Géorgiens, comme ceux de l'*Ost-Bataillon 795*, ou encore d'Asiatiques aux traits mongoloïdes. Ces anciens soldats de l'Armée Rouge, ayant choisi, volontairement ou « pour la soupe », de rejoindre le camp du IIIe Reich, sont encadrés par des Allemands. L'une de ces unités, équipée de pièces d'artillerie, alors en chemin vers la *Festung Cherbourg*, fait un arrêt de quelques jours sur Sainte-Mère-Église. Les officiers stationnent à Gambosville, et les hommes bivouaquent dans les alentours. Leurs pièces sont installées sur la place de l'église de Sainte-Mère, et les accès routiers du bourg bloqués par des camions, placés en travers de ceux-ci. De nuit, ces Asiatiques aux visages si inhabituels déambulent dans les rues, en semant la crainte parmi la population. Avec l'aide de cette dernière, trois jours plus tard, cette unité est transférée du côté de Saint-Côme-du-Mont, à environ huit kilomètres au sud de Sainte-Mère-Église.

Entre-temps, des travailleurs français requis de force ont dû creuser de profondes tranchées aux abords de Sainte-Mère-Église. Ils continuent également de planter des « asperges de Rommel » dans les champs et prairies... [Ces tranchées sont visibles sur les photographies aériennes alliées, comme celle de la page 45 [NDT]]

Un jeune Rhénan de Cologne, Rolf Deboeser, appartient lui aussi à la *91. Luftlande-Division*. Sa compagnie d'infanterie (la *3./Gren.-Rgt. 1058*) est stationnée dans la petite localité appelée Saint-Joseph, à environ 4,5 kilomètres au nord-ouest de Valognes, et à 21 kilomètres de Sainte-Mère-Église, sur la RN-13 entre (Valognes et Cherbourg). Il a 19 ans, et il sait qu'il n'est pas forcément facile, ou bien vu, d'entretenir des contacts amicaux avec

Le Rhénan Rolf Deboeser a été appelé sous les drapeaux dès l'âge de 17 ans. Ayant à peine 19 ans au moment de l'*Invasion*, il stationne dans la zone de Valognes, en arrière du Mur de l'Atlantique, et appartient au *Gren.-Rgt. 1058*. (Collection Rolf Deboeser)

La plaque d'identité de Rolf Deboeser, qu'il a pu conserver après la guerre, au cordonnet de laquelle est passée un médaillon catholique et une plaquette de bois comportant son numéro de *Prisoner of War*. (Collection Rolf Deboeser)

Photo ci-dessus et en bas : Saint-Cyr, à trois kilomètres à l'ouest de Montebourg, où est installé le *Gefechtsstand* du *Gren.-Rgt. 1058*. Après un stationnement de quelques jours sur Sainte-Mère-Église, le *Gefr.* Spieles rejoint ce petit village. (Photos P. Cherrier, 2019)

Le *Gefreiter* Spieles, un jeune téléphoniste du *Gren.-Rgt. 1058*, quitte Sainte-Mère-Église le dimanche 4 juin 1944, retournant près de Montebourg... (Collection Heinrich Spieles)

des Français. En effet, il est difficile de savoir si un Français travaille, de près ou de loin, directement ou indirectement, comme espion et membre de la Résistance. Parallèlement, un Français ayant de bons contacts avec les Allemands peut aisément être qualifié par ses compatriotes de « collabo »... Au cours d'un exercice dans la zone de Sainte-Mère-Église, Deboeser s'est lié d'amitié avec un Normand quasiment du même âge que lui. Vu que le *Gefreiter* n'a pas le droit de s'éloigner beaucoup, ni trop longtemps, de son lieu de bivouac ou de cantonnement, pour pouvoir rendre visite à son nouvel ami, il demande à un paysan de la ferme, sur le terrain de laquelle il stationne, d'aller jusque sur Sainte-Mère-Église, afin qu'il demande au jeune Marcel de venir jusqu'à Saint-Joseph lui rendre visite... Le fermier accepte et, là-bas, il pourra arranger une retrouvaille entre les deux amis. Le jour convenu, Deboeser quitte le bureau de sa compagnie dans lequel il sert, après la fin de son service. Il est véritablement réjoui de pouvoir revoir Marcel, il se souvient : « *Nous, les soldats allemands, n'avions pas le droit de nous promener comme ça sur les routes, vu que de plus en plus, les "Jabos" rôdaient fréquemment au dessus de nos têtes. Donc, je me déplaçais toujours prudemment sous les arbres. Ce jour-là, Marcel est arrivé avec son vélo... et lorsqu'on s'est vu, c'était incroyable, quelle joie nous éprouvions !* ». Marcel et Rolf passent deux heures ensemble, puis doivent se quitter. Alors, Marcel déclare à son ami allemand : « *Ne t'en fais pas, je reviendrai te voir !* »...

Au cours de la **nuit du 29 au 30 mai**, plusieurs grosses formations d'avions alliés survolent le Cotentin, ayant allumé leurs feux de navigation, nettement visibles, progressant à si faible hauteur que, malgré l'obscurité, on les distingue bien. Certains Français sentent que quelque chose se trame, et font leurs valises, regroupant en hâte ceci-cela... Durant une heure, ces formations survolent la presqu'île, puis mettent le cap vers l'est, en déposant des centaines de curieux artifices lumineux dans la zone de Foucarville, Saint-Germain et Saint-Martin-de-Varreville. Ces lumières luisantes éclairent le terrain, juste derrière la zone inondée située auprès du littoral, à l'ouest de ce dernier... Puis, un gros bombardement se déchaîne. Le sifflement des bombes, en pleine dégringolade, et leur explosion peuvent être entendus jusque sur Sainte-Mère-Église, où les devantures vitrées des magasins vibrent en tremblant !

Entre-temps sur Bernaville, Marguerite Lagouche a donné naissance à son deuxième enfant, Geneviève, qui n'a alors que trois semaines. Marguerite remarque que, depuis le **2 juin 1944**, de plus en plus de petites groupes de soldats allemands vont et viennent dans les parages de leur propriété : « *Pourquoi venaient-ils mettre leur nez par chez nous ? Jusque là, tout s'était toujours déroulé très tranquillement ici. Ces hommes étaient presque tous très, très jeunes, et ils avaient sans arrêt la faim au ventre. Ils nous demandaient des vivres, mais nous n'avions rien à leur offrir. Ce n'était pas une question d'argent, nous-mêmes n'avions simplement plus grand-chose, juste un peu de lait grâce à nos vaches, guère plus...* ». Ce constat est partagé par Paul Vilette, onze ans en 1944, ainsi que par Louis Lebarbenchon, dix ans, qui se rappelle : « *Manifestement, les soldats allemands étaient très mal nourris, ils ne semblaient pas avoir la vie facile et, de ce que l'on pouvait observer, leurs supérieurs les traitaient avec une très grande rigueur...* ».

Le dimanche **4 juin**, le *Gefreiter* Heinrich Spieles, toujours de permanence dans le poste intermédiaire de transmissions de Sainte-Mère-Église, est appelé par son commandant de section le *Leutnant* Richter. Ce dernier lui indique, brièvement, qu'un soldat dénommé Willi Scheffer doit prendre sa place ; un *Landser* qui, pour raisons médicales, ne peut accomplir le service extérieur, incapable de marcher bien longtemps. Pour cette raison, la fonction de Spieles, réputée calme, doit maintenant lui être remise. Cependant, de fait, Spieles n'a absolument pas trouvé que cette fonction était calme, au cours des journées précédentes. En outre, toutes les écoutes téléphoniques qu'il a pu effectuer parlaient de plus en plus d'une possible *Invasion*, ce qui l'inquiète au plus haut point... Voilà pourquoi, deux jours plus tard, il ne sera pas vraiment surpris !
Alors que Scheffer est arrivé au poste intermédiaire, Spieles signale réglementairement au *Lt.* Richter, par téléphone, que son « remplaçant » est là : Le jeune *Gefreiter* doit retourner sur Saint-Cyr, à deux pas de Montebourg, auprès de l'état-major régimentaire... à pied. Un peu plus tard, tandis qu'il vient de parcourir plusieurs kilomètres sur la très rectiligne RN-13, un véhicule de la Wehrmacht s'arrête à son niveau. Un officier de haut rang est assis au fond de l'auto et demande par la fenêtre au jeune soldat, où doit-il se rendre. Spieles salue impeccablement, annonce son lieu de cantonnement et l'appellation de camouflage de son régiment. Soudain, il réalise que le supérieur avec lequel il s'entretient est un général ! Ce dernier lui dit sympathiquement : « *Venez, montez-donc !* ». En arrivant peu après au niveau de la bifurcation menant sur Saint-Cyr, une fois avoir traversé Montebourg, le général tape sur l'épaule de son chauffeur : « *Arrêtez-vous là !* ». Le jeune téléphoniste descend du véhicule, remercie chaleureusement le général et effectue un nouveau salut. Il sait depuis longtemps, qui l'a pris dans son auto : c'est leur *Divisions-Kommandeur*, Wilhelm Falley. Assez impressionné et content de cette circonstance lui épargnant plusieurs kilomètres de marche à pied, il signale son retour à son supérieur, qui lui ordonne de regagner son bivouac, installé dans une pommeraie, dans le maigre confort d'une tente pour quatre.

Emblème divisionnaire de la *82nd US-AirborneDivision*, la dite « *All American* », porté sur le haut de la manche gauche des hommes de cette grande unité aéroportée. (Collection D-Day Experience)

En ces premiers jours de juin, les bombardements s'accroissent contre les nœuds routiers et ferroviaires importants, les ponts et autres infrastructures vitales pour les déplacements allemands.
Ayant 19 ans en 1944, Marguerite Chaterine réside dans le hameau appelé L'Angle, entre Picauville et Chef-du-Pont. Comme une majorité de Français, elle attend impatiemment la fin de l'Occupation : « *Nous perdions la notion du temps. Depuis une quinzaine de jours, nous logions de nombreuses personnes chez nous, en permanence. Notre propriété comptait maintenant 46 personnes (!), dans notre habitation et les annexes attenantes. La population éprouvait vraiment le besoin de vivre de nouveau dans des conditions convenables. Beaucoup n'avaient pas d'autre choix, car leurs habitations avaient été touchées par les bombardements aériens. Cela les poussait à rechercher la proximité de bonnes connaissances, avec le sentiment d'être en sécurité à la campagne. Quand je pense par exemple à Monsieur Pinel, tué par un éclat alors qu'il cherchait à se creuser un abri sûr...* ».

Au printemps de 1944, les formations de bombardiers alliés dominent le ciel, face à une *Luftwaffe* ne pouvant plus rivaliser avec elles. (US-NARA)

La planification des missions aéroportées américaines

Dans le cadre de l'invasion, si les plans prévoyant l'engagement des troupes aéroportées américaines en Normandie ont été modifiés à plusieurs reprises par le SHAEF (QG des forces expéditionnaires alliées), l'idée a néanmoins été constante de les employer pour entraver l'acheminement de réserves alle-

L'entraînement des parachutistes américains est, comme dans les forces aéroportées britanniques ou allemandes, très rigoureux. Ici, un exercice de saut depuis une haute tour, avant de l'accomplir depuis un avion, sous le regard bienveillant de Lindquist. (US-NARA)

mandes de contre-attaques. Pour sa part, Montgomery, membre imminent du SHAEF, préfère disposer de forces les plus puissantes possibles. Or, ce n'est que lorsque Dwight D. Eisenhower a assuré le commandement suprême des forces aillées occidentales, en janvier 1944, que l'on a pu étendre l'ampleur des têtes de pont de débarquement vers l'ouest… et ce, plus uniquement sur les plages du Calvados, mais jusqu'au Cotentin, avec – en parallèle – l'idée d'opérations aéroportées au sud de Cherbourg. En mars 1944 est élaboré un plan d'attaque – que l'on croit définitif –, dans le cadre duquel deux divisions aéroportées américaines seraient nécessaires : la *82nd US-Airborne* serait déposée dans la partie occidentale du Cotentin, et la *101st* derrière sa façade orientale, juste en arrière des zones inondées d'*Utah Beach*. Ensemble, ces deux divisions devraient être en mesure de couper la Péninsule du Cotentin, en isolant ainsi le port de Cherbourg, en attendant que les formations débarquées sur les plages viennent les renforcer. Si ce plan est élaboré jusque dans les moindres détails, il est brusquement annulé un mois avant « *Overlord* » ! En tous cas, du côté britannique, le plan d'intervention de la *6th British Airborne Division*, au nord-est de Caen, est fixé depuis un certain temps, de même que l'organisation des formations chargées d'y participer, et ne sera pas substantiellement modifié.

Alors que le plan d'action des deux divisions aéroportées US semble bien établi, au début de mai 1944 une information vitale est reçue au QG supérieur des forces alliées, de la part des réseaux français de renseignements de la Résistance : une grande unité adverse, dite *Luftlande-Division* – division aéroportée allemande –, stationne dorénavant autour de Saint-Sauveur-le-Vicomte, à mi-chemin entre les littoraux est et ouest de la péninsule, c'est-à-dire la division du général Falley ! Cela a de quoi inquiéter le haut-commandement allié. D'ailleurs, les alentours de Saint-Sauveur-le-Vicomte ont été prévus pour les parachutages de la *82nd* ! Pour éviter un fiasco, il s'agit de tout remodeler, et sans traîner… Après plusieurs semaines de réflexions, d'analyses, un nouveau plan est arrêté le **27 mai**. Là, il est décidé de « resserrer » l'aire de ces opérations aéroportées, qui ne concerneront plus que la partie orientale de la péninsule : dans la nuit du Jour-J, les 13 200 *Paratroopers* américains sauteront dans une zone comprise (d'est en ouest)

Ci-contre : devant leur *C-47 Skytrain* (le N° 16), le 5 juin 1944, cette équipe d'éclaireurs (*Pathfinders-Team*) du *1/508th PIR* prend la pose avec leurs pilotes. La plupart d'entre eux ont copieusement noirci ses visages. Ils devront baliser la *Drop-ping Zone « N »*, au nord de Picauville. (US-NARA)

Ci-dessus : ici, les *Pathfinders* du *2/508*, devant l'avion N° 17. (US-NARA)

entre Utah-Beach et Saint-Sauveur-le-Vicomte, mais en aucun cas à l'ouest de cette bourgade.

Pour les *101st* et *82nd US-Airborne-Divisions* (dont les hommes sont respectivement surnommés les « *Screaming Eagles* » et les « *All American* »), il s'agit de s'emparer de ponts cruciaux, voire d'en démolir certains, de prendre le contrôle de chaussées traversant les amples zones inondées, de semer un maximum de confusion dans les transmissions allemandes (sectionner les câbles téléphoniques, etc.), de former une puissante tête de pont à l'ouest du Merderet (missions des deux régiments les moins expérimentés de la *82nd Airborne*), et de réduire au silence certaines batteries d'artillerie. Au passage, la *101st*, en s'emparant des chaussées reliant les *Widerstandsnester* côtiers à l'intérieur des terres, doit couper le ravitaillement de ces points fortifiés allemands (*Wn.5*, *Wn.8*, *StP.9*,...), en attendant d'opérer la jonction avec les forces de la *4th « Ivy » Infantry-Division*, chargées quant à elles de débarquer au nord de La Madeleine, à partir de 6 heures 30 (cette division sera suivie de la *90th US-Inf-Div*, du même 7e corps d'armée). Alors, ces chaussées serviront d'*Exits* pour ces troupes venues de la mer. Outre les deux régiments de la *82nd Airborne* chargés de sauter à l'ouest du Merderet et de sa zone inondée, toutes les autres forces aéroportées (le *505th PIR* et la totalité de la *101st Airborne*) devront sauter à l'est de ce cours d'eau, entre les deux amples zones inondées, au nord de la Douve et du canal de Carentan. Il faudra également procéder à des captures et/ou destructions de ponts, et d'écluses (La Barquette, non loin du point où la Douve se jette dans le canal de Carentan, ce dernier rejoignant ensuite la Baie des Veys), juste au nord de Carentan.

Pour cette opération, 1660 avions de transport (*Troop Carriers*) sont mobilisés, quoique la brusque modification des plans n'ait pas permis de préparer minutieusement les nouvelles missions. Les paras de la *101st Airborne* doivent être déposés en arrière d'Utah Beach, sur trois *Dropping Zones*, du nord au sud les *DZ « A »*, *« C »* et *« D »*. La *82nd Airborne*, on l'a vu,

Photographie aérienne américaine de Sainte-Mère-Église, vue du nord vers le sud. On y distingue l'église, la place bordée d'arbres, la RN-13, la villa de Julia Pommier et le parc municipal.

1. Eglise. 2. Mairie. 3. Hospice. 4. Villa Pommier. 5. pharmacie et demeure du maire, Alexandre Renaud. 7. presbytère. 6. Salon de coiffure des Le Cambaye. 8. C-47 crashé.

Une colonne de véhicules traverse le bourg, l'on remarque également quelques tranchées en zigzag, en bordure du village, derrière les jardins. (US-NARA)

verrouillera l'ouest du Merderet avec deux régiments : les *507th* et *508th PIR* (parachutés, respectivement, sur les *DZ « T »* et *« N »*), ce dernier ayant aussi pour mission de faire sauter deux ponts sur la Douve, à Etienville et Beuzeville-la-Bastille. Le *505th PIR*, quant à lui, sera largué à l'est de la rivière, au nord-ouest de Sainte-Mère-Église, sur la *DZ « O »*. Ce régiment devra verrouiller la voie ferrée et ses passages à niveau entre Le Port-Bréhay et Chef-du-Pont, ainsi que la Route Nationale 13, en gros entre les Forges et Neuville-au-Plain, en s'emparant, entre ces deux petites localités, de la grosse bourgade de Sainte-Mère-Église, qui est un carrefour essentiel. Les deux ponts sur le Merderet, situés dans la zone d'action directe de la *82nd Airborne*, sur Chef-du-Pont au sud et La Fière au nord, sont eux aussi essentiels pour la suite des opérations américaines dans le Cotentin, et notamment dans le cadre de la poussée vers l'ouest en direction de Saint-Sauveur-le-Vicomte, puis de Barneville-Carteret sur le littoral, pour couper la péninsule après le Jour-J. Ces deux édifices en pierre, de prime abord assez banals, devront impérativement être capturés intacts et tenus le D-Day !
Les vastes zones inondées attenantes au Merderet et, plus au sud, à la Douve ou au canal de Carentan, sont largement parcourues de roseaux et de joncs, ce qui a pour conséquence que ces espaces verdoyants, où l'eau est peu visible et peu profonde, semblent idéaux pour des atterrissages, et dépourvus d'« asperges de Rommel » !

“The longest night”
La nuit la plus longue

Avec sa carabine USM-1, un G.I. se repose au pied d'un panneau allemand en bois indiquant l'entrée nord du village. Notons en arrière-plan, sur la chaussée, une épave de *StuG.* de la *Pz-Jg-Abt. 709*. Photo prise au plus tôt le 7 juin 1944. (US-NARA)

"Nun geht's los !" – Maintenant, c'est parti !

Deux zones aéroportées alliées sont prévues dans le cadre du D-Day : l'une américaine (décrite au chapitre précédent), sur le flanc occidental de la zone d'invasion alliée, l'autre britannique et canadienne, sur son flanc opposé, entre l'Orne et la Dives. Plus de 12 800 aéronefs de toutes catégories sont employés, planeurs compris, qui doivent décoller de différents terrains d'aviation du sud de l'Angleterre... Le commandant des forces aériennes alliées sur les théâtres d'opérations européens, l'*Air-Marshall* Sir Leigh-Mallory, s'est opposé dès le début aux opérations aéroportées américaines dans le Cotentin, basant ses réticences sur l'aspect particulièrement entrecoupé, vallonné et boisé du terrain. En outre, la présence d'une nouvelle division allemande dans le centre de la péninsule le conforte dans ses analyses, Leigh-Mallory allant jusqu'à pronostiquer 80 % de pertes en appareils de transport... Mais le général américain Eisenhower n'a rien lâché : six régiments américains de parachutistes inaugureront la nuit du D-Day, tout comme leurs collègues britanniques et canadiens de la *6th Airborne-Division* dans le Calvados. Il faut éviter, sur le flanc oriental comme l'occidental de la zone d'invasion, que les Allemands opèrent une rapide attaque de flanquement contre les forces alliées arrivant depuis la mer ; c'est l'essence principale des opérations aéroportées alliées.

Rejoignons le côté allemand... Les premiers jours de juin 1944 voient des redéploiements pour le *Fsch.-Jg-Rgt. 6* : ses Ier et IIe bataillons, établis dans la zone de Lessay et à proximité directe du littoral occidental du Cotentin, sont transférés plus à l'est, davantage dans la zone au nord de Périers et au sud des marais de Gorges. Bruno Hinz, *Gefreiter* de 19 ans de la *6.Kp./FJR 6*, se souvient : « *Là, nous avons aménagé quelques positions de campagne, plus ou moins enterrées, et nous bivouaquions à la belle étoile. Depuis un certain temps régnait parmi nous une ambiance marquée par l'adage "Ça va bientôt péter !"... Il y avait un petit terrain d'aviation, pas très loin de nous, entièrement envahi de végétation... et planté de centaines d'"asperges de Rommel", ce qui donnait une idée de l'état dans lequel se trouvait notre* Luftwaffe *à l'Ouest, à ce moment-là ! Nous avions entendu dire que ces pieux de bois avaient été installés à cet endroit, à la verticale, contre l'atterrissage de planeurs. Le lundi* **5 juin**, *dès le petit matin, quelques formations de bombardiers ont survolé la péninsule depuis l'ouest, et ont déposé leurs "tapis mortels", pas très loin de notre secteur. Un spectacle inoubliable, l'on pouvait aller jusqu'à penser que le monde entier sombrait. Un peu plus tard, pour nous, l'ordre rédempteur est tombé : "Préparez-vous à faire mouvement !"* ».

De l'autre côté de la Manche, au soir du **5 juin**, Eisenhower se rend jusqu'à l'un des neuf terrains d'aviation employés pour les décollages d'appareils de transport des *82nd* et *101st Airborne* : celui de Greenham Common, où se trouvent des « *Screaming Eagles* » du *502nd PIR*. Parmi eux, beaucoup ont passé de longs mois d'entraînement en Grande-Bretagne. Contrairement à la *82nd « AA »*, la *101st Airborne* n'a pas encore connu le baptême du feu, d'où, peut-être, le choix d'Eisenhower de visiter certains de ces soldats en priorité. Plusieurs se sont faits tailler les cheveux à l'iroquoise, et ont marqué leurs visages par des peintures inspirées de celles, elles-aussi guerrières, des Amérindiens. Ils sont prêts, attendant le décollage, qui aura lieu d'ici peu de temps. La veille, le **4 juin**, Eisenhower a dû reporter de 24 heures l'invasion en Normandie, en raison des conditions météorologiques, mais là, c'est sûr :

Superbe *Patch* de la *101st Airborne*, avec la fameuse tête de pygargue, qui donnera aux soldats de la division le surnom de « *Screaming Eagles* ». (Collection Le Holdy-Militaria, Sainte-Marie-du-Mont)

Le Hanovrien Bruno Hinz, 19 ans en 1944. Dessinateur de formation, il a effectué son *RAD* en France dès 1942. Au début de 1944, il rejoint le *FJR 6*, qui vient d'être partiellement reconstitué. Notons ici la *Kragenschnur* jaune d'or, sur le pourtour extérieur du col de sa *Fliegerbluse*. (Collection Bruno Hinz)

Peu après 20 heures, le 5 juin, « Ike » rend visite aux soldats de la *E-Company* du *2nd Battalion* du *502nd PIR, 101st Airborne*. Le 3e para en partant de la droite est le *Lt.* Wallace C. Strobel, qui fête son 22e anniversaire ce jour-là[2]. (US-NARA)

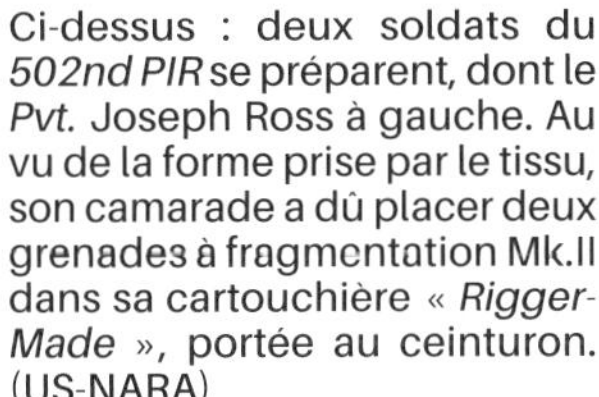

Ci-dessus : deux soldats du *502nd PIR* se préparent, dont le *Pvt.* Joseph Ross à gauche. Au vu de la forme prise par le tissu, son camarade a dû placer deux grenades à fragmentation Mk.II dans sa cartouchière « *Rigger-Made* », portée au ceinturon. (US-NARA)

Ci-contre : Jake McNiece, coiffé d'une crête iroquoise, peint à l'indienne le visage du *S/Sgt.* Mariano Ferra, tous deux « *Screaming Eagles* ». (US-NARA)

c'est pour cette nuit. Maintenant, il cause un peu avec ses braves *Paratroopers*, de jeunes gars ayant rarement plus de 24 ou 25 ans. S'ils ont l'air grave, ils sont plein d'engouement… et si « Ike » était allé à leur encontre pour chasser sa propre appréhension ?
Outre une foule d'équipements en tous genres, dont des kits de survie, des munitions supplémentaires, une corde, un parachute dorsal (le T-5, à voilure

3. Concernant cette très célèbre photographie, voir l'article de Stéphane Jacquet dans la revue Normandie 44, *5 juin 1944 : L'Histoire d'une photo légendaire*, N° 2, aux pages 10-19 (NDT).

bariolée), un parachute ventral de secours (à voilure réduite, en nylon blanc), un gilet de sauvetage jaune – et, pour certains des explosifs, du matériel radio, etc. –, le *US-Paratrooper* emporte avec lui un petit criquet en laiton, pourvu d'une fine lamelle d'acier et, en appuyant du pouce sur cette dernière, un « clic-clac » se fait entendre. Cet instrument simple sera utilisé afin que, notamment dans l'obscurité, les parachutistes puissent se signaler entre eux et se regrouper plus facilement.

L'un, parmi ces milliers de *Paratroopers*, est Robert « Bob » Murphy. En août 1942, voyant son meilleur ami qui sert déjà sous les drapeaux – dans les paras –, Murphy est charmé : « *Son bel uniforme, ses brodequins de saut, son bonnet de police, son* Parachutist Badge... *J'ai immédiatement eu l'envie de devenir, moi-aussi, un parachutiste. Pour rejoindre l'armée, il fallait avoir 18 ans, mais je n'en avais que 17. J'avais donc besoin de l'autorisation de mon père. En octobre 1942, j'ai pu prendre part aux classes, l'*Army Basic Training, *puis à la formation au saut en parachute à l'école de Fort Benning, dans l'État de Géorgie* ». En mai 1943, membre du *505th Parachute Infantry Regiment*, Bob Murphy débarque à Casablanca. Deux mois plus tard, il saute de jours sur la Sicile, dans la région de Gela. En septembre 1943, il est de nouveau parachuté et participe aux violents affrontements dans le sud de l'Italie, en arrière de Salerne : « *Dans le sud de la botte italienne, nous sommes parvenus à rejeter les Allemands de 150 kilomètres vers le nord, jusque sur Naples. Le 21 novembre, nous devions quitter cette zone et rejoindre l'Irlande du Nord, via l'Afrique. Là-bas nous attendaient environ sept semaines d'entraînement intense et, durant cette période, six hommes parmi nous ont été sélectionnés pour rejoindre la nouvelle école des* Pathfinders *(éclaireurs), en Angleterre. J'étais l'un d'eux, et l'on nous y a formés au maniement de balises à ondes et aux dispositifs de guidage lumineux. C'était, sans le savoir, notre préparation pour la Normandie* ».

Les *Pathfinders* du *505th PIR* se considèrent, non sans raisons valables, comme les parachutistes les mieux formés, une « élite dans l'élite » de l'*US-Army*. 75 % des soldats de ce régiment disposent d'une expérience du feu. Murphy poursuit : « *Lorsque la plus grande attaque de tous les temps a été annulée, le* **4 juin 1944**, *l'essentiel d'entre nous a poussé un soupir de soulagement – pour très peu de temps –. Malgré l'entraînement et l'expérience, la sinistre perspective d'être tué au combat ou – pire encore – d'être grièvement blessé ou mutilé, venait d'être balayée d'un trait, laissant la place à un sentiment de soulagement. Une ambiance gaie, avec ses taquineries, ses plaisanteries, les jeux de cartes et de dés... tout cela refaisait surface. Mais, dès le lendemain, cette fois c'était pour de bon! En sachant que nous allions maintenant rejoindre la Normandie, en sautant de nuit, un revirement de l'atmosphère apparut, avec le bon vieil esprit de « team » de notre "505". Il a fallu tout préparer définitivement pour le saut : nos bardas, nos parachutes, nos armes, nos vivres... Les vilaines pensées angoissantes du genre "Et si jamais j'étais tué...", "Et si jamais j'étais blessé...", semblaient s'être éclipsées.* »

Ci-dessus : Le type de criquets, à l'origine un jouet fabriqué en Grande-Bretagne, sera employé par quelques membres de la *82nd Airborne* durant l'opération « *Overlord* ». (Collection von Keusgen)

Ci-dessus, à gauche : *Clicker* – criquet – de la *101st Airborne* retrouvé dans la zone d'opérations aéroportées américaine. Un objet devenu extrêmement rare et prisé... (Collection Le Holdy-Militaria, Sainte-Marie-du-Mont)

Ici, ce sont des *Paratroopers* « All American » du *508th PIR* qui endossent leurs parachutes dorsaux T-5. Comme on le note ici, le drapeau US sur la manche droite des combinaisons de saut a été cousu dans l'urgence. (US-NARA)

Un *Pathfinder* de la *A-Company* du *505th PIR* : Robert Murphy. A 19 ans, il a déjà pris part à la campagne d'Italie (où il a été photographié ici) : il est un jeune vétéran. (Collection Robert Murphy)

Un autre *Paratrooper*, William « Bill » Sullivan de New-York, avait lui aussi impatiemment attendu d'avoir 18 ans pour rejoindre l'armée. Il a maintenant 21 ans. Suite à son instruction au saut aux États-Unis, il se retrouve dans l'Ulster à la fin de l'année 1943, et doit rejoindre le *505th PIR* des *« All American »*. Le régiment revenait des combats d'Italie, ayant alors besoin d'être dûment recomplété.

A partir du 7 mai 1944, l'ensemble des soldats alliés qui doivent participer au D-Day sont rassemblés dans le sud de la Grande-Bretagne, logés dans des baraquements ou, bien souvent, bivouaquant dans d'immenses camps recouverts de tentes. Car ce sont bien des camps, cernés de clôtures de barbelés, visant à les isoler ; des membres du contre-espionnage allié sont aussi présents, qui surveillent jour et nuit, de près, ce qui s'y passe et ce qui s'y raconte. Personne ne peut pénétrer ou sortir du camp sans raison bien justifiée, car le succès d'ensemble du Jour-J dépend, aussi, d'une conservation maximale du secret...

Bill Sullivan, lui non plus, ne sait pas quand ni où se produira le D-Day : « *Deux semaines avant le "grand saut", j'avais été promu* Sergeant. *Nous savions simplement qu'il y aurait une invasion... mais à quel endroit ? Au début, on spéculait sur la Norvège, et au moment d'apprendre que ce serait la Normandie, nous avons été surpris – L'info nous avait été transmise deux jours auparavant seulement –. Là, c'a été le compte à rebours... Pour moi, pas plus de peur que cela d'aller me battre là-bas, car même si je n'avais pas encore reçu mon baptême du feu, mes camarades, eux, étaient déjà aguerris. Alors, je me suis dit : "Okay, here we go now !"* ».

Quelques paras de la *F/505th PIR*, bardés de tous leurs équipements individuels, avec les sangles porte-cartouches (*bandollers*) barrant la poitrine. Le 3e à gauche va bientôt entrer dans la légende : Marvin John Steele... (US-NARA)

Quant à lui, le *Private* Kenneth Russell, également du *505th PIR*, a souffert de fortes fièvres à la suite d'une vaccination, à la fin de mai 1944, et séjourne dans un hôpital en Grande-Bretagne. Malgré ses températures toujours élevées, le **4 juin** il quitte ce dernier, à ses risques et périls, pour rejoindre sa *F-Company*. Il n'entend manquer le Jour-J à aucun prix !

William « Bill » Tucker, de Boston, se souvient : « *En 1942, je venais de prendre 18 ans. J'étais alors joueur de football américain, et mon contrat prendrait fin dans quatre mois. Ensuite, je me suis porté volontaire pour les* Paratroopers. *J'écoutais la radio et je suivais les nouvelles depuis un moment : les États-Unis en guerre contre le Japon, et peu après contre l'Allemagne, cette dernière empêtrée en Russie... Je pensais que, maintenant, il était plus important de rejoindre l'armée que de faire du sport* ». Tucker a participé aux sauts et combats en Méditerranée et, quant à la période suivante en Grande-Bretagne, il précise : « *Chacun savait que l'on attaquerait très bientôt sur le continent. Voilà pourquoi nous étions massés en Angleterre, en s'exerçant. L'on nous racontait des tas de choses, quoique certains mystères subsistaient encore... J'étais jeune, je me sentais bien et fort, et je n'avais pas peur. Je n'étais pas juste là pour vivre une aventure, j'avais le sentiment grandiose de faire partie intégrante d'une grande entreprise. Ce n'était pas forcément une fierté, même si mes camarades et moi voyions bien qu'une grande mission était à accomplir. Deux jours avant l'attaque, une mise au point a eu lieu : nous devions sauter auprès de Sainte-Mère-Église, et s'en emparer* ».

William B. Tucker, 21 ans, membre de la *I-Company* du *505th PIR*, photographié ici en 1945. Il vit son premier engagement en Normandie. (Collection William Tucker)

Ci-contre : quelques membres de la *1st team* d'éclaireurs du *505th PIR*, parmi lesquels Robert Murphy. Notons les combinaisons de saut peintes de taches de camouflage vertes. (US-NARA)

Des fantassins aéroportés (les dits *Glidermen*) rejoignent leurs planeurs, remorqués par des C-47. S'ils n'emportent aucun équipement de saut, du moins ont-ils passé le gilet de sauvetage autour du cou, le « Mae West » B-4. (US-NARA)

Le *Major-General* Maxwell Taylor, commandant les « *Screaming Eagles* ». Cette photo, instillant la confiance, acquerra elle-aussi une forte notoriété! [Elle a été prise juste avant le déclenchement de l'opération Market-Garden, en septembre 1944 [NDT]] (US-NARA)

Le *Westpointer* le *Brigadier* James Gavin (à gauche), commandant adjoint de la *82nd Airborne*, et le commandant en titre de la division, le *Major-General* Matthew Rigdway. Tous deux portent le blouson de pilote A-2, en cuir. (US-NARA)

Ci-contre : le stick du *Lt-Col* Wolverton se prépare devant son Douglas C-47, sur le terrain d'Exeter. (US-NARA)

Le commandant en titre de la *101st Airborne* est le *Major-General* Maxwell Taylor (ancien chef d'état-major de la *82nd*), celui de la *82nd* est son homologue Matthew B. Ridgway. Durant la nuit du 5 au 6 juin, ce sera néanmoins le *Brigade-General* James M. Gavin, l'ancien commandant du *505th PIR* (et alors commandant en second de la division), qui la commandera provisoirement, jusqu'à ce que Ridgway ait pu établir son QG le lendemain. Dans la soirée du 5 juin, Gavin va à la rencontre de ses gars ; Bill Sullivan se souvient de lui : « *C'était un chef très apprécié de ses hommes, en raison de son esprit très prononcé de camaraderie. Durant les combats, il n'hésitait pas à se placer aux premières loges, là où les balles chuintaient. Il mangeait et buvait très souvent la même chose que nous, plutôt que les plats du mess des officiers* ». Monté sur le capot d'une jeep, il tient une brève allocution, avec une conclusion qui entrera dans la légende : « *Je ne vous envoie pas n'importe où, je vous emmène avec moi !* ».

Ce même jour, le commandant du IIIe bataillon du *505th PIR*, le *Major* Edward C. Krause, montre à ses hommes un drapeau américain qui, quelques mois auparavant, avait été hissé dans Naples. Il leur dit : « *Avant demain matin, ce drapeau flottera sur Sainte-Mère-Église !* ».

A la tombée de la nuit, les *US-Paratroopers* montent dans leurs appareils de transport (*Troop Carriers*), les Douglas C-47 Skytrain. Puis, les escaliers d'accès sont enlevés, les pilotes mettent les moteurs en marche et se placent sur la piste de décollage.

William « Bill » Tucker poursuit: « *Personne ne savait ce qui allait advenir de sa petite personne, cette nuit-là : l'inconnu total régnait... Des files interminables de gars rejoignaient leurs appareils de transport, et les pistes étaient couvertes d'avions. Nous étions tous silencieux, dans le C-47. Quelques uns fermaient les yeux et souffraient du mal de l'air – il y en a toujours –. Ma tête appuyée contre une fenêtre de la cabine, j'observais notre décollage, marqué par le bruit des moteurs, un peu comme celui, en continu, d'une porte à tambours. Malgré l'obscurité, sur les flancs de notre piste des personnels au sol de la RAF et de l'USAAF s'étaient alignés, sur trois rangs. Ils nous regardaient : les auxiliaires féminines, les mécanos, les cuistots... Tous nous contemplaient d'un air grave, sans bouger, en saluant. C'était très*

Ci-contre : des fantassins du *325th Glider Infantry Regiment*, régiment d'infanterie aéroporté par planeurs, se préparent eux aussi pour l'engagement, devant les Horsa qui doivent les emmener jusque dans le Cotentin. (US-NARA)

Ci-dessous, à gauche : trois fantassins aéroportés, peu encombrés, embarquent dans un Horsa. L'homme à gauche emporte un lance-roquettes antichars Bazooka M1-A1. Le reste de leur équipement individuel se trouve probablement déjà à l'intérieur. (US-NARA)

Ci-dessous : sur ce cliché, lui aussi extrêmement connu, Joe Gorenc grimpe dans son C-47. Cela donne une réelle idée du volume d'équipements emporté par chaque *Paratrooper*. Il est armé du P.-M. Thompson M-1928 M-1. (US-NARA)

solennel, un peu comme une immense prière collective, comme s'ils nous procuraient leur bénédiction pour ce voyage... Je pensais à une allocution que, quelques jours auparavant, le général Ridgway avait tenue devant nous : "Bientôt, vous ferez tous partie d'une opération qui, dans son essence, sera chargée d'histoire et d'humanité. Vous n'irez peut-être pas tout-de-suite là-bas, mais pour sûr, vous irez [...] Je peux vous l'assurer, vous serez victorieux. Donnez le meilleur de vous-mêmes, je donnerai le meilleur de moi-même. Que Dieu soit avec chacun d'entre vous !". Nous éprouvions tous un grand respect pour Ridgway, et ses mots nous enflammaient. Chacun parmi nous formait le petit rouage d'un immense événement historique. Ayant alors 20 ans, j'avais moi-même combattu en Afrique du Nord et en Sicile, mais je sentais bien que, cette fois, ça allait être une chose d'une toute autre ampleur. ».

Ci-dessus : sans l'aide d'un camarade ayant déjà embarqué, il est parfois très compliqué pour les *Paratroopers* de se hisser à l'intérieur du C-47 ! (US-NARA)

Ci-dessus, à droite : un planeur américain Waco CG4-A. (US-NARA)

Autres aéronefs essentiels pour les têtes de pont aéroportées : les *Gliders* (planeurs). Leur principal avantage est de pouvoir conduire, simultanément, un groupe complet de combattants jusqu'à sa zone d'engagement, alors que des soldats parachutés doivent sauter le plus rapidement possible de leur appareil une fois l'autorisation donnée et, le saut effectué, se débarrasser de leur parachute et se regrouper, ce qui demande un certain temps d'exécution. Le planeur peut aussi transporter du matériel, des véhicules et des pièces d'artillerie légère, ce qui est bien plus compliqué par parachutage.
Deux types de planeurs sont employés par les forces américaines le Jour-J : le Waco, de conception américaine, dont le fuselage – à section carrée – possède une armature métallique tubulaire et entoilée : seuls les ailes et l'empennage sont en contreplaqué, les vitres sont en plexiglas. Est aussi utilisé un planeur beaucoup plus gros : le Airspeed AS-51 Horsa britannique.
Le Waco possède un plancher en contreplaqué, avec une structure interne en nid d'abeille, renforçant sa solidité et sa capacité. Deux modèles de Waco sont employés : le CG-3 qui, outre l'équipage, ne peut accueillir que huit soldats, et le CG4-A, plus gros, pouvant emporter jusqu'à quinze combattants avec leur armement et équipement individuels : c'est ce dernier qui est employé les 6 et 7 juin. Il peut également contenir une Jeep avec une remorque, dans ce cas, seuls deux combattants peuvent être embarqués. Le CG4-A est encore capable de transporter un obusier de 75 mm et deux hommes, ou même un mini bulldozer. Son envergure est de 15,5 mètres, la longueur de son fuselage de 14,7 mètres, pour un poids à vide d'à peine 1,7 tonne. Il peut emporter une masse égale à la sienne, et sa vitesse maximale de remorquage dans les airs atteint les 210 kilomètres/heure. Au total, près de 14 000 Waco seront produits durant la Seconde Guerre mondiale !
De leur côté, les Horsa AS-51 et AS-58, de la firme Airspeed, sont essentiellement en bois et contreplaqué, revêtus de toile goudronnée. Les ailes du Horsa sont beaucoup plus amples que celles du Waco, et il peut emporter

28 combattants, ou alors – au détriment des hommes –, du matériel, deux Jeeps Willis, ou encore un canon antichar plus une Jeep. Pour décharger aisément le matériel et/ou les hommes, un point de rupture vertical est situé à peu près au milieu du fuselage du AS-51. Véhicules et canons peuvent être descendus grâce à deux rails d'aluminium.

Waco et Horsa doivent être remorqués par des avions motorisés jusqu'à proximité de la zone d'atterrissage. Les deux aéronefs, formant un ensemble attelé, sont reliés par un câble d'acier, doublé d'un mince câble permettant de communiquer entre les deux équipages. Non motorisés, ils sont presque silencieux et, ainsi, peuvent être employés efficacement dans le cadre d'une attaque-surprise. Notons que, d'après un ordre reçu le 4 juin, tous les aéronefs participant à l'opération « *Overlord* » disposent de trois bandes blanches et deux noires, peintes sur le fuselage (bandes verticales) et les ailes (bandes horizontales), comme signe distinctif. Le Jour-J et surtout le lendemain, deux régiments d'infanterie aéroportée renforcés (les *GIR*) seront emmenés par planeurs – et en partie par la mer – jusque dans le Cotentin : le « *325* » pour la *82nd Airborne*, et le « *327* » pour la *101st Airborne*.

Pour perfectionner les techniques de balisage et d'identification des zones de parachutage (et d'atterrissage pour les planeurs), une *Pathfinder School* – école d'éclaireurs – est créée à North Witham, en Angleterre, qui ouvre ses portes le 22 mars 1944. Il s'agit de tenter de mettre fin à certaines difficultés rencontrées lors des largages en Italie méridionale, l'année précédente. Au total, 380 *Pathfinders* des *82nd* et *101st Airborne* sauteront avant le gros de leurs camarades en Normandie, le D-Day : vingt *sticks* (ou *teams*) d'éclaireurs doivent décoller d'Angleterre, à bord d'autant de *C-47 Skytrain*. Chaque *team* inclut 9 à 14 parachutistes dits « spécialistes », plus cinq « *security men* » ; les premiers devront atterrir vers 00 heure 15. Une fois atterris, ils doivent baliser les *Dropping* et *Landing Zones* grâce aux équipements à ondes Eureka-Rebecca, des panneaux holophanes, d'autres fluorescents. Ils devront aussi allumer au bon endroit des lampes TL-122, élevées au bout d'un bâton de 3 mètres de haut environ.

Ces deux sous-officiers du *320th Glider-Field-Artillery-Battalion* (*GFAB*) chargent un obusier spécialement conçu pour les troupes aéroportées, de calibre 75 mm : le *Pack-Howitzer* M1A1. (US-NARA)

Pendant ce temps, en Normandie occupée...

Sur le bord français de la Manche, le temps est meilleur qu'en Angleterre méridionale. La pleine lune est bien visible, et éclaire le paysage de sa lumière pâle, blanchâtre. La couverture nuageuse, encore dense durant les 4 et 5 juin, se dissipe... Les épaisses haies de Basse-Normandie, les prairies, les bâtiments séculaires en pierre, ne sont donc pas du tout plongés dans une obscurité totale, en cette nuit du 5 au 6 juin.

Au château de Bernaville, QG de la *91. Luftlande-Division*, les soldats allemands de l'état-major commencent à entendre des bourdonnements croissants dans le ciel : des formations de bombardiers volent vers leurs cibles, en direction du Reich ou même sur la France, et peut-être non loin de là... A Saint-Lô (à 33 km au sud-est de Sainte-Mère-Église), où est installé le QG du *LXXXIV. Armee-Korps*, son commandant – le *General der Artillerie* Marcks – fête chichement son 53e anniversaire, à minuit. Officier prussien adepte de la sobriété et de la modération, il se contente d'un verre de Chablis. Il a prévu, lui aussi, de se rendre au *Kriegsspiel* de Rennes, comme Wilhelm Falley ou d'autres officiers de la *7. Armee*. Le thème abordé dans cet exercice sur cartes est la destruction d'une attaque aéroportée ennemie. Or, l'ironie du destin veut que ce soit exactement ce qui va débuter, réel-

Dans la même série de photos, c'est ici une Jeep Willis qui a été chargée dans un Waco, par l'avant, grâce au système d'ouverture du poste de pilotage, par pivotement vertical. (US-NARA)

Wilhelm Falley, encore *Oberstleutnant* sur ce portrait. Il a notamment reçu, parmi d'autres prestigieuses décorations allemandes, le *Ritterkreuz* (le 26 novembre 1941, alors *Oberstleutnant* et commandant de l'*Inf.-Rgt. 4*) et, plus tard, le *Deutsches Kreuz in Gold* (au début de l'année 1944). (Collection Claus Falley)

Joachim Bartuzat, futur aide de camp du général Falley, photographié ici peu après son engagement dans la *Wehrmacht*, vers 1935/36. (Collection Joachim Bartuzat junior)

lement, dans la Manche et le Calvados ! De son côté, le baron von der Heydte comptait se rendre à Rennes avec Marcks, à 5 heures du matin. Toutefois, tous deux, au vu des risques d'une *Invasion* et des premiers rapports inquiétants, décident d'annuler leur voyage. Von der Heydte : « *Dans la nuit du 5 juin, des personnels de surveillance-radio de la* Luftwaffe *avaient annoncé, que de denses formations d'avions décollaient du sud de l'Angleterre. Dès le soir, j'ai fait donner l'alarme pour mon régiment, avec l'ordre d'occuper ses positions et se tenir prêt pour un combat. Bien que nos liaisons téléphoniques étaient perturbées, j'ai pu entrer en contact avec d'autres corps de troupe ; j'étais même parvenu à m'entretenir avec le QG du général Marcks qui, lui aussi, avait été informé de déplacements massifs dans les espaces aériens du sud de la Grande-Bretagne. Marcks était maintenant d'avis que l'*Invasion *avait bien commencé. Pour ma part, je ne perdais pas de temps, ordonnant à mon régiment, dont le gros stationnait au nord de Périers, de se mettre en mouvement vers Carentan...* ». Dès 22 heures, Erich Marcks reçoit des rapports faisant état de forts déplacements de bombardiers, et se montre sceptique au début. L'*Invasion* va concerner, de plein fouet, son 84e corps d'armée et, en raison des complexités dans les communications et le commandement allemands, il n'a pas la moindre idée du fait que l'*Abwehr* est au courant, depuis un certain temps, de l'imminence d'une attaque alliée d'ampleur...

Bien qu'eux-aussi interpellés par les multiples bruits d'avions, le *Generalleutnant* Falley et son *Adjutant*, le *Major* Bartuzat, quittent Bernaville pour se rendre à Rennes, au « *Kriegsspiel* » organisé par le *Generaloberst* Dollmann, commandant la *7. Armee*. 190 kilomètres les séparent de la capitale bretonne. Vu que les routes sont en mauvais état, notamment les nœuds de communication matraqués au cours des jours précédents, ils préfèrent partir avec de l'avance. Les deux officiers grimpent dans une Mercedes vert foncé mat, dont les fanions ont été retirés par mesure de précaution. Le *Gefreiter* Vogt sert de chauffeur, il est aussi le « *Bursche* » – ordonnance – de Falley, ayant cette fonction depuis plusieurs années déjà.

A Sainte-Mère-Église, l'*Unteroffizier* Escher et ses soldats sont heureux à l'idée d'être relevés le lendemain par un autre groupe : ils n'auront plus à résider dans la petite pièce sinistre attenante au clocher. Le vétéran cobourgeois explique : « *Une fois de plus, nous nous ennuyions ce soir du 5 juin, nous avons donc organisé une course à bicyclette sur la place de l'église, puis nous avons effectué divers tours d'adresse avec nos vélos comme, par exemple, rouler en lâchant le guidon...* ». Lorsque l'obscurité commence à tomber vers 22 heures 30, les hommes rapportent les cycles dans l'abri en bois où ils ont l'habitude de les entreposer, au bout d'une ruelle en bordure sud du village, puis ils retournent à pied vers l'église. Ils sont alors cinq dans les rues, Rudi Escher compris, et personne d'autre. Comme durant les longs mois précédents, le couvre-feu est strictement respecté ce soir-là. Ainsi les Le Cambaye se mettent-ils au lit, quoique Juliette ait un sentiment bizarre : « *Nous sentions tous que quelque chose d'anormal se tramait... mais quoi ? Soudain, nous avons entendu des bruits très étranges, très forts, difficiles à saisir... Les murs se sont mis à trembler, une insoutenable pression en a résulté. On aurait dit qu'un tremblement de terre commençait, que le ciel allait s'effondrer !* ».

Charles Lahaye a quatorze ans en 1944. Il habite près de la place du marché de Pont-l'Abbé, à neuf kilomètres environ au sud-ouest de Sainte-Mère-Église. Il se souvient bien des premiers moments de l'*Invasion* : « *Le 5 juin, vers 23 heures, nous avons entendu les premiers avions. Une demi-heure plus tard, de curieuses fusées lumineuses parsemaient le ciel. Mon père avait auparavant déjà compris que c'était le début du Débarquement, étant en relation avec un espion anglais. Au niveau de la route de l'école se trouvait une batterie allemande de D.C.A., qui tirait sur les avions américains. Ces derniers ont bombardé le pont reliant Pont-l'Abbé à Moitiers-en-Bauptois, sur la Douve. Les premières bombes sont aussi tombées sur l'hôpital...* ».

Le jeune *Gefreiter* Rolf Deboeser, du *Gren.-Rgt. 1058*, se remémore : « *Nous pouvions voir les éclairs des explosions, à l'horizon, et nous entendions le fracas depuis le hameau de Saint-Joseph où nous stationnions, à deux pas de Valognes* ».

En ce début de la nuit, quelqu'un se met à frapper violemment à la porte des Leroux, propriétaires du manoir situé à l'entrée orientale du pont de La Fière, en bordure de la vaste zone inondée du Merderet. Louis Leroux est le fils de l'ancien maire de Sainte-Mère-Église, décédé au début de l'année (le prédécesseur d'Alexandre Renaud), et vit là avec sa femme et ses trois enfants. Il sort de son lit et va voir à la porte : un *Feldwebel* se tient là, en haut du large escalier d'entrée. L'Allemand explique alors à monsieur Leroux qu'il doit immédiatement occuper les lieux (le manoir, les écuries, annexes et les parcelles attenantes aux charmants bâtiments de pierre), avec ses 27 hommes. Le fils de l'ancien maire est étonné car, auparavant, aucun soldat allemand n'avait occupé son domaine, ni effectué de garde du pont...

De son côté à Bernaville, à environ 3,5 kilomètres de La Fière, les époux Lagouche sont eux aussi sortis du lit : les vols incessants d'avions les empêchent de dormir. Bientôt, depuis la fenêtre de leur chambre à coucher, au premier étage, ils vont apercevoir les premiers parachutes : ceux des *Pathfinders* de la *82nd Airborne*.

A 23 heures 18, le *Seekommando Normandie*, installé à Cherbourg, déclenche une première alarme : « *Alerte aérienne sur Cherbourg ! Vols de très nombreux appareils vers l'est et l'ouest de la péninsule. Point d'effort principal de l'attaque à l'est.* ».

A quelques kilomètres de Rolf Deboeser, un jeune Allemand du *Reichs-Arbeits-Dienst* (*RAD*), Johann Ennenga, originaire de la zone de Leer, en Frise Orientale (près d'Emden et de la frontière néerlandaise), est rattaché comme

La longue place du marché de Pont-l'Abbé, sur une carte postale d'avant la Grande Guerre. S'y trouve un nœud routier important, quoique pas aussi crucial que celui de Sainte-Mère-Église. Au nord-est de cette localité s'étend la *Dropping Zone « N »*, destinée au parachutage des « *Red Devils* » du *508th PIR*. (Archives von Keusgen)

Photographie, prise là-aussi avant-guerre, du corps principal du manoir de la Fière. Ici, l'on distingue sa façade orientale avec sa tour ronde ; c'est depuis ce côté que, le D-Day au matin, les paras du *1st/505th PIR* recevront un accueil très rude de la part des défenseurs allemands... (Collection Robert Murphy)

téléphoniste à la *7. Batterie* de la *Flak-Abteilung 152* sur Négreville, à environ cinq kilomètres à l'ouest de Valognes. Il se souvient : « *Et là, ce fut le début de l'Invasion. A vrai dire, ça n'était pas une surprise. Sur le tableau annonciateur de mon poste central, je pouvais écouter de très nombreuses choses plus ou moins passionnantes, mais nous avions interdiction totale d'en parler. C'était parfois délirant, ce qu'on entendait là. Soudain, le 5 juin au soir, de service comme si souvent devant mon poste central, le volet est tombé... Je ne l'oublierai jamais, il était exactement 23 heures 40, et le message stipulait : "Des foules d'avion de toutes sortes en vol sur Cherbourg !". C'était notre état-major, basé sur Cherbourg, qui avait capté cela, grâce à l'une des stations-radar qui s'y trouvaient. Toutefois, cet ordre du poste de commandement de notre échelon supérieur eut une curieuse suite : "Si ces avions viennent jusque dans votre zone, interdiction générale d'ouvrir le feu et de projeter les faisceaux lumineux! Appareils des nôtres présents dans les airs !"... Ah bon, des avions de notre* Luftwaffe *dans le ciel ? Ça faisait pourtant un bout de temps que l'on n'en voyait plus, et d'ailleurs, durant cette nuit de pleine lune, nous n'en verrons aucun... Par contre, des avions ennemis, nous en observions beaucoup, mais l'ordre était de ne pas intervenir ! C'était quand même très curieux, presqu'incompréhensible d'ailleurs. Nos Flak devaient se taire, et nos* Scheinwerfer *(projecteurs) rester éteints. Pourtant, ils volaient si bas et si lentement, qu'ils étaient presqu'à portée d'un jet de pierre ! L'on se sentait vraiment, vraiment très bête...* ».

Portrait du Frison Johann Ennenga, téléphoniste du RAD (dont il porte ici les attributs sur son *Einheitsfeldmütze* et ses pattes de col) rattaché à la *7. Bttr./Fla.-Abt. 152*, stationnant dans la zone de Valognes. (Collection Johann Ennenga)

Vers minuit, les avions transportant les premiers détachements de *Pathfinders* arrivent à proximité des côtes de France, à l'ouest du Cotentin (en gros, au niveau de Portbail) ; ce sont ceux de la *101st Airborne* qui volent en tête. Les pilotes doivent vraiment déposer ces hommes au bon endroit, vu que c'est largement d'eux que le largage du gros des parachutistes dépendra, une heure plus tard. Toutefois, certaines traînées de nuages, et les premiers tirs de *Flak* compliquent l'orientation des pilotes. Les munitions traçantes, filant dans le ciel en les prenant pour cible, n'arrangent pas la manœuvre... Néanmoins, dans la vague d'éclaireurs suivante – celle de la *82nd Airborne* –, il y a beaucoup de vétérans parmi les membres du *505th PIR*, et le largage des éclaireurs sur la *DZ « O »* (dont Robert Murphy) se passe

Un *stick* de *Paratroopers*, assis de part et d'autre de la cabine du C-47 Skytrain. Ils sont souriants, difficile d'affirmer que cette photo ait été prise dans la nuit du 5 au 6 juin. Ils portent l'équipement de saut complet (y compris le parachute ventral), celui de combat, et les armes individuelles : un « *Grease-Gun* » pour le para au premier plan à droite, d'autres ont un P.-M. Thompson et des fusils semi-automatiques Garand M1. (US-NARA)

plutôt bien. Les *Jumpmasters* (largueurs) et officiers du *505th PIR* ayant une bonne expérience des sauts depuis l'Italie, peu de gros problèmes surgissent. Néanmoins, à l'ouest du Merderet, les *Pathfinders* des *507th* et *508th PIR* sont parachutés dans une région densément occupée par l'adversaire, et face à d'importants tirs de *Flak*, même si quelques soldats expérimentés du *504th PIR* (régiment qui ne participe pas au Jour-J) ont sauté avec eux. Les trois équipes d'éclaireurs du « *507* » perdent une vingtaine d'hommes, connaissent des escarmouches et ne peuvent pas baliser correctement leur *DZ « T »*. Quant à elles, les trois *teams* du « *508* » sautent globalement au bon endroit, mais sont presqu'immédiatement accueillies par des tirs allemands, et vont perdre les 2/3 des leurs. Or, n'oublions pas que la *DZ « N »* est dangereusement proche du QG de la *91. LL-Div.*, sur Bernaville. Plus à l'est, dans le secteur de la *101st*, les *Pathfinder-Teams* – les tout premiers à avoir sauté – connaissent des succès assez mitigés dans leur parachutage, puis leur mission de balisage. Par exemple, un *stick* prévu pour la *DZ « C »* s'abime totalement dans la Manche... quoique l'équipe de Frank Lillyman, qui saute à 00 heure 15 près de Saint-Germain-de-Varreville (*DZ « A »*), accomplit sa mission de balisage sans difficulté particulière... Les premiers C-47 de la *101st Airborne* devront arriver à proximité des zones de parachutage vers 00 heure 55.

Pendant ce temps, peu après minuit, un avion isolé survole Sainte-Mère-Église d'ouest en est, à très faible hauteur... Le petit groupe de cyclistes allemands de l'*Uffz.* Rudi Escher, qui se trouve sur la place de l'église Notre-Dame de l'Assomption, regarde l'engin et voit huit parachutistes qui en sautent, en bordure orientale du village, à environ 500 mètres de la place. Escher pense qu'il s'agit là de l'équipage qui évacue l'appareil, peut-être touché à cause d'un tir de *Flak*, mais en fait, ce sont des *Pathfinders*, sans doute du IIIe bataillon du *505th PIR*... Quoiqu'il en soit, pour le moment, les quelques *Landser* du *Gren.-Rgt. 1058* présents auprès de l'église ne pensent pas forcément au déclenchement de l'*Invasion*. Les observateurs du groupe d'Escher ont aussi pour mission d'intercepter de possibles espions ou saboteurs parachutés. Sans traîner, ils rentrent dans l'église, montent le petit escalier en colimaçon du clocher et récupèrent leurs armes individuelles

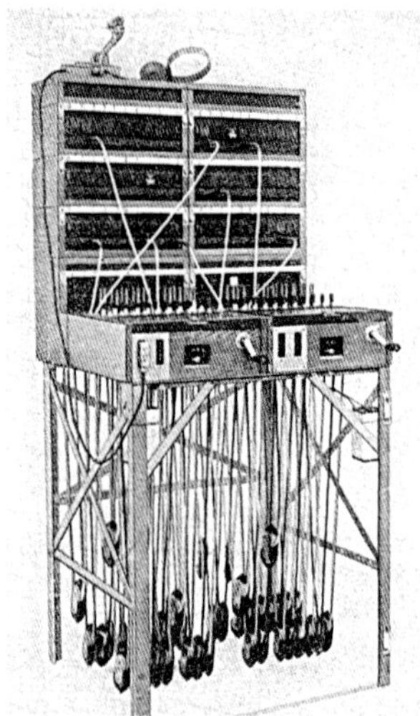

Un tableau annonciateur (ou poste central) de la Wehrmacht, employé pour connecter les entretiens téléphoniques. Notons la multitude de cordons, au bout desquels se trouvent les fiches. (Archives von Keusgen)

Rudi Escher, après son versement dans le *Heer* - dont il porte la vareuse - et la *91. Luftlande-Division* (comparer avec un autre portrait, antérieur, de la page 35). (Collection Rudi Escher)

dans leur pièce (au dessus du transept sud), Rudi Escher empoignant sa *MP.40*. Puis, ils redescendent et se mettent immédiatement en marche dans la direction du parachutage. Deux hommes du groupe restent en haut du clocher, le long des balustrades de pierre : l'*Obergefreiter* Rudolf May et le *Grenadier* Heinz Strangfeld. Peu après, d'autres avions apparaissent près du bourg, et l'*Ogfr.* May note qu'ils larguent « de très curieuses bombes ». Probablement s'agit-il de *bundles* (des ballots) contenant du ravitaillement, des armes et des munitions parachutés dans de gros paquets ou coffres (précisons que les Américains n'emploient pas les longs conteneurs britanniques cylindriques, en métal), ou encore de « *Christbäume* ». A plusieurs reprises, le jeune vétéran de l'*Ostfront* communique ses observations par téléphone à ses supérieurs, au poste de commandement de leur *Kampfgruppe* sur Fauville : « *Mais là, leur réponse était récurrente : "Restez là-haut et poursuivez vos observations !". Un peu plus tard, à un moment donné, les communications téléphoniques ont été entièrement coupées* ».

De son côté, sur Saint-Cyr, le *Gefr.* Spieles a retrouvé son bivouac spartiate : « *Pour une nuit seulement, du 4 au 5 juin, car la nuit suivante, dès le soir nous avons été placés en état d'alerte. A 22 heures 15, le 5 juin, des munitions réelles ont été distribuées, plus des caisses de grenades à main. La dispersion partielle de notre bivouac a été ordonnée, vu que, même avec le peu d'infos claires qui étaient disponibles au début, on avait tous bien compris que c'était :* "Es geht los !" (C'est parti !). *Parmi notre unité régnait un sentiment plutôt mitigé...* ». Dans ces moments-là, une formation de bombardiers survole à faible hauteur la péninsule de Cherbourg. Le jeune *Gefreiter* et ses camarades de l'état-major du *Gren.-Rgt. 1058* observent la scène : « *Juste au dessus de nos têtes, un premier bombardier bimoteur a été abattu. Il a dégringolé à grande vitesse vers le sol, pour venir s'écraser à proximité directe de Saint-Cyr... On a d'ailleurs vu l'explosion* ».

Peu avant 1 heure du matin, c'est maintenant le gros des avions de transport de la *101st Airborne* qui approche des zones de parachutage, suivie plus tard des vagues d'avions suivantes transportant la *82nd Airborne* : d'abord les appareils du « 505 », puis (environ une heure plus tard) ceux transportant les « 507 » et « 508 ». Ils ont suivi la même trajectoire aérienne que les C-47 ayant transporté les éclaireurs, et sont organisés en « *Serials* », c'est-à-dire en groupements d'avions emportant une même unité vers sa zone de saut. On l'a vu, les *Pathfinders* les ayant précédés ont pu connaître diverses difficultés au sol, et la précision et l'exactitude des balisages se révèlent, somme toute, très hétérogènes. Il faut éviter aux pilotes de Douglas C-47 de se heurter, tout en cherchant les bonnes zones de saut et esquiver, dans la mesure du possible, les tirs d'obus de DCA ou de MG. Ainsi le commandant du *2/505* (IIe bataillon du 505e régiment de parachutistes), le *Lt-Col* Benjamin Vandervoort (que le film *Le jour le plus long* fera aussi entrer dans la légende), observe par la porte de son avion et, au dernier moment, ordonne au pilote d'éteindre la lampe verte, convaincu de survoler le mauvais endroit. Face à la confusion, certains officiers ou sous-officiers passent la tête par la porte, pour tenter de s'orienter, ce qui n'est pas chose aisée.

Avant de grimper dans les appareils de transport, des comprimés contre le mal de l'air ont été remis aux *Paratroopers*, tellement tranquillisants que certains qui les ont avalés se sont endormis. Pour chasser la tension, ceux parvenant à résister au sommeil entonnent des chants, racontent des blagues, le tout largement couvert par le bruit des trois moteurs des C-47. D'autres paras fument ou croquent un bonbon.

Une photo aérienne du manoir Leroux, se dressant à l'entrée orientale du pont de la Fière. Par un pur hasard, l'un des camions d'une section allemande en déplacement est tombé en panne à proximité, vers 23 heures, le 5 juin 1944. Voila pourquoi le domaine, jusqu'à présent inoccupé par les forces allemandes, voit le stationnement d'une trentaine d'hommes...

1. Corps de logis. 2. Moulin. (US-NARA)

Dwayne T. Burns, *Paratrooper* de la *F-Company* du *508th PIR*, s'avoue très soucieux. Comment ne pas avoir peur, alors qu'ils survolent maintenant le Cotentin ? Il relate : « *Nous étions assis dans l'obscurité des avions, chargés comme des mulets. Tous ces hommes de ma compagnie étaient les meilleurs copains que je connaissais. Je pensais alors à combien, parmi eux, auraient perdu la vie avant que le jour se lève. Peut-être que moi non plus, je n'allais pas voir les premiers rayons de soleil du D-Day... Je priais en silence : "Seigneur, faites en sorte que j'accomplisse mon devoir, sans que je ne doive tuer quelqu'un. Faites aussi en sorte, que je ne trouve pas la mort, car je suis vraiment trop jeune pour cela !"* ».
Un autre para du *508th PIR* de Roy Lindquist, Harry Reisenleiter, se souvient : « *Était venu le temps des prières. Là, je crois que tous ont fait quelques promesses à Dieu, en hâte ! Tout le monde avait peur : peur de se retrouver tout seul en bas, peur de devoir infliger d'atroces souffrances à d'autres hommes, peur de ne pas s'en tirer ou d'être salement blessé. Et aussi, sans doute l'impression la plus oppressante : nous redoutions... d'avoir peur !* ».
Rappelons que c'est le baptême du feu pour les « *Red Devils* » du « 508 »...
Il en est de même pour les pilotes des appareils de transport. Beaucoup d'entre eux effectuent leurs premiers vols en opération, cette nuit-là. Leurs C-47 ne sont ni armés, ni blindés, les réservoirs d'essence non plus, d'ailleurs. Ce sont, à l'origine, de simples transporteurs, le C-47 étant directement issu de l'aviation civile... En tout, près de 870 avions de ce type sont engagés dans le cadre des missions de parachutage des *82nd* et *101st Airborne*, missions respectivement baptisées « *Boston* » et « *Albany* » (s'agissant des parachutages), du nom de deux villes du nord-est des États-Unis. Les « *Serials* »

Quelques *US-Paratroopers* au cours de leur entrainement au saut, aux Etats-Unis. (US-NARA)

doivent voler en formations de neuf appareils, en « V », à la même hauteur et en pointe. D'aile à aile, une trentaine de mètres seulement sépare les avions ! Chaque formation « en V » se trouve à 300 mètres environ l'une de l'autre... du moins théoriquement. Les pilotes ne peuvent pas correspondre entre eux, seul l'appareil de tête dispose de petites lampes protégées de plexiglas, servant ainsi à diriger les quatre appareils à gauche et à droite de lui... Les huit autres Douglas C-47 ne disposent, à l'extrémité de l'empennage, que d'un modeste feu de black-out bleu. Les pilotes ont d'abord survolé la Manche à 150 mètres d'altitude environ, pour échapper le plus possible aux écrans-radar allemands. Ensuite, au niveau du littoral occidental du Cotentin, ils sont grimpés jusqu'à une hauteur de 450 mètres, pour éviter d'offrir des cibles trop rapprochées à la D.C.A. allemande.
Chaque *Troop Carrier* comprend les deux pilotes et dix-huit sautants, parmi lesquels le *Jumpmaster* (largueur), qui est un para chevronné chargé de contrôler la procédure (notamment le placement du mousqueton de la SOA sur le câble intérieur) et règle le débit du largage – qui, de toute façon, devra être le plus rapide possible –, et un officier. Dès que la lampe verte s'allume dans la cabine (déclenchée par le pilote, pas par le largueur), il s'agit de sauter, le *Jumpmaster* s'exclame alors : « *Go !* » pour chaque *Paratrooper*.

Une photo poignante, qui montre bien la tension régnant à l'intérieur des *Troop Carriers* C-47, durant le survol de la Manche : Ici, le « *Screaming Eagle* » Dick Thorne, du *501st PIR*, bardé d'équipements. (US-NARA)

Et là, un satané chaos se déchaîne...

Dès que les premiers C-47 survolent le Cotentin, une confusion se profile... Le *Brigadier* James Gavin (qui est *Assistant Division Commander*) aperçoit, par la porte de son *Skytrain*, une vingtaine d'autres avions au milieu de la nuit, éclairée d'un ton terne par la lune. Une véritable armada aérienne les suit ! Leurs bourdonnements emplissent le ciel, ils transportent les 7000 sautants de la *82nd Airborne*. En survolant les Iles Anglo-normandes, les appareils ont déjà essuyé quelques tirs de *Flak*. Ensuite, ils ont mis le cap plein est. Normalement, une fois arrivés au niveau de la moitié orientale du Cotentin, les appareils doivent avoir atteint la hauteur normale de saut de 180 mètres. En passant le long du littoral occidental du Cotentin, des tirs de *Flak* reprennent, mais violemment. Des obus explosifs se mettent à crépiter parmi les C-47, et certains pilotes entament de brusques manœuvres d'évitement. L'un d'eux, Sidney Ulan (du *441st Troop Carrier Group*), se souvient : « *La salive séchait littéralement dans ma bouche ; j'étais pétrifié de crainte. Crainte de ne pas réussir à franchir cette muraille de feu sans être touché, voire abattu...* ».
Au sol, la jeune Normande Marguerite Chaterine (de L'Angle) se souvient : « *L'on avait subitement l'impression qu'on y était ! J'attendais le débarquement si impatiemment... Un avion américain a survolé notre maison, et a été pris à partie par les Allemands. Pendant qu'il commençait à s'écraser, l'on pouvait entendre les parachutistes hurler à l'intérieur. Après le crash, l'avion s'est entièrement consumé et, plus tard, en allant voir les lieux de plus près, l'on a constaté avec effroi les corps des pauvres Américains, carbonisés, éparpillés ça et là...* ».
Les transporteurs Douglas tanguent violemment par ci par là, les hommes, les paniers et *bundles* sont valdingués dans la cabine. De nombreux avions sont touchés par des éclats d'obus et des balles, heureusement pas tous avec gravité. Toutefois, quelques uns sont atteints de plein fouet, et s'écrasent, sans que personne n'ait le temps d'évacuer par parachute... Normalement, au moment du largage la vitesse de l'avion ne doit pas dépasser les 145 km/h,

Le *Paratrooper* Dwayne T. Burns, « *All American* » du *508th PIR*. Remarquons son insigne de calot, destiné aux hommes du rang des troupes aéroportées. Comme l'écrasante majorité de ses camarades de régiment, le saut sur le Cotentin sera son baptême du feu... (Collection Dwayne T. Burns)

Portrait célèbre du *Brigade-General* James Gavin, ancien commandant du *505th PIR* qui, dans le cadre du D-Day, reçoit le commandement de *Task Force A* de la *82nd Airborne*, c'est-à-dire celui des trois régiments parachutistes de la division. (US-NARA)

mais beaucoup d'entre eux, une fois arrivés dans la moitié orientale du Cotentin, dépassent les 240 km/h (quasiment leur vitesse de croisière) ! Ils ont en effet accéléré, en cherchant à échapper aux projectiles adverses... et, dans ce but, beaucoup ont aussi gagné en altitude, parfois jusqu'à 600 ou 700 mètres ! La plupart des *Serials*, auparavant bien organisées, sont maintenant dans un état frappant de désordre !

Au sol, les trois équipes de *Pathfinders* du *507th PIR*, sous les ordres du *1st Lt* John T. Joseph, s'efforcent de guider les avions vers leur *Dropping Zone « T »*, entre Gourbesville et Amfreville. Mais des soldats de la *91. Luftlande-Division* effectuant un exercice de nuit dans les alentours directs, ont remarqué ces parachutes vers 00 heure 20 ou 30. Leur attaque contre les *Pathfinders* empêche ces derniers de disposer correctement leurs balises-radio Eureka et le reste du matériel de signalisation, comme les lampes T-122...

Le *Brigadier* Gavin, toujours dans son C-47, regarde sa montre, au milieu des bruits de moteurs et d'explosions d'obus de *Flak* : encore 7 minutes 30 jusqu'au parachutage... Par la suite, comme le veut la procédure, les pilotes actionnent la lampe rouge, et le largueur hurle : « *Stand up and hook up !* » – Levez-vous et accrochez-vous ! –.

En silence, les *Paratroopers* se dressent difficilement, avec leurs 35 à 40 kilos d'armes et d'équipements. Les visages sont barbouillés de suie, parfois de

Le *Lieutenant* Beamsley, du *501st PIR* de la *101st Airborne*. Notons la gaine destinée à sa carabine USM-1 à crosse pliante, et le poignard de combat britannique Fairbairn-Sykes attaché au bas de sa jambe. (US-NARA)

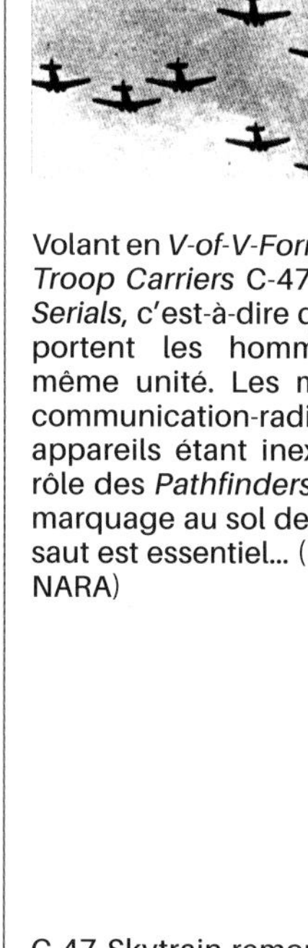

Volant en *V-of-V-Formation*, ces *Troop Carriers* C-47 volent en *Serials*, c'est-à-dire qu'ils transportent les hommes d'une même unité. Les moyens de communication-radio entre les appareils étant inexistants, le rôle des *Pathfinders* et de leur marquage au sol des zones de saut est essentiel... (Photo : US-NARA)

C-47 Skytrain remorquant des planeurs Waco CG4-A. Pour ce qui concerne la *82nd Airborne*, les unités transportées par planeurs, qui doivent atterrir en plusieurs vagues (la 1re vers 4 heures du matin) sur leur *Landing Zones*, sont regroupées dans la *Task Force B*, commandée par Ridgway (qui demeure également commandant en titre de la division). (US-NARA)

peintures « à l'amérindienne ». Les mines sont graves, sous les casques de saut fréquemment ornés de filets de camouflage (dans les mailles desquels sont passées, ou pas, les lamelles de toile de jute, pour renforcer le camouflage) et, parfois attaché dessus, d'un paquet de pansement. Après avoir accroché le mousqueton de leur *static line* (SOA) au câble de la cabine, les hommes palpent brièvement, mais nerveusement, leur équipement. Ils sont armés de fusils semi-automatiques Garand M-1, de carabines USM-1 (principalement à crosse pliable), ou encore de pistolets-mitrailleurs Thomp-

Le « *Westpointer* » le *Colonel* Ray E. Lindquist, commandant en titre du *508th PIR*. Il est aussi prévu que l'état-major de Gavin saute avec ce régiment, sur la *DZ « N »*. Photo probablement prise en 1945, en tous cas après la campagne de Normandie. (US-NARA)

son ou de « Grease-Guns », parfois du fusil-mitrailleur BAR. Chacun dispose aussi d'un poignard de combat, souvent fixé au bas du pantalon de saut, de quelques grenades et d'une arme de poing, habituellement un pistolet M-1911 A-1, le dit Colt .45, ou plus rarement d'un revolver Smith & Wesson. En dessous d'eux, le Cotentin revêt un aspect effrayant, telle une mer de haies, de collines, de vergers, avec ses nombreux cours d'eau et – pas des moindres – ses vastes zones inondées, luisant d'un ton argenté à cause du clair de lune. Si leurs avions volent bas, les hommes aperçoivent parfois de curieux pieux plantés à la verticale, sur les parcelles...

Alors qu'ils ont passé depuis quelques minutes la côte occidentale du Cotentin, se trouvant sans doute à peu près à hauteur de La-Haye-du-Puits, les C-47 tombent sur une masse nuageuse toute étirée, assez épaisse, qui entrave la visibilité. En la traversant, Gavin prend peur, ne parvenant même plus à voir l'extrémité des ailes de son avion... Là, les pilotes ont tendance à grimper ou à descendre, à se déporter vers la gauche ou la droite, les risques de collisions ne sont pas minimes... Gavin ne perd pas de vue que, dans une dizaine de minutes, leurs avions auront atteint la façade orientale du Cotentin : autrement dit, ce serait trop tard pour le saut, ou alors il faudrait faire demi-tour, ce qui ne manquerait pas d'ajouter à la pagaille et au caractère déjà très aléatoire de l'opération !

James Gavin aperçoit à un moment donné une ample surface d'eau, au milieu des terres. Il pense alors qu'il s'agit de la zone inondée de la Douve. Mais les données topographiques manquent pour se repérer convenablement. Puis, le *Brigadier* regarde vers l'arrière : plus que deux avions de leur formation suivent encore le sien ! A ce moment-là, la lampe verte s'allume, près de la porte et du poste de pilotage. Théoriquement, il faudrait attendre encore trois minutes pour arriver jusqu'à la *Dropping Zone « N »*, or il faut déjà sauter ? En même temps, chaque seconde qui passe implique que le para atterrira à plusieurs dizaines de mètres plus loin. Il n'y a hélas rien à voir des dispositifs de balisage des *Pathfinders*, dans l'avion de Gavin, l'on est sûr de rien, mais on y va : « *Go !* »...

De son côté, le *Colonel* Roy E. Lindquist, chef de corps du *508th PIR*, remarque lui aussi une inquiétante zone inondée, depuis son avion. Il pense également qu'il s'agit de celle de la Douve. La lampe verte s'allume, Lindquist bondit dans la nuit, la SOA vient extraire la voilure bariolée de son sac, celle-ci se déploie magistralement au dessus de sa tête, avec une légère secousse une fois que les suspentes sont tendues. Dans la seconde suivante, quelques balles traçantes chuintent auprès de lui... Après une descente d'une vingtaine

Cette photographie « d'ambiance », volontairement assombrie, présente un largage en masse dans de bonnes conditions, ce qui sera rarement le cas pour les *101st*, puis *82nd Airborne* dans la nuit du 5 au 6 juin... avec des dispersions parfois considérables ! (US-NARA)

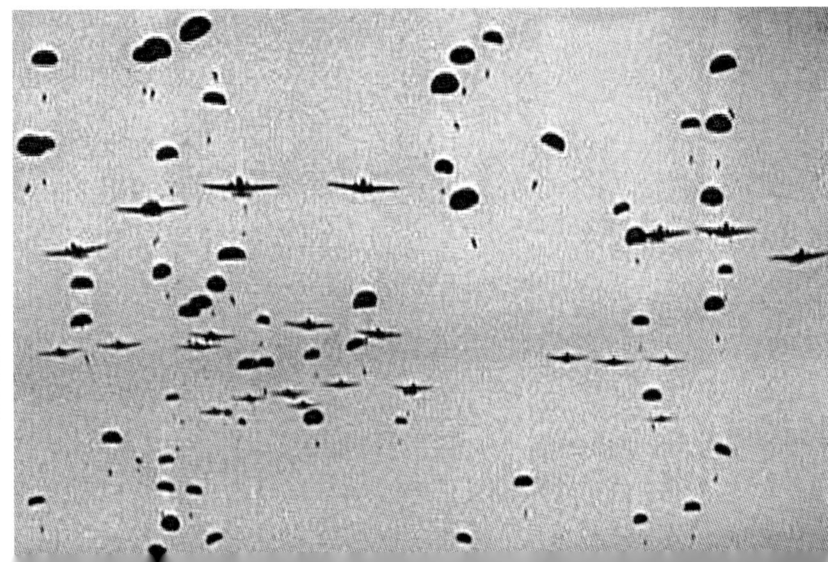

de secondes, Lindquist touche le sol, ou plutôt l'eau... cette dernière monte à hauteur des genoux. Il se débarrasse de son parachute, et aussi de celui – ventral – de secours, devenus inutiles. Mais s'y retrouver dans tout son barda n'est pas chose aisée. Lindquist a manqué sa *Dropping Zone « N »*... Après plusieurs minutes passées à se préparer pour le combat terrestre, il se met à avancer dans l'eau.

A 1 heure 15, la *7. Armee* ordonne l'état d'alerte n° 2 pour le *LXXXIV. Armee-Korps* de Marcks, et n° 1 pour les autres corps et le *II. Fallschirm-Korps* (alors basé en Bretagne, comprenant les *3.* et *5. Fsch.-Jg-Div.*). Au même moment, des milliers de parachutistes de la *101st Airborne* sont en plein saut ou viennent d'atterrir. Ils sont attirés vers le bas à cause de la masse, anormalement importante, d'équipements qu'ils emportent, leur descente est donc plus rapide que prévue.

Clarence C. Lyall, « Screaming Eagle » de la *E Company* du *506th PIR*, se souvient : « *Il était 1 heure 15 précises, j'étais effrayé à l'idée d'être tué, incapable de clarifier mes idées. Sans doute les Allemands allaient-ils s'en prendre à nous pendant notre descente. Durant cette dernière, je pensais : "Je fais tout ça pour mon pays, et les 'Krauts' font exactement la même chose que moi..."* ». Lyall a manqué sa *Dropping Zone*, il atterrit en bordure des maisons de Sainte-Mère-Église : « *Le reste de ma compagnie était loin, très loin. Une vingtaine de minutes plus tard, je suis tombé sur quelques Allemands qui m'ont vu, et m'ont tiré dessus sans m'atteindre. J'ai bien répliqué, toutefois mes balles ont filé au dessus de leurs têtes...* ».

Le *Sgt.* William Sullivan appartient à la *Headquarter-Company* du *1/505* : « *Lorsque nos appareils, se trouvant d'abord très haut, sont descendus jusqu'à une hauteur convenable de largage, nous nous sommes retrouvés dans une masse nuageuse assez basse, d'où la peur d'entrer en collision avec d'autres appareils...Il y avait la pleine lune, tout était assez bien éclairé. Depuis l'avion, je pouvais même voir la voie ferrée, avec quelques wagons dessus et, un peu plus loin, le bourg de Sainte-Mère-Église. Je distinguais également un cours d'eau et une vaste région inondée ; l'on aurait dit un immense miroir. De ci de là, le feu de quelques « hack-hacks »* [surnom de la 8,8-cm-Flak]. *En me plaçant devant la porte du C-47, j'ai pu noter un grand domaine nobiliaire, avec de hauts murs et des clochetons, comme dans un polar anglais. Quant à savoir, par contre, si des Allemands l'occupaient... Ma descente s'est bien passée, j'ai atterri à distance suffisante du château, et vraiment en douceur, contrairement à nombre de mes camarades. Néanmoins, les sangles de mon harnais étaient tellement serrées, qu'il m'était très difficile de me détacher. Or, nous avions un sacré paquetage avec nous, pour ma part, j'étais armé d'un P.-M. Thompson. Pour nous reconnaître dans l'obscurité, des mots de passe nous avaient été confiés, et des criquets...* ».

Julius Eisner, un para d'origine allemande comme nombre de ses camarades, appartient à la *D/505th PIR* (IIe bataillon). Il a 21 ans, et a déjà combattu en Italie méridionale. A 1 heure 20, il se pose à proximité de Sainte-Mère-Église : « *Nous savions précisément où nous devions atterrir. Nous étions une quarantaine de membres du régiment à nous poser au bon endroit. Tout était vraiment sombre et, une fois libéré de mon harnais de parachute, j'ai voulu partir et, là,.... J'ai heurté une vache ! En fait, tout s'est passé sans difficulté durant ce saut, du reste semblable à ceux que j'avais effectué auparavant, en Italie... Sauf qu'ici, je me retrouvais avec une vache devant la figure ! J'étais un jeune type en forme, quoique anxieux, comme mes copains, mais pour ma part, surtout parce que j'étais juif... Je me disais que, si les Allemands mettaient la main sur moi, j'aurais droit à "un aller simple"... Nous*

Le « *Screaming Eagle* » Clarence C. Lyall, né en octobre 1925, membre de la fameuse *E-Company* du *506th PIR*, fait partie des tout premiers parachutistes américains à atterrir sur le bourg même de Sainte-Mère-Église – avant les « All American » du *505th PIR* – [Un autre para du « 506 », Ray Aebisher, a lui aussi sauté par erreur sur le village : voir Michel de Trez, *Sainte-Mère-Eglise – Photographs of D-Day*, 2004, aux pages 246-249 [NDT]]. (Collection Clarence C. Lyall)

Le *Sgt.* Bill Sullivan, 21 ans, de la compagnie de commandement du *1st Battalion* du *505th PIR*. Il atterrit très à l'écart de la *DZ « O »*, et sera fait prisonnier plus tard (Ici, une photo prise durant sa captivité). Sullivan est décédé à l'hiver 2018/19. (Collection William Sullivan)

Une photographie très représentative du calvaire qu'ont pu connaître les *US-Paratroopers* durant leur parachutage sur le Cotentin. La densité de haies fait que, bien souvent, la voilure et les suspentes du parachute se retrouvent empêtrées dans les arbres, à plusieurs mètres au dessus du sol. (US-NARA)

devions placer des dispositifs lumineux afin que nos planeurs puissent atterrir, un peu plus tard. Dans ce coin là, nous n'avons néanmoins pas été confrontés tout-de-suite à des combats. Nous restions en permanence ensemble, ainsi n'étais-je jamais seul et cela me rassurait. Je ne découvrirai Sainte-Mère-Église que le lendemain matin... ».

Bill Sullivan se trouve toujours dans une prairie, avec son harnais de parachute « rivé » sur lui : « *J'étais tout seul, ne sachant absolument pas où je me trouvais... Soudain, j'ai entendu un bruit derrière moi : "clic-clac !", auquel j'ai répliqué par une double pression avec mon criquet. Ensuite, quelqu'un m'a appelé : "B-Company ?", ce à quoi j'ai répondu par la négative ; le gars m'a paru déçu : "Oh, shit !"* ». Le *Paratrooper* de cette *B-Company* aide ensuite Sullivan à se dégager de son lourd barda. Ils ont atterri loin de leur *DZ « O »*, se trouvant auprès de la commune d'Urville, à une dizaine de kilomètres au nord-ouest de Sainte-Mère-Église, aux abords de Valognes !

Bill Sullivan poursuit : « *Nous étions tous deux fichés quelque part dans ce bocage déconcertant. L'on entendait rien, et les alentours étaient très jolis, pittoresques... Comment croire qu'ici, il fallait faire la guerre ? A ce moment-là, je pensais avoir atterri impeccablement, au bon endroit. Puis, on s'est mis en marche, mais vers où ? En tous cas, bientôt nous sommes tombés sur un infirmier, qui était encore perché tout en haut d'un arbre. Nous lui avons donc proposé de lui filer un coup de main, mais il a juste répondu : "No". De toute façon, il était empêtré tout là-haut, avec ses suspentes et sa voilure. Or, à cause de la nuit, nous n'aurions pas pu faire grand-chose pour le dégager. Peu après, le gars de la* B-Company *et moi nous sommes séparés, pour emprunter des chemins différents...* ».

De son côté, le *Colonel* Lindquist marche depuis plusieurs minutes, quand il aperçoit dans l'obscurité une lumière bleue, clignotant à plusieurs reprises : le signal de ralliement des hommes du *508th PIR*. Il évalue la distance à environ 1,5 kilomètre, et part dans sa direction quant, tout-à-coup, quelqu'un l'interpelle : « *Stop !* ». Il s'agit de son agent de liaison et, ensemble, ils progressent à travers la zone inondée, tombant deux fois dans des fossés remplis d'eau, devenus invisibles. Tous deux sont trempés, mais finissent par atteindre les lampes bleues, auprès desquelles sont regroupés 23 *Paratroopers*. D'autres pataugent dans les proches alentours, on les entend bien. Il s'agit principalement de gars des *507th* et *508th PIR*. Toutefois, beaucoup de matériel manque : les *bundles* et malles en osier parachutés contenant entre autres des munitions supplémentaires, des vivres, du matériel médical, n'ont pour beaucoup pas pu être réceptionnés, sauf trois, dont l'un renferme un poste radio. Un peu plus tard, la lampe bleue s'éteint... Parvenu jusqu'au groupe, l'un des paras rapporte que, vers l'ouest, il a pu repérer un remblai de voie ferrée. Alors, Lindquist parvient à s'orienter, et tous partent dans la direction de ce remblai...

A 1 heure 42, l'officier de service de l'*Admiral Kanalküste* rapporte à la *2. Sicherungs-Division* (2e division de sûreté du *Heer*) : « *Parachutistes en grand nombre à gauche de la Seine et sur la façade orientale de la péninsule du Cotentin...* ». Les soldats allemands, notamment les observateurs, ayant pu repérer ces parachutages, les rapportent par téléphone à leurs supérieurs directs...

De son côté, au nord-ouest de Valognes, l'unité du *Gefreiter* Deboeser est informée de ces attaques aéroportées : « *Alors que nous nous préparions précipitamment à nous mettre en marche en direction de Sainte-Mère-Église, l'on avait déjà été prévenu du danger : « Prudence, des parachutistes ennemis ont atterri dans les alentours ! ». C'était du sérieux, nous chargions nos équipements dans des* Ketten-Krads, *que nous ne reverrions plus jamais par la suite... Puis, l'on nous a distribué des munitions à balles réelles, que nous n'avons pas perçu jusque là. Il m'est alors venu à l'esprit que je n'avais pas voulu devenir soldat, que je n'avais pas eu le choix, toutefois je me serais purement et simplement exposé à la peine de mort, si je m'étais opposé à rejoindre la* Wehrmacht. *Si jamais je désertais pour me cacher ici ou là, c'eut été mes parents qui auraient souffert de représailles... Nous devions être nombreux dans mon unité à penser ainsi. Une fois prêts, nous sommes partis, d'abord en faisant un petit détour, pour rejoindre ensuite la grande route, rectiligne, en direction du sud... Très soucieux, nous nous demandions alors si nous vivions véritablement le début de l'Invasion, car nous avions bien entendu dire que Rommel avait déclaré que, si les Alliés venaient, ce serait ici même, en Normandie. Par ailleurs, nous n'étions pas non plus bien loin du grand port de Cherbourg...* ».

A 1 heure 45, le *Gren.-Rgt. 914* rapporte à son QG divisionnaire – la *352. Inf.-Div.* du général Kraiss – : « *50-60 parachutistes ennemis posés dans la zone du canal de Carentan, au sud de Brévands* ». Dorénavant, les rapports s'enchaînent concernant les parachutages ennemis, ce qui vaut également pour la zone à l'est de l'Orne, où combat la *6th British Airborne Division*. A la même heure, le *Ic* (chef du bureau des renseignements) de la *Heeresgruppe B* renseigne la *15. Armee* : « *Depuis 1 heure 15, parachutages* [...] *sur la côte orientale du Cotentin, près de Montebourg et [Saint-] Marcouf, des combats ont déjà partiellement lieu* ». A 1 heure 50, le *LXXXIV. Armee-Korps* communique à l'*Admiral Kanalküste* : « *Planeurs et parachutistes sur l'aile gauche. Premiers prisonniers* ».

La compagnie de Rolf Deboeser, du *Gren.-Rgt. 1058*, tombe peu après sur une batterie de la *Flak-Abteilung 152*. Le jeune Rhénan se souvient : « *Cette unité était commandée par un* Leutnant, *et bien qu'il était clair que l'*Invasion *venait belle et bien de débuter, il avait dit qu'il avait préalablement reçu un* Schießverbot *– interdiction d'ouvrir le feu –. Un ordre issu, soi-disant, des plus hauts échelons hiérarchiques. Mais cet officier ne semblait pas vouloir obtempérer, déclarant à nos chefs : "Ça m'est foutrement égal, ce qu'ils en pensent là-haut, maintenant, si des avions pointent leur nez, je leur en mets plein la tronche !". A juste titre, il n'avait pas compris pourquoi un ordre aussi stupide avait été donné* ». Notons que ce témoignage concorde parfaitement avec celui de Johannes Ennenga, appartenant à ce groupe de D.C.A.

Entre 00 heure 50 et 1 heure du matin, les premiers *Paratroopers* du *Lt-Col* Vandervoort (commandant le *2/505th PIR*) posent le pied sur le sol de France. L'officier subit une luxation de sa cheville à l'atterrissage, ce qui ne l'empêche pas, malgré les douleurs, de prendre appui sur une crosse de fusil et de regrouper ses hommes le plus énergiquement possible. En quelques heures, il en comptera déjà 400 environ, sur les 630 que comprend son bataillon... La situation n'est donc pas aussi chaotique pour lui qu'elle l'est pour d'autres bataillons, notamment ceux des *507th* et *508th PIR*. Globalement, le parachutage du « 505 » est le plus compact et le plus réussi, mis à part pour quelques *sticks*, d'on l'un, appelé à devenir célèbre, de la *F/505*...

Le *Lieutenant-Colonel* Benjamin Vandervoort (1915-1990), commandant le *2/505*, atterrit comme prévu sur la *DZ « O »*, en s'y brisant la cheville. Notons que pour maintenir son articulation, une musette d'appareil de protection contre les gaz, en toile caoutchoutée imperméable, a été serrée autour de sa cheville et de son pied. Comme l'écrasante majorité des paras de la *82nd* qui en emploient un, « Vandy » a disposé un filet de camouflage à petites mailles, par-dessus la bombe de son casque de saut. (US-NARA)

L'emplacement de la *DZ « O »* de nos jours, zone de parachutage du *505th PIR*. (Photo P. Cherrier, 2019)

La grosse pompe à bras en fonte, tout près de l'église, depuis laquelle les habitants forment une chaine en se passant les seaux d'eau, pour essayer d'éteindre le violent incendie de la villa Pommier... (Photo von Keusgen)

Confusion sur la place de Sainte-Mère-Église

Remontons environ une heure en arrière... Le maire de Sainte-Mère-Église et sa femme se sont mis au lit quand, tout à coup, quelqu'un frappe brusquement à leur porte. Alexandre Renaud se lève, pour aller voir ce qui se passe : Un habitant lui raconte, tout excité, que la villa de Julia Pommier est en train de prendre feu... Cette résidence de deux étages se trouve en bordure ouest du parc municipal de la Haule, et l'on ne connaît pas vraiment la cause de l'incendie : un artifice au phosphore largué par un avion américain? Toujours est-il que monsieur Renaud s'habille en hâte et gagne l'autre côté de la place – la demeure du vétérinaire Georges Monnier –, où cantonne l'*Ortskommandant* Werner Kassel. Le maire lui demande de lever le couvre-feu, pour éteindre l'incendie au plus vite, avec un maximum d'habitants... L'*Oberfeldwebel* donne immédiatement son accord.

Peu après, Alexandre Renaud se trouve à l'entrée du petit parc. Quelques pompiers volontaires du village sont déjà à l'œuvre, ayant amené en hâte une ancienne pompe à incendie mobile, en bois et montée sur une charrette à quatre roues. Deux hommes actionnent sur-le-champ la pompe à balancier en fonte de la place de l'église, avec un récipient en dessous, et se relaient à tour de rôle dans cette tâche physique. A la pompe mobile des pompiers est raccordée une lance à incendie, qui doit être en permanence alimentée en eau. Le balancier de la pompe mobile doit être actionné par quatre hommes, avec une pénible dépense d'énergie, juste au dessus du réservoir récolteur. Mais l'incendie est si violent, que cela ne suffit pas à maîtriser les flammes. Le vent ravive ces dernières, emportant des braises avec lui, jusqu'à une grosse cabane servant d'atelier pour le menuisier et charron, Marcel Marie. S'y trouve un gros dépôt de bois, or monsieur Marie, lui-même pompier, s'efforce de tout mettre en œuvre pour éviter une propagation de l'incendie à son atelier.

Soudain, les trois cloches de l'église se mettent à sonner, ainsi les habitants des alentours peuvent-ils être informés du fait que l'on a besoin d'aide... Bientôt, de nombreuses personnes accourent, Alexandre Renaud fait former des chaînes humaines chargées de faire passer d'un côté des seaux en toile ou en métal remplis d'eau, de l'autre les seaux vides, pour alimenter la pompe à incendie des pompiers.

Un peu plus tard, une formation aérienne approche du village, en bourdonnant. Quelques avions volent vraiment très bas, les Français peuvent même apercevoir les faibles lueurs des lampes vertes, dans les cabines des avions. Le reflet pâle de la lune donne un aspect fantomatique aux appareils, qui passent au dessus de la place. Un instant, les habitants cessent leur pénible tâche, lorgnant captivés vers le ciel. Puis, des silhouettes s'extraient des avions et les coupoles de leurs parachutes s'ouvrent magistralement.

Il est exactement 1 heure 45, quand les *Paratroopers* du *3/505th PIR* s'élancent hors de leurs Dakotas. Plus de la moitié d'entre eux saute avec justesse sur la *Dropping Zone « O »*, ou à proximité de cette dernière. Toutefois, le parachutage en plein centre-ville n'est pas du tout prévu... Entretemps, les soldats allemands du *Flak-Instandesetzungs-Zug* ont été alertés, certains d'entre eux surveillant les Français durant leur tentative de maîtrise de l'incendie. Onze paras lourdement chargés descendent vers la place ou les rues attenantes. Ce spectacle saisissant est illuminé par les lueurs orangées des flammes attaquant la villa Pommier. L'un des paras entre violemment en contact avec le sol, et se blesse aux deux jambes. Sa voilure

Un reconstituant rare durant les festivités du D-Day, tranchant avec la foule de ceux habillés en *US-Paratroopers* : Titus, bien connu dans le monde du « Militaria », vêtu en pompier français. (Photo von Keusgen)

bien gonflée le traîne sur la place de l'église. Un autre Américain atterrit au beau milieu des Français formant leur chaîne humaine. Il pointe d'abord son arme vers eux, puis, reconnaissant qu'il s'agit de civils sans défense, il l'abaisse aussitôt. D'autres parachutistes atterrissent un peu plus à l'est, sur une prairie où l'*Unteroffizier* Escher est encore en pleine recherche des tout premiers paras, ayant sauté vers 00 heure 15 : « *Subitement, une foule impressionnante d'avions est passée au dessus de nos têtes et dans les alentours... Une scène inquiétante, à frissonner même ! Serait-ce des bombardiers ? Lorsque, dans la foulée, de longues chaînes de parachutes sont aperçues par notre petit groupe, remplissant le ciel, je me suis dit que, peut-être, je rêvais... Comment pouvait-il y en avoir autant ? Quelques instants plus tard, devant nous, ça bougeait et ça craquait : un parachutiste atterrissait juste auprès de nous ! Nous aurions voulu le capturer vivant, mais presqu'immédiatement une fusillade s'est produite de part et d'autre. Mes quelques gars ont tiré sans que je ne leur en aie donné l'ordre ! Personne n'a été blessé parmi nous, mais le type d'en face n'a pas survécu. Nous n'avions pas l'intention de rester longtemps dans cette zone, en voyant autant de parachutistes descendre partout à la ronde, nous avions peur... J'ai donc ordonné que l'on rejoigne sans traîner la place de l'église, où deux autres de mes gars, Strangfeld et May, étaient de service dans le clocher* ».
La famille du coiffeur Maurice Le Cambaye est inquiète. Juliette relate : « *Les cloches de l'église se sont mises à sonner, une maison brûlait, des avions approchaient, causant des bruits très insolites. C'était un vacarme indescriptible, les vitres et même les murs vibraient. Nous avons alors descendu les escaliers et, en bas de ces derniers, avec mes parents et frères, nous nous sommes assis sur les marches, blottis les uns contre les autres, et priions à voix haute. Là, papa a déclaré : "Ne faites pas tant de bruit, surtout parlez tout bas !". Nous avions peur d'un bombardement, or nous n'avions pas de cave chez nous, alors que pouvions-nous faire ?* ».
Parmi les *US-Paratroopers* sautant par erreur sur le bourg de Sainte-Mère-Église, retrouvons « Ken » Russell, de la 2e section de la *F/505*. Il est le 5e ou le 6e de son *stick* à l'élancer hors du C-47. A vrai dire, il devrait encore être à l'école, ayant 17 ans, mais il bouillait d'envie de s'engager et avait rejoint les troupes aéroportées. De là-haut, il peut voir la lueur de l'incendie, auprès de la place... Avec la violence de ce dernier, un puissant courant d'aspiration est né, et la voilure de son camarade Clyde Blankenship se retrouve irrésistiblement attirée vers l'intérieur du bâtiment, dont le toit s'est effondré depuis peu de temps... Russell peut l'entendre hurler dans les flammes. Il aperçoit deux autres camarades atterrissant parmi les arbres: Robert Blanchard, sur la place de l'église qui, en coupant précipitamment les sangles de son harnais pour se dégager de l'arbre au plus vite, s'entaille le doigt, et le second est Penrose Shearer, ayant atterri à l'entrée du parc. Avant qu'il ait pu se dégager de son parachute, un soldat allemand l'abat avec sa *Maschinen-Pistole*. Shearer restera ainsi pendant plusieurs heures, retenu dans l'arbre au dessus du sol à ses suspentes de parachute, le buste et la tête penchés en avant .
Kenneth Russel déclarera également : « *Je revois trois hommes qui s'étaient retrouvés suspendus à des poteaux télégraphiques, comme crucifiés, abattus avant d'avoir pu en descendre : le* Lt. *Harold Cadish, et les soldats H.T. Bryant et Ladislaw Tlapa* ». Nous verrons par la suite que cette assertion est à prendre avec la plus grande prudence...
Russell atterrit violemment du côté nord de la place de l'église, glissant le long de la toiture d'ardoise pour se retrouver accroché, suspendu au dessus

La pompe à bras ambulante des pompiers de Sainte-Mère-Église, qui doit être actionnée par quatre personnes, permettant d'alimenter en eau sous pression la lance à incendie, déroulée jusqu'auprès des lieux du drame... (Photo von Keusgen)

Marvin John Steele (visible ici) atterrit en plein sur le clocher de Sainte-Mère-Église, et s'y accroche. (US-NARA)

du sol, entre l'aile nord du transept et la nef. Un autre *Paratrooper* du même *stick* se pose sur l'église...

Pendant ce temps, Heinz Strangfeld, qui montait d'abord la garde sur la balustrade nord du clocher, en est redescendu pour grimper sur celle du côté sud, où se trouve son camarade expérimenté l'*Ogefr.* May. Tous deux sont maintenant agenouillés le long de la petite gouttière, entre la balustrade et la toiture d'ardoise. Ils observent, à la fois captivés et anxieux, le spectacle si inhabituel... Tout à coup, quelque chose volète auprès d'eux, et un bruissement semblable à une rafale de vent se fait entendre, puis le bruit assez sec d'un glissement, doublé d'un déchirement de toile. Rudolf May regarde près de lui : « *Là, j'ai distingué quelques longues cordelettes tendues, par-dessus la balustrade* ». Puis, May se penche prudemment par-dessus la balustrade de pierre, pour en savoir un peu plus : «... *c'était des suspentes de parachute, auxquelles pendait un homme ! Comme mort, il était retenu là, à son harnais. A un moment donné, il s'est mis à bouger un peu, et on pouvait même l'entendre murmurer quelque chose... Mon camarade a alors voulu se pencher à son tour, pour l'abattre avec son* Karabiner, *mais là, je lui ai déclaré :* "Du bist wohl verrückt ! – *Tu es vraiment fou ! – Si tu tires, tout le monde parmi eux saura que nous sommes ici, et on ne sortira jamais vivant de cet endroit !*" ».

Le parachute de Marvin John Steele vient de se prendre dans un faîtage de pierre, sur la face sud du clocher ; ce faîtage est toujours visible de nos jours, à l'extrémité de la balustrade. Là, il est suspendu à hauteur de l'un des abat-sons. Ne pouvant dégrafer son harnais, qui s'est totalement tendu et raidi durant son atterrissage très sec, et voulant quitter au plus vite cet endroit très exposé, Steele cherche à atteindre son poignard de combat, attaché à son mollet. Mais ce n'est pas chose aisée, et il ne parvient qu'à le tâter difficilement du bout des doigts... et lui échappe. Il ne reste plus rien d'autre à faire au para américain, que de rester accroché là sans se faire remarquer, et d'attendre...

Pendant ce temps, de l'autre côté de l'église, Ken Russell a pu observer l'atterrissage d'un camarade à deux pas de lui, le *Sgt.* John Ray (du même *stick*). Ce dernier manque de peu de s'accrocher sur la toiture de la nef (côté nord), et se pose juste à côté de celle-ci. A ce moment, un soldat allemand apparaît, pistolet au poing, à l'angle de l'église. D'après Russell, il ne porte pas de casque, et a des cheveux roux. L'Allemand tire alors une balle dans le ventre de Ray, puis se tourne vers Russell... dans le but de l'abattre à son tour ! Bien que pris d'immenses douleurs, Ray n'a pas encore succombé et parvient, avec son pistolet, à loger une balle dans l'occiput de l'Allemand, le tuant sur le coup. Peu après, le *Sgt.* Ray décède. Russell parvient à se libérer de son harnais de parachute et fuit sans traîner en direction de bosquets et de jardins, vers la bordure nord du village.

De l'autre côté de la place, l'*Oberfeldwebel* Kassel a saisi la gravité de la situation. Il se trouve alors, en robe de chambre, au premier étage de son cantonnement. Il ouvre toutes les hautes fenêtres de la maison de Monsieur Monnier, pour éviter, en cas d'explosions de bombes ou d'obus, que les vitres volent en éclats en s'éparpillant vers l'intérieur des pièces de l'édifice. Puis, le propriétaire apparaît avec sa fille de seize ans, Georgette, pour aller voir prudemment, de plus près, les événements sur la place. Elle explique : « *Soudain, provenant de tel ou tel endroit, nous avions entendu quelques tirs, mais pas beaucoup. Vu que personne ne savait comment les choses allaient évoluer, l'*Ofwb. *Kassel est retourné dans sa chambre pour enfiler son uniforme. Avec mon père, nous sommes allés entretemps jusqu'au* *jardin, pour nous mettre en sécurité dans un petit abri, bâti par nous. Mais avant que nous ayons pu l'atteindre, d'autres parachutistes se mirent à descendre vers le village, largués à faible hauteur... Quelques secondes à peine plus tard, mon père a senti un violent choc contre son épaule droite : un para venait pratiquement d'atterrir sur lui ! Peu après, une fois que sa voilure s'est affaissée, mon père l'a aidé à se débarrasser de son harnais. Alors, Werner Kassel est apparu, pistolet au poing, visant l'Américain. Tout-de-suite, mon père s'est placé entre eux deux, en déclarant à l'adjudant-chef allemand : "N'abattez pas cet homme ! Je ne souhaite pas qu'ici, sur ma propriété, quelqu'un soit tué !". Kassel a ensuite saisi les armes de l'Américain, le considérant comme son prisonnier. Il n'y a eu aucune rage ni haine parmi eux : tous deux étaient très sympathiques...* ». Ce *Paratrooper* s'appelle Clifford A. Maughan, il a 23 ans. Il récupère ensuite l'un de ses sacs et distribue, en souriant, des cigarettes, du chewing-gum et du chocolat aux deux Français et à l'Allemand. La fille du Dr. Monnier ayant appris l'anglais à l'école, elle peut traduire quelques questions du para, qui demande s'il est à Sainte-Mère-Église, il lui est répondu par l'affirmative et il déclare alors : « *Okay, je suis donc bien à l'endroit où j'ai reçu l'ordre d'aller !* ». Il explique que son *505th PIR* doit s'emparer de ce bourg, et que de nombreux autres paras sont dans les alentours, ce que l'Allemand ne peut réfuter. Alors,

Le parachutage de la *F-Company* du « 505 », aux abords de la place de l'église, à 1 h 45.
A - Lieu de garage de la pompe à bras ambulante des pompiers.
B - Lieu d'atterrissage de Clyde Blankenship.
D - Emplacement des observateurs R. May et H. Strangfeld.
F - Pompe à incendie.
J - Lieu d'atterrissage de John Ray.
K - Cantonnement de l'*Ofwb.* Kassel.
L - Chaîne de civils se passant les seaux d'eau.
M - Lieu d'atterrissage de Clifford Maughan.
P - Pompes publiques.
Q - Cantonnement des hommes du *Flak-Instandesetzungs-Zug*.
R - Lieu d'atterrissage de Ken Russell.
S - Lieu d'atterrissage de John Steele.
T - Poteaux des PTT.
X - Autres points d'atterrissage de paras.
+ - Emplacement de soldats allemands.

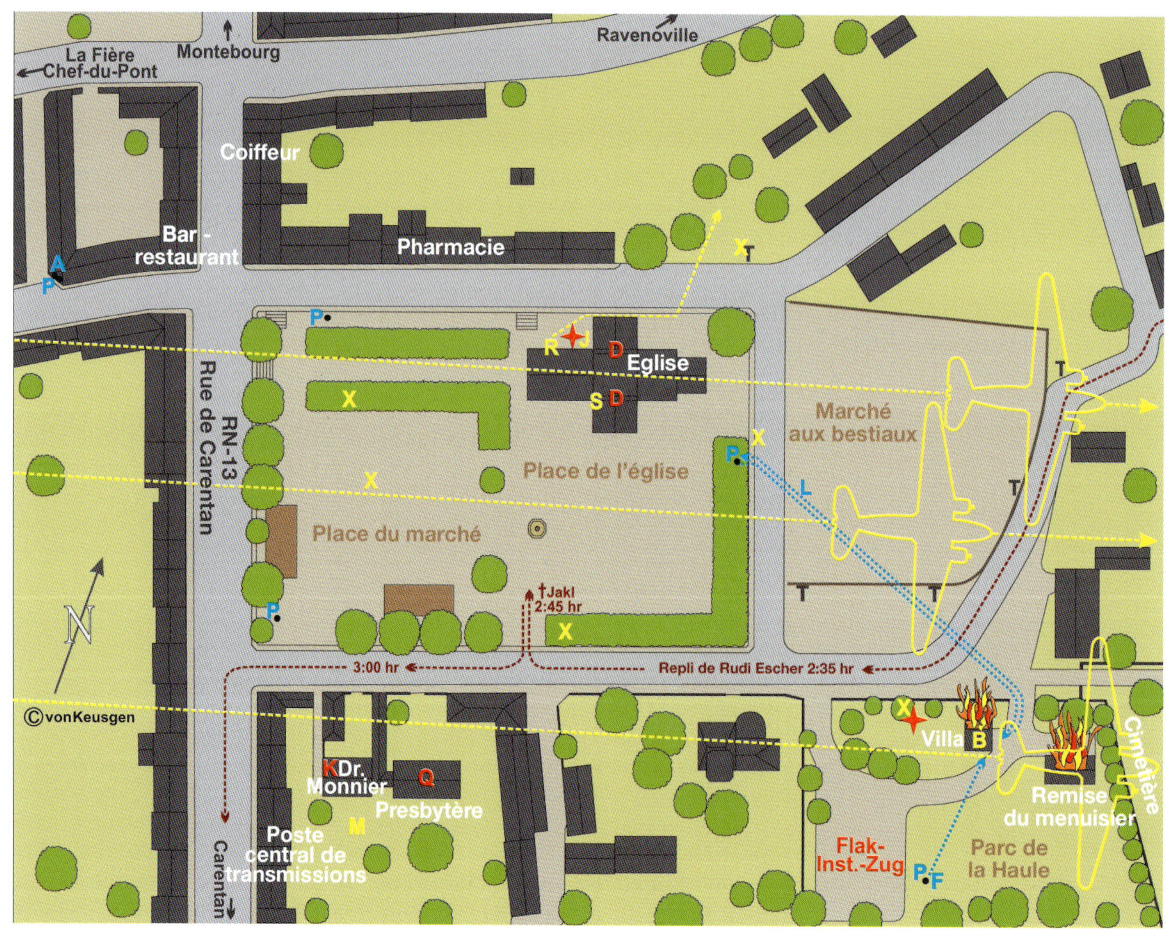

L'entrée de l'ancienne demeure du docteur Monnier. Mettant particulièrement à l'honneur Clifford Maughan, la plaque commémorative s'y trouvant rappelle la dizaine de *Paratroopers* du *3/505* ayant atterri directement ou à proximité de la place de l'église. Notons que les « égarés » de la *101st Airborne* (comme Aebischer ou Lyall) n'y figurent pas. (Photo von Keusgen)

Werner Kassel remet son pistolet à l'Américain : « *Tenez ! Je suis votre prisonnier maintenant... Je vous demande de me laisser la vie sauve, comme je viens de le faire pour vous !* ». Maughan accepte d'un signe de tête, et s'empare de l'arme de l'Allemand. Ce dernier émet un dernier souhait : « *Avant que vous me conduisiez auprès de vos supérieurs, j'aimerais pouvoir enfiler ma tenue de sortie...* ». Le para accepte, Maughan et les Monnier accompagnent donc l'*Oberfeldwebel* jusqu'à sa chambre. La fille du vétérinaire précise : « *Cette nuit-là, il n'y a pas eu de combats sur la place de l'église. Certes, quelques balles ont bien été tirées par ci ou par là, et des parachutes sont restés accrochés dans les arbres, mais il n'y a pas eu d'affrontements à proprement parler de ce côté-là. A part Werner Kassel, nous n'avions pas vu d'autres soldats allemands. Je présume qu'ils étaient alors engagés à l'extérieur du bourg. Ce qui m'a surtout marqué, c'était les lueurs claires de l'incendie derrière chez nous, dans le parc* ».

Avec la puissance de l'incendie et les tourbillons de braises de la villa Pommier, l'atelier du menuisier Marie s'était hélas mis à s'enflammer lui aussi. Face à l'impuissance des civils pour maîtriser les feux, deux *Unteroffiziere* du *Flak-Instandesetzungs-Zug* sont venus à un moment donné, en sommant les habitants de retourner chez eux, ce qu'ils ont fait sans traîner.

– <u>Remarque de l'auteur</u> : On l'a vu, Ken Russell dit avoir aperçu trois camarades comme « crucifiés » sur des poteaux télégraphiques, en bordure de la place. Certes, les noms qu'il a donnés sont bien ceux de *Paratroopers* ayant atterri du côté de la place, du même *stick*. Cependant Rudi Escher, interrogé à ce propos, précise que « *tout le temps que nous avions passé cette nuit-là aux alentours et sur la place de l'église elle-même, je n'ai vu aucun parachute accroché à un poteau, et pas non plus de soldat américain "crucifié" de la sorte...* ». Dans son récit très détaillé de 1984 qu'il m'avait fait parvenir, Rudolf May ne décrit rien de tel non plus. Lorsqu'après 3 heures du matin, ils quitteront définitivement le bourg, en scrutant attentivement tout autour d'eux, les soldats du groupe cycliste d'Escher ne découvriront pas de cadavres américains sur leur chemin. Georgette Flais, née Monnier, qui ira sur la place le lendemain matin, n'a rien vu de tel, elle non-plus... Pour ma part, l'analyse de photographies du temps ne fait apparaître que quelques rares poteaux électriques en bordure de la place, du côté de l'ancien marché aux bestiaux. De fait, les câbles téléphoniques ou télégraphiques longeaient alors principalement les façades des bâtiments. Russell lui-même dit être parti vers le nord-est du bourg, une fois libéré de son parachute, il lui aurait par conséquent été difficile de voir, si précisément, de possibles parachutes suspendus aux poteaux... et l'identité de celui qui se trouvait, sans vie, suspendu en dessous. Toujours est-il que dans le film *Le Jour le plus long* de Darryl F. Zanuck, une scène présente de tels parachutistes suspendus, John Wayne (jouant le rôle de Vandervoort) déclarant alors : « *Ces pauvres gars ! Descendez-moi ces corps...* ». De pareilles scènes auraient-elles influencé a posteriori les souvenirs des vétérans américains ? [NDA]

Le Bostonien William Tucker (*I-Company* du « *505* ») touche lui aussi le sol de France: « *De là-haut, on voyait qu'il y avait une voie ferrée, autrement rien que de l'eau et des marais. Nous étions pas mal brinquebalés dans la cabine. Par la fenêtre, je remarquais aussi les étoiles et, un peu partout alentours, les autres C-47... Je craignais une collision, car certains ne volaient pas bien loin de nous. Puis est venu l'ordre de nous lever et d'accrocher nos SOA ! Nous étions sans arrêt secoués, et de plus en plus brutalement. La porte arrière gauche de parachutage était ouverte, et je notais de folles trainées de nuages que notre avion "transperçait". Tout à coup, le largueur a hur-*

lé : "Go !". Le camarade juste devant moi, Harry Leonard, s'est retourné brièvement vers moi, en me confiant : "On n'est pas assez payé pour ce job !"... De nombreux tirs de Flak *et de* MG *grimpaient vers le ciel, ça me fichait vraiment la trouille mais, quelques secondes après déjà, en descendant retenu à mon parachute, je n'en avais plus rien à foutre. On avait une mission, et on s'y tiendrait, un point c'est tout. Je n'avais jamais raffolé du parachutisme, toutefois, étant un mec sportif, j'avais rejoint les* Paratroopers *un peu par challenge personnel, comme beaucoup d'autres d'ailleurs. Si les largages me faisaient peur, à chaque fois je sautais quand-même! Alors que maintenant je descendais vers le sol de France, j'ai entendu un type auprès de moi, gueulant : "Shit, je suis touché !"* [il pourrait s'agir de Ray Krupinski [NDA]] ». Tucker s'est posé dans le parc de la Haule de Sainte-Mère-Église. Son contact avec le sol est rude : « *J'ai alors rangé mon parachute en vrac, sans traîner, et j'ai empoigné mon fusil, puis quelqu'un s'est ramené vers moi en courant, sans dire le mot de passe... Donc, j'ai tiré vers lui, et c'est là qu'il s'est manifesté : « Flash ! ». Mais il aurait normalement dû dire « Lightning ! », et l'instant d'après j'ai reconnu mon copain Leonard...* ». Leonard a eu de la chance, il n'a pas été touché ! Tous deux ont ensuite tenté de retrouver d'autres camarades, pour « faire du poids » en cas d'attaque ou d'encerclement allemands. Soudain, quelques rafales de MG sont tirées dans la partie arrière du parc, mais à l'extérieur du village. Ils se sont ensuite dirigés à l'écart, vers la place, et ont pu y retrouver d'autres *Paratroopers*...

Quant aux rapports allemands faisant état d'attaques aéroportées dans la zone de Sainte-Mère-Église, à 2 heures, un téléscript urgent est envoyé par l'*Admiral Kanalküste* au haut-commandement de la *Kriegsmarine* : « *A partir d'1 heure, parachutistes et planeurs côté oriental du Cotentin* [...] ». Simultanément, l'état-major du *LXXXIV. Armee-Korps* envoie à celui de la 7. *Armee* : « [...] *Zone du littoral oriental du Cotentin, débarquements aéroportés semblent s'étendre de la région de Sainte-Mère-Église à Montebourg. Sur Le Ham, des combats. De très puissantes formations* [aériennes] *à l'est de Cherbourg, et aussi vers l'ouest, au dessus des espaces maritimes de Jersey. Sur le littoral nord et ouest du Cotentin, aucune attaque aéroportée n'est mentionnée. Deux points d'efforts ennemis sont discernables : zone* 716. Inf.-Div., *et zone côtière orientale du Cotentin, en travers du secteur de la* 91. LL-Div. ».

La *2. Sicherungs-Division* rapporte quant à elle : « *Des objectifs repérés au nord-ouest de Cherbourg* ». A 2 heures 05, le haut-commandement de la 7. *Armee* envoie à la *Heeresgruppe B* : « *Pour le moment, atterrissages d'assez forte ampleur, principalement dans la zone de la 716. Inf.-Div., dans la partie sud de la côte orientale du Cotentin, et transversalement, en direction de l'intérieur des terres, jusque sur Carentan. De modestes fractions adverses déjà éliminées. Depuis la mer, sur la côte orientale du Cotentin, des bruits de moteurs audibles. De part et d'autre de Cherbourg, encore rien de révélé jusqu'à présent. L'*Admiral Kanalküste *rapporte le repérage de bateaux dans l'espace maritime de Cherbourg. Pas plus de détails disponibles. Le chef de l'état-major* – Generalstabschef – *requiert la subordination de la* 91. LL-Div. *Le commandant de la* HGr. B – *groupe d'armées B – juge l'affaire encore trop localisée. Le chef de l'état-major est d'avis qu'il s'agit d'une action d'importance* ». De son côté, le *Ia* (chef du bureau des opérations) de l'*OB-West* s'entretient sur ces événements avec la tête de la *Heeresgruppe B* : « *Rapports tenus pour exagérés* ». Dans les mêmes temps, le même *Ia* de l'*OB-West* appelle le *Ic* (chef du bureau de renseignements), et ce dernier «

La maison du docteur Monnier qui, jusqu'au D-Day, sert de cantonnement pour l'*Ortskommandant* du village, l'*Ofwb.* Werner Kassel. Le hasard fait que le *Paratrooper* Maughan atterrit juste derrière cette maison, dans le jardin. (Collection Georgette Flais)

Le vétérinaire de Sainte-Mère-Église, le Dr. Georges Monnier. Leur vaste maison a servi de cantonnement presque tout au long de l'Occupation. (Collection Georgette Flais)

Boucles et mousquetons de harnais de parachute américain T-5, retrouvés dans les prairies humides du Cotentin, des décennies après le Débarquement. (Coll. Thibault Grimaldi)

considère la situation comme encore calme. L'état-major du LXXXIV. Armee-Korps *est en état d'alerte N° 2 »*. A 2 heures 13, le *Ia* de la *352. Inf.-Div.* communique à son homologue de l'état-major du *LXXXIV. Armee-Korps* : « *Dans l'aile gauche du secteur du* Gren.-Rgt. 914, *parachutage ennemi estimé à l'effectif d'un bataillon du côté du canal de Carentan, au sud-ouest de Brévands. Parachutistes isolés autour de Cardonville , manifestement largués par erreur* [...] ». Deux minutes plus tard, le chef d'état-major de la *7. Armee* annonce à son homologue de l'échelon supérieur, la *Heeresgruppe B* : « *Atterrissage de parachutistes ennemis de part et d'autre de l'isthme du Cotentin, et sur sa côte orientale. Certaines fractions de la* 91. Luftlande-Division *combattent déjà. Sur un pont, 50 prisonniers américains sont faits passer. Critique de la situation : il semble s'agir de débarquements d'ampleur, d'après les rapports de la troupe et ceux de la Luftwaffe. Bruits de moteurs entendus depuis la mer. Comme les largages adverses sont pour le moment très bas* [par rapport à Cherbourg], *vraisemblable intention de leur part de couper la péninsule. Requérons subordination de la* 91. Luftlande-Division ». Mais Hans Speidel, chef d'état-major de la *Heeresgruppe B*, estime qu'il ne s'agit que d'une action ennemie de faible envergure... Toutefois, autorisation est accordée de placer la *91. LL-Div.* sous la subordination directe du *LXXXIV. Armee-Korps*. A 2 heures 30, la *7. Armee* transmet à l'*OB-West* : « *Concentration d'efforts ennemis de part et d'autre de l'estuaire de l'Orne* [de fait, à l'est de ce dernier [NDT]], *et aussi sur la côte orientale du Cotentin. Attaques aéroportées en profondeur jusque dans la région de Pont l'Abbé. Depuis la mer, rien ne s'est encore produit* ».

Le *Lt-Col* Edward C. « Cannonball » Krause, commandant le 3e bataillon du « 505 ». Photographié au début de la Bataille de Normandie, on remarque le manche de sa cuillère ressortant de l'arrière de sa poche de poitrine droite. (US-NARA)

Précisément à ce moment-là, le commandant du *3/505th PIR*, le *Lieutenant-Colonel* Edward C. Krause, se pause dans un jardin clos de haies en lisière nord-ouest de Sainte-Mère-Église. Par pur hasard, à l'endroit où les hommes de son bataillon doivent se regrouper avant d'intervenir contre le bourg. Il a même pu apercevoir la lampe verte placée par les *Pathfinders* pour marquer leur *Dropping Zone « O »*. Rapidement, il regroupe une quinzaine de paras. Krause est un officier expérimenté de la *82nd*, aimé de ses hommes. Il ordonne à ces premiers soldats regroupés de rechercher tout d'abord un maximum possible de parachutistes dans un rayon de 600 mètres environ, dans les trois-quarts d'heure à venir, avant de revenir au point de rassemblement. Parallèlement, alors que le calme semble être revenu à l'intérieur du bourg, Maurice Le Cambaye ouvre prudemment la porte de son salon de coiffure. Là, sa fille Juliette voit quelque chose des plus inhabituels : « *Des soldats d'une drôle de silhouette passaient dans la rue, leurs visages noircis. Soudain, l'un d'eux s'est arrêté quelques instants devant chez nous, se posant manifestement une question, puis il est entré dans notre salon. Il voulait se débarbouiller le visage, et mon père s'est occupé de lui avec un peu de savon et d'eau. Au début, nous pensions que c'était des Anglais, mais sur sa manche était cousu un petit drapeau américain ! La chose a vite été effectuée et, en rétribution, le para a offert à mon père une conserve, ainsi que du sucre, ce dernier enveloppé dans du papier. C'était des trésors pour nous, et nous étions tous impressionnés face à lui. Ensuite, il est reparti, et nous ne l'avons plus jamais revu... C'était une immense joie pour nous, car malgré les dangers, nous avions compris que notre libération venait bien de commencer !* ».

Le piège mortel des zones inondées de la Douve et du Merderet

Durant sa descente, le *Brigadier* James Gavin se fait tirer dessus à plusieurs reprises, toutefois il atteint sans difficulté le sol de France, dans un petit verger de pommiers. Un peu plus tard, regardant autour de lui, il constate qu'il est tout seul, et que ciel est maintenant vide... Après des minutes lui paraissant interminables, il tombe sur son aide de camp, Hugo V. Olson, du même *stick* que lui. Bientôt, seize hommes sont rassemblés. Ne sachant pas encore où ils se trouvent, le général décide de marcher vers l'est, avec ce groupe de *Paratroopers*. Bientôt, ils tombent sur des marais ou zones immergées, et Gavin croit toujours, à tort, qu'il s'agit d'espaces inondés bordant la Douve. Des bruits, des claquements, des barbotements se font entendre, certains paras semblant tomber dans des trous remplis d'eau. Il doit y avoir beaucoup de monde dans cette zone, et Gavin comprend que nombre de ceux qui auraient dû sauter plus à l'ouest, sur les *DZ « T »* et *« N »*, se sont retrouvés largués au-delà des zones prévues, vers l'est, le nord-est ou le sud, dans les prairies inondées. Pour le moment, aucune présence allemande, si ce n'est quelques tranchées individuelles et une position d'artillerie abandonnée par ses membres.

Peu après, Gavin et ses hommes observent deux planeurs en cours d'atterrissage, en bordure des zones immergées, à environ 400 mètres d'eux. Presque sans un bruit, le premier engin se pose dans l'eau, et s'y retrouve vite immobilisé. Quant à lui, le second planeur Waco présente un angle d'inclinaison trop élevé et descend beaucoup plus vite que le précédent... Son poste de pilotage heurte très violemment la surface de l'eau, et se retrouve en partie désintégré. Manifestement, aucun de ses occupants n'a pu s'en tirer...

La troupe de Gavin, pour le moment équipée de quelques armes individuelles d'épaule et de poing, ne possède qu'un bazooka comme arme lourde... et bien peu de munitions. Gavin ordonne donc au *Lt* Graham d'aller, avec six hommes, récupérer ce qu'ils peuvent dans ces deux Waco (notamment les munitions et le matériel radio)... Ils contiennent principalement un obusier de 75 mm et une jeep. Or, dégager ce matériel au milieu de l'eau s'avère très compliqué, Gavin s'y rend même personnellement avec d'autres *Paratroopers* quand, soudain, ils sont pris à partie par des tirs d'infanterie, et doivent répliquer. Les hommes cherchent à dégager au moins une jeep ou une pièce d'artillerie. Une jeep peut tout-de-même être extraite, après des efforts quasi surhumains... mais pour s'enfoncer un peu plus loin dans le sol bourbeux, devenu vaseux, invisible sous l'eau. Si une heure environ est perdue durant cette action vaine, entre-temps Gavin a envoyé le *Lt* Olson à la recherche d'autres paras isolés, dispersés dans les alentours... [Si ce qui est écrit ici est vrai, il s'agit très probablement de deux planeurs de la mission « *Detroit* », chargée d'atterrir sur la *DZ « O »* (devenue *Landing Zone « O »*) pour renforcer les paras de la *82nd Airborne*, mais cela se produit vers 4 heures 10, à la toute fin de la nuit [NDT]]

A peine une heure s'est écoulée, et « Ed » Krause a pu regrouper 108 soldats de son *3rd Battalion*, auxquels se joint un civil français. S'il a été intercepté par les paras en état manifeste d'ébriété, du moins fournit-il à Krause des renseignements assez clairs sur Sainte-Mère-Église et les faibles forces allemandes y stationnant. Alors, il fait répartir ses hommes en deux groupes, chargés d'avancer prudemment dans la partie nord de la localité.

James Gavin, 37 ans en 1944, surnommé « Slim Jim », photographié ici en Normandie avec son fusil M1. Il a joué un grand rôle dans le développement des troupes aéroportées américaines et la mise en pratique de l'« enveloppement vertical », dès sa mutation volontaire à Fort Benning en août 1941. (US-NARA)

La zone inondée de nos jours, dont les fossés, devenus invisibles, sont des pièges mortels pour les *Paratroopers* bardés d'équipements, et encore davantage de nuit… (Photo von Keusgen)

Côté allemand, Rudi Escher et ses quatre hommes ont préféré revenir vers l'église, la « marée » de parachutistes qu'ils ont observée leur paraissant des plus inquiétantes. Notons que ce groupe, qui s'est trouvé jusque là en dehors du bourg, n'a encore rien vu ni su des événements qui s'y sont produits au cours des deux heures précédentes, et notamment du parachutage ayant eu lieu sur la place. Escher : « *Tandis que nous arrivions enfin au niveau des premières maisons de Sainte-Mère-Église, nous avons vu que l'une d'entre elles s'était enflammée près du cimetière. La lueur de l'incendie, très vive, éclairait fortement les environs. Sur la route, auprès de l'entrée orientale du village, nous étions tombés sur deux Américains morts, qui ne portaient plus leurs parachutes. Je suppose qu'ils ont dû être abattus par les hommes de la* Flak-Instandesetzungs-Truppe *– encore une fois, dans le bourg il n'y avait pas d'autres Allemands à part eux et nous –. Là, pour la première fois, nous posions les yeux de très près sur la cruauté de la guerre, or il y avait de très jeunes gars parmi nous…* ».

Entre 2 heures 30 et 3 heures, d'autres avions de transport Douglas C-47 volent au dessus du Cotentin, achevant les opérations aéroportées de la mission « Boston ». Le C-47 dans lequel se trouve le *Sergeant* George Leidenheimer, d'ascendance allemande et originaire de Louisiane, parachutiste du *507th PIR* (un ancien du fameux *504th*), saute par erreur dans la zone de Valognes, à six kilomètres au moins au nord de la *DZ « T »*. Il raconte : « *D'abord, nous avons traversé une zone voilée de brouillard ou de nuages, salués par les explosions d'obus de* Flak *et des jets fulgurants, de*

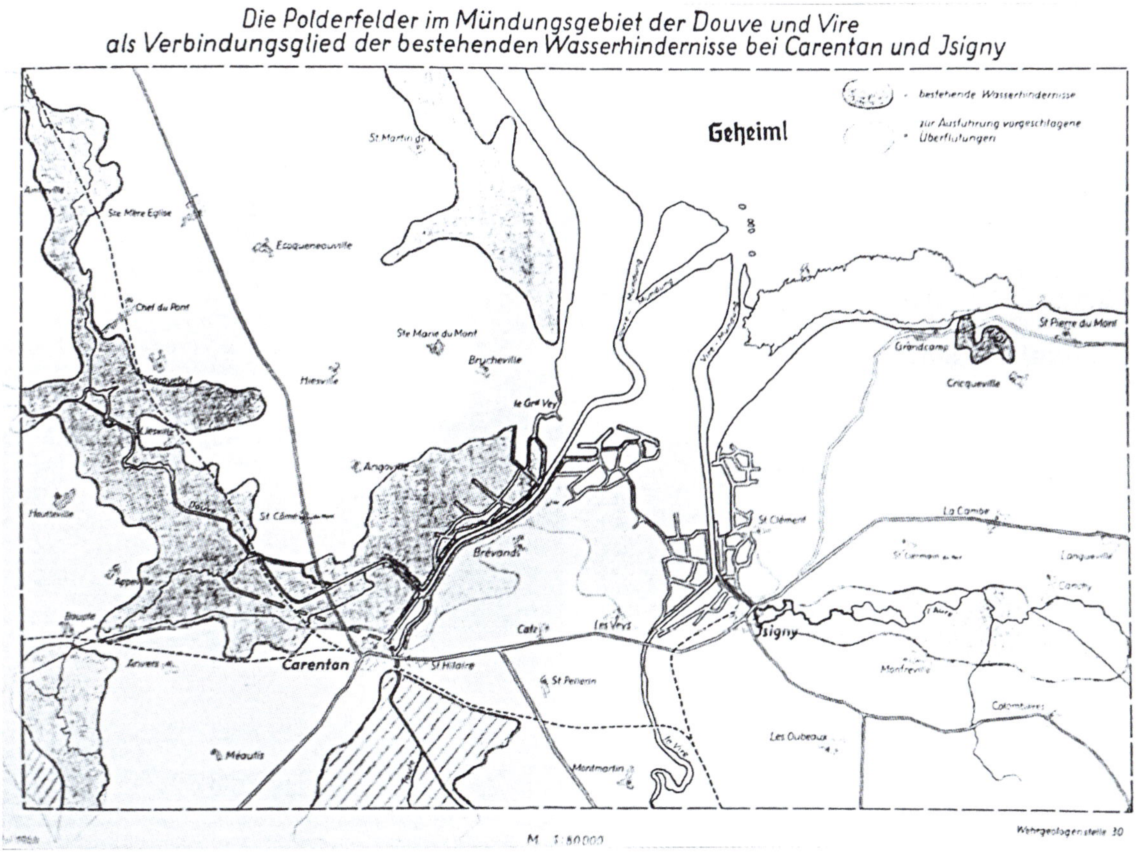

Die Polderfelder im Mündungsgebiet der Douve und Vire
als Verbindungsglied der bestehenden Wasserhindernisse bei Carentan und Jsigny

Geheim!

Une carte allemande des zones inondées de l'Aure, de la Taute, de la Douve et du Merderet. (DR)

couleur, de balles de mitrailleuses. Les projectiles traçants allemands étaient rouges, bleus et verts, tandis que nous, les "G.I.s", n'avions qu'une seule couleur. Soudain, un projectile a traversé de part en part la carlingue de notre avion, ressortant par le toit. La panique se propageait, or le moteur de l'aile gauche s'enflammait, et le feu venait lécher la porte arrière gauche de l'avion. Heureusement, notre extincteur a permis de contenir l'incendie, et le moteur continuait de tourner. Puis, c'est le moteur de l'aile droite qui a pris feu, au moment précis où la lampe verte s'allumait pour le grand saut... Il était à peu près 2 heures 20, je me suis alors élancé dans le vide, avec mon camarade Alderton, et j'ai pu distinguer un avion de chasse allemand, ouvrant le feu sur notre C-47... ». Peu après, le Dakota s'est écrasé !

Il est à peu près 2 heures 35, quand l'*Unteroffizier* Escher et ses quatre hommes rejoignent l'église de Sainte-Mère-Église. Au grand étonnement du groupe, au clocher se trouve suspendu un parachute et, juste en dessous, le parachutiste ! Il ne bouge pas, semblant même mort. Ne constituant aucune menace, il n'est pas dans la priorité des Allemands d'essayer de le faire descendre.

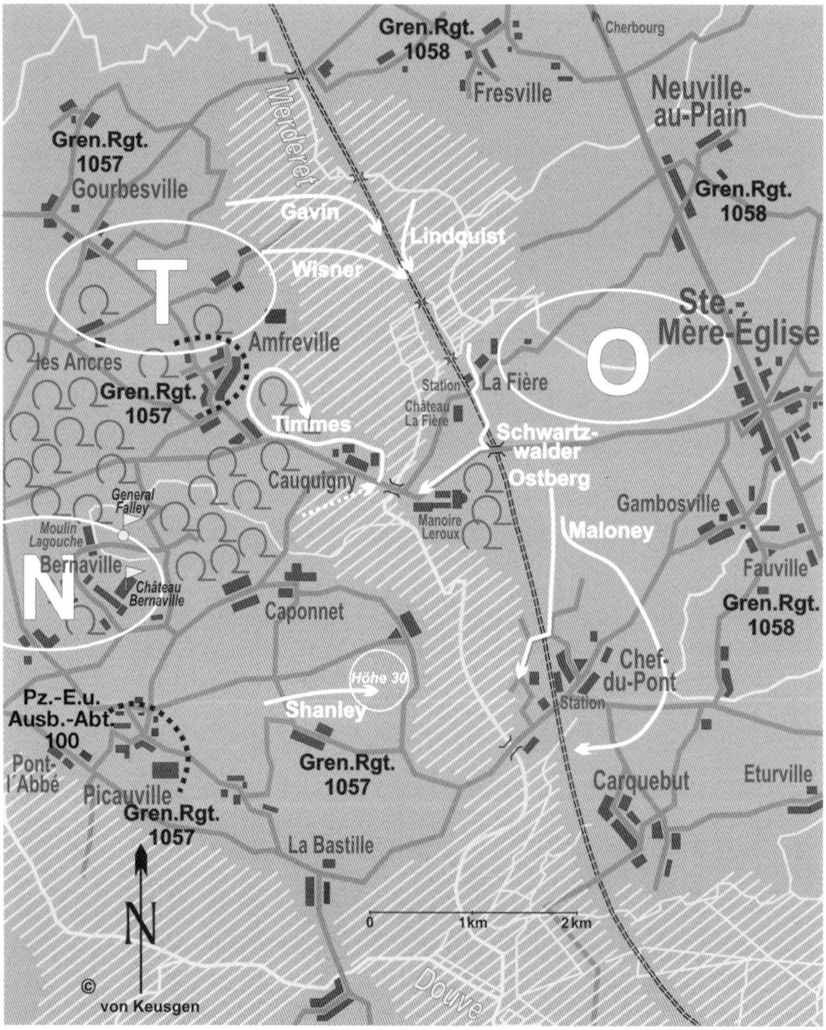

Ce *US-Paratrooper*, photographié durant sa formation aux Etats-Unis, équipé de son parachute dorsal à ouverture automatique T-5 et de son ventral (de secours), se tient prêt pour le saut à la porte de son Douglas C-47, n'attendant plus que le signal « Go ! » du largueur... (US-NARA)

Les parachutages américains dans le secteur de la *82nd Airborne.*

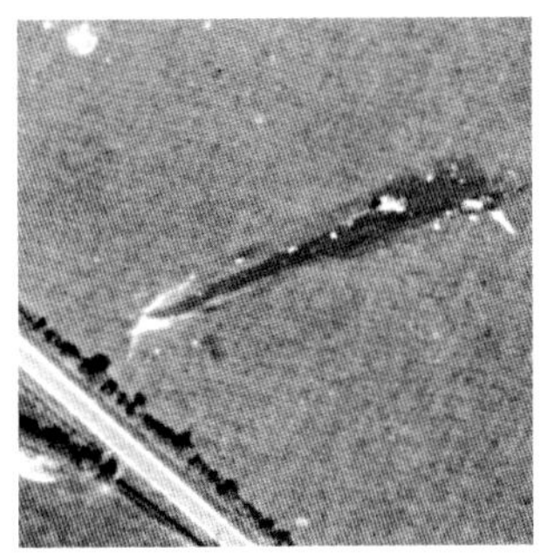

Emplacement du crash d'un C-47 transportant un *stick* de la *101st Airborne* (celui de Marvin Muire), dans une vaste prairie en bordure sud de Sainte-Mère-Église et de la RN-13. Du *Serial* transportant la même unité, un autre Douglas s'est crashé près de Picauville, et également un sur Beuzeville-au-Plain (au nord-est de Sainte-Mère-Église, non loin de la *DZ « A »*). La riposte de la *Flak* n'est pas négligeable dans le Cotentin, et contribue elle-aussi à de nombreux, brutaux changements de cap... (US-NARA)

Le *Sergeant* George H. Leidenheimer, originaire de Louisiane, saute à des kilomètres de sa *DZ « T »*. Malgré sa capture, il parviendra très vite à s'échapper... (Collection George Leidenheimer)

Durant le temps où ils étaient seuls, les deux observateurs, l'*Ogefr.* May et le *Grenadier* Strangfeld, s'en sont simplement tenus à observer prudemment les proches alentours, mais ne se sont en aucun cas hasardés à ouvrir le feu avec leurs *Karabiner 98k*. S'ils l'avaient fait, des parachutistes américains auraient pu les repérer, les prendre pour des snipers, et concentrer toute leur attention à les déloger dans une « chasse à l'homme » qui ne leur aurait, probablement, pas laissé la vie sauve... Depuis le parachutage sur la place, ils entendaient bien passer inaperçus et restent dissimulés, ankylosés même, derrière la balustrade sud, sans bouger, de peur qu'un geste ne dévoile leur présence... Or, la villa Pommier n'ayant pas encore totalement terminé de se consumer, la place reste assez bien éclairée. Les deux observateurs se demandent d'ailleurs, s'ils reverront bien leur *Unteroffizier* et leur poignée de camarades...

Entre-temps, à un moment donné, la *2. Gruppe* de la même section cycliste a fait son apparition, comprenant sept soldats sous les ordres de l'*Unteroffizier* Schmitz. C'est eux qui montaient la garde du côté de la station ferroviaire de La Fière, or ils n'ont pas suivi l'ordre stipulant qu'en cas d'attaque, ils devaient rejoindre l'unité de la *Wehrmacht* la plus proche, sur Amfreville... Leur trajet jusqu'à l'église a été des plus angoissants, ayant vu eux aussi le ciel des alentours moucheté de parachutes... Mais finalement, ils ont eu de la chance de parvenir jusque là sans encombre. En comptant May et Strangfeld, il y a maintenant, sur la place de l'église, exactement quinze soldats allemands du *Gren.-Rgt. 1058*, qui scrutent prudemment les alentours, remarquant stupéfaits quelques parachutes encore accrochés dans les arbres. Un autre traîne aussi sur la route. Rudi Escher se souvient : « *Il n'y en avait pas non plus beaucoup, quatre ou cinq sur la place. On voyait aussi, abandonnés ici ou là, des pièces d'équipement, et même des vivres, que mes hommes ont examinés de très près, avec envie : le tabac et les rations étaient fort prisés. Nous avons ensuite réparti entre nous ce dont nous avions absolument besoin, bien que, de fait, je n'aie donné aucune consigne dans ce sens. Ces paras américains s'étaient posés là précisément lorsque nous errions à l'extérieur du village. S'ils restaient deux-trois choses à récupérer, les hommes, eux, s'étaient totalement éclipsés, et on ne savait absolument pas où ils étaient maintenant...* »

Les *Landser* des *1.* et *2. Gruppen* restent un certain temps plantés sur la place, perplexes et réfléchissant avec indécision quant à la suite. De toute façon, il n'y a plus de liaison téléphonique pour recevoir de possibles ordres de la tête de la *Kampfgruppe*, d'après Escher : « *Peut-être qu'un parachutiste avait atterri directement sur le câble, le sectionnant...* ». Tout à coup, une balle est tirée depuis un endroit non identifié, au milieu de l'obscurité, et le *Grenadier* Alfons Jakl, gamin de 19 ans, s'effondre tout près de son *Unteroffizier*, Rudi Escher ! Jakl est tué sur le coup, en plein dans la poitrine. Personne ne sait qui a tiré, on se met rapidement à couvert, mais aucune autre balle ne suit... Le doigt sur la détente de leurs *Karabiner*, les Allemands scrutent attentivement dans toutes les directions, toutefois ils ne peuvent rien repérer... Escher émet plusieurs hypothèses : « *Il pouvait s'agir d'un membre de la Résistance française, d'un parachutiste américain caché, ou encore d'un « collègue », un traînard de la* Flak-Instandesetzungs-Truppe *qui, par mégarde, aurait confondu notre groupe avec des Américains...* ».

Peu après, l'*Unteroffizier* Schmitz retourne auprès du cadavre et récupère sa plaque d'identité, portée réglementairement au cou... Remarquons qu'il fait là une regrettable erreur, car il aurait normalement dû la sectionner en son milieu, et laisser l'autre moitié accrochée au cordonnet de tissu sur le

Un superbe parachutage commémoratif depuis un Dakota C-47, à La Fière. (Photo Thierry Quittard, 2013)

mort. Voici pourquoi, par la suite, lors des opérations de recueil et d'inhumation du corps, Jakl sera uniquement enregistré comme un soldat inconnu, avec l'énigmatique épitaphe « *Ein deutscher Soldat* ». Son corps ne pourra donc pas être identifié, et il repose de nos jours, comme nombre de ses camarades de la *91. Luftlande-Division*, au cimetière militaire allemand d'Orglandes. Ce n'est qu'en 1953, par l'entremise de la Croix Rouge, que ses parents apprendront le décès de leur jeune fils...

Rudi Escher : « *Oui, pour nous c'a été un véritable coup dur, l'on se demandait, l'estomac noué, qui serait le prochain sur la liste, vu que partout dans les alentours proches et plus éloignés du village, on entendait des tirs...* ».

Parallèlement, le *Lt-Col* américain « Ed » Krause commence à nettoyer les abords septentrionaux de Sainte-Mère-Église avec ses deux groupes, de part et d'autre de la RN-13. Puis, six sous-groupes d'une petite vingtaine d'hommes sont constitués, chargés de verrouiller les principaux accès routiers du village. Notons que de nombreux *US-Paratroopers* ont sauté avec une mine antichar Hawkins Mk-II : elles pourraient dorénavant se révéler utiles, de même que de possibles mines allemandes de prise (les *Teller-Minen*)...

Pour sa part, le *Lt-Col* Charles Timmes, commandant le *2/507th PIR*, s'est posé dans la zone inondée, dans un terrain marqué par des profondeurs très différentes, avec sans doute des fossés de drainage remplis d'eau, totalement

John Steele durant son instruction au parachutisme aux USA, surnommé « John big ass » par ses camarades de la *F/505*. (US-NARA)

Une véritable flotte de C-47 se tient prête en Grande-Bretagne... (US-NARA)

indiscernables de nuit. Le vent, pourtant faible, contribue à ce que sa voilure de parachute, encore gonflée partiellement au dessus de la surface de l'eau, continue de le traîner dans l'eau... Il lui est très difficile, dans ces conditions, de dégrafer son harnais. A plusieurs reprises, les rafales de vent poussent l'immense voilure de son T-5, en l'entraînant sous l'eau, et Timmes menace de se noyer... Enfin, après de très longues minutes, son parachute vient s'échouer au dessus de la surface: un remblai, celui de la chaussée reliant La Fière à Cauquigny.

Un autre officier du *507th PIR* (de l'état-major du 2e bataillon), le *Lt.* John H. Wisner, se pose à proximité de Gavin, à peu près au sud de lui. Certes, il est du bon côté du Merderet – à l'ouest –, mais dans les zones inondées. Vers l'est, Wisner reconnaît une faible, plate élévation de terrain, qui s'avèrera être le remblai de la voie ferrée Carentan-Cherbourg. Le pâle reflet de la lune lui permet d'apercevoir que de nombreux hommes se dirigent vers lui. Il se rend alors également vers eux, avec de l'eau parfois jusqu'à la taille. Arrivé là-bas, il peut regrouper une trentaine de *Paratroopers*, souvent trempés mais maintenant au sec, et disposant d'un point d'orientation clair. En longeant les rails vers le sud, plusieurs dizaines de paras les rejoignent peu à peu, jusqu'à ce que Wisner tombe sur Lindquist, commandant le *508th PIR*...

Entre-temps, Timmes est toujours sur le remblai routier de La Fière. Débarrassé de son parachute, il examine les alentours et, vers l'est, il perçoit des hauteurs, sans doute celles où passe la voie ferrée, à plusieurs mètres de profondeur. Vers le nord et le sud, des bruits de combats sont entendus. Timmes comprend qu'il se trouve du bon côté du Merderet, mais au moins à deux kilomètres de sa *Dropping Zone « T »*... Il se dirige donc à présent vers elle ; peut-être, pense-t-il, que des camarades du régiment sont tombés au bon endroit, alors pourrait-il se joindre à eux. D'ailleurs, bientôt, une dizaine de paras est trouvée, dont il prend la tête.

Insigne du *508th PIR*, représentant un diable rouge en plein parachutage. (Collection von Keusgen)

Tandis qu'à trente ou quarante kilomètres des côtes normandes, la plus grande armada navale prend son impressionnant dispositif, du côté des hauts échelons du commandement militaire du Reich, l'unanimité est loin d'exister face à la foule d'événements décrits brièvement dans divers rapports, issus de multiples autorités. Début de l'*Invasion*, ou pas ? Selon l'*Oberbefehlshaber West* – Gerd von Rundstedt –, il ne s'agit pas du grand débarquement tant attendu. Néanmoins, le chef d'état-major de la 7. *Armee* (Max Pemsel) soutient déjà que : « *dans la zone relevant du* LXXXIV. Armee-Korps, *un certain nombre de prisonniers américains et anglais ont été constitués. En outre, les atterrissages, y compris en profondeur de cette zone, dénotent des opérations non négligeables* ». A 2 heures 45, le *Seekommando Normandie* reçoit un rapport de la *Flak-Abteilung 152*, dont l'état-major est établi au Fort du Roule, sur Cherbourg : « *De très nombreux appareils au nord-ouest de Cherbourg, environ 300 à une cinquantaine de kilomètres* ».

De son côté, Bill Sullivan continue de marcher seul, sans but réel : « *Durant des heures, je n'ai vu personne... à part du bocage sur des kilomètres. Je me suis alors dit que c'était une guerre bizarre, dénuée de sens, mais quelle guerre a vraiment du sens, au fond ?* ». Soudain, alors qu'il s'est retrouvé sur une route étroite, le jeune *Sgt.* de la *82nd Airborne* entend quelque chose : « *C'était un cheval, tirant une charrette, et je pouvais sentir l'odeur de café frais ! Mais je n'appréciais pas trop le café, alors je j'ai laissé passer. A l'avant, je distinguais vaguement la silhouette de quelqu'un... Curieuse façon de faire la guerre !* ». Puis, Sullivan reprend sa route solitaire.

On l'a compris, les milliers de *US-Paratroopers* ont été largués sur des kilomètres, beaucoup à l'écart de leur *DZ*. Les « *All American* » des *507th* et *508th PIR* ont été parmi les plus dispersés, ainsi que les « *Screaming Eagles* » du *502nd PIR*. Certains atterrissent à plus d'une quinzaine de kilomètres des zones prévues, et parfois encore plus loin, jusque dans le Val de Saire vers le nord et, vers le sud, jusqu'auprès de Graignes ou dans la région de Périers ! Si certains se posent sans plus de difficultés, d'autres s'empêtrent dans les branches de hauts arbres des haies bocagères, parfois dangereusement suspendus à plusieurs mètres au dessus du sol... On l'a également vu, les vastes zones inondées représentent, elles-aussi, de grosses difficultés pour les parachutistes... Certains, se posant dans plus d'un mètre d'eau, leur voilure de soie synthétique les recouvrant entièrement, et se gorgeant d'eau jusqu'à devenir extrêmement lourde, sont alors pris sous une sorte de siphon, avec leurs dizaines de kilos d'équipements... et s'étouffent. Ceux qui atterrissent sans grosses difficultés dans les espaces inondés sont néanmoins trempés pour de longues heures. Quelques *sticks* seront également largués par erreur à l'est de la côte orientale du Cotentin, c'est-à-dire droit dans la Manche. Là, l'issue sera la plupart du temps fatale, si ce n'est quelques gars de la *101st Airborne* (*506th PIR*), qui se posent auprès des falaises à l'est de Grandcamp-Maisy, et qui rejoindront les Rangers du *Colonel* Rudder, des heures plus tard... Plusieurs C-47, touchés par la *Flak*, se transforment en boule de feu et s'écrasent, avec tous leurs occupants piégés à l'intérieur. Dans de nombreux cas, à cause de la confusion due à la *Flak* et aux masses nuageuses traversées, au manque ou à l'absence de balisages, et voulant impérativement larguer leurs *sticks* avant de devoir survoler de nouveau la Manche, les pilotes oublient de réduire leur vitesse (dépassant largement les 200 km/h), et dans ce cas, les paras s'éjectant dans le vide voient littéralement leurs équipements s'arracher ; certains hommes tombent dans le vide en chute libre. Beaucoup d'autres, durant le choc du déploiement de la voilure, perdent de l'équipement, voire leur arme d'épaule, s'ils n'ont pas été suffisamment arrimés sur eux. Voici une partie des scénarios, certains d'entre eux effroyables, pouvant se présenter aux *Paratroopers* dans la nuit du 5 au 6 juin.

Juste à l'ouest du Merderet et de sa zone inondée se trouve la cote 30, ou *Hill 30* pour les Américains, au sud de Cauquigny et à l'est de Picauville. Elle n'est pas très haute, ses flancs sont en pente douce, en partie plantés de pommiers et de haies, elle constitue l'un des points de regroupement des hommes du *508th PIR*. Cette élévation de terrain se trouve à 1 200 mètres environ des abords de la *Dropping Zone* « *N* », au sud-est de cette dernière.

De son côté, le *Lt-Col* Thomas J.B. Shanley, « *Westpointer* » commandant le IIe bataillon du *508th PIR*, a reçu pour mission de marcher jusqu'au pont enjambant la Douve au sud de Pont-l'Abbé, et de le détruire, pour parer à toute tentative allemande de contre-attaque venant du sud. Les ponts de la Douve, en effet, revêtent un intérêt stratégique vital, car s'ils restent intacts aux mains des Allemands, ces derniers pourront d'abord passer à l'ouest du Merderet puis, de là, attaquer le flanc gauche de la tête de pont d'Utah Beach et des paras américains... Shanley se pose sur la *Hill 30*, sans toutefois savoir dans un premier temps où il se trouve. Peu après, il parvient à retrouver huit de ses hommes, et après qu'une lampe ait pu être installée dans un arbre isolé, dans les minutes suivantes ce sont plus d'une vingtaine d'autres *Paratroopers* qui les rallient. Le *Lt-Col* fait occuper des positions de défense aux alentours de cette colline par ses huit premiers

Une photo macabre, montrant trop bien le sort souvent réservé aux parachutistes américains ayant atterri dans les zones inondées du Merderet ou de la Douve : la noyade. Cet « *All American* » n'a même pas eu le temps de se défaire de son parachute, dont on aperçoit quelques suspentes en toile synthétique. D'autres malchanceux sont même parachutés dans les eaux de la Manche, à l'est du Cotentin... (US-NARA)

Un morceau de voilure bariolée de parachute américain, en nylon, retrouvé en janvier 2018 après une tempête, et déporté par les courants marins jusque sur la plage de Graye-sur-Mer (Juno Beach)... c'est-à-dire à plusieurs dizaines de kilomètres à l'est du secteur d'opérations aéroportées américain ! (Coll. privée)

hommes, et il envoie les autres dans différentes directions pour « rayonner » et récupérer d'autres *Paratroopers* isolés. Durant ces premières heures, Shanley parvient de cette façon à regrouper pas mal d'hommes, qui ont également pour tâche de réceptionner les *bundles* et malles en osier renfermant des vivres, des munitions, des armes ou du matériel médical. Dans l'un d'eux se trouve une mitrailleuse : c'est leur seul armement lourd. Puis, à un moment donné, les hommes observent un C-47 remorquant un planeur. Or, l'avion motorisé a été touché par la *Flak*, sans doute par les pièces en batterie du côté de Pont-l'Abbé ou Picauville. Le planeur est décroché, et fonce vers le sol... les hommes de Shanley vont immédiatement dans sa direction : il s'est à moitié fiché dans une haie. Ils ont bien l'espoir d'y trouver du matériel lourd pouvant leur être utile... Hélas pour eux, il ne renferme qu'un « baby-bulldozer ». Le pilote est encore vie, quoique blessé.

A peu près dans les mêmes temps, l'une des patrouilles revient auprès de Shanley et lui permet d'y « voir plus clair » : ils se trouvent près du village de Picauville. Shanley examine alors sa carte et, en s'aidant d'une boussole, il comprend où ils ont atterri. Bonne nouvelle, un bazooka et un poste radio ont également été trouvés dans un conteneur. Précisons que, dans cette zone, stationnent d'assez forts éléments du *Gren.-Rgt. 1057* et plusieurs blindés de la *Panzer-Ersatz-und-Ausbildungs-Abteilung 100* qui, pour le moment, s'en tiennent à la stricte défensive.

A quelques kilomètres plus au nord, le *1st Lt* Olson est parvenu à rassembler une centaine de parachutistes, et revient avec eux auprès du *Brigadier* Gavin. Le gros d'entre eux appartient au *507th PIR*, et certains au *508th*. De très nombreux *sticks* du « *507* » ont en effet été déposés à deux ou trois kilomètres à l'est de la zone prévue, c'est-à-dire largement dans les zones inondées du Merderet – Le régiment ne pourra être engagé dans sa globalité que quatre jours plus tard, et en ayant subi des pertes lourdes, et son commandant sera d'ailleurs fait prisonnier –. De l'autre côté de ces dernières, des lampes rouges et bleues sont aperçues : les signaux de ralliement des deux régiments. Si, certes, elles ne sont pas disposées au bon endroit, elles indiquent que des camarades sont là-bas, Gavin ordonne par conséquent à son aide de camp de s'y rendre, pour établir le contact avec eux... Les lampes se trouvent en direction du remblai de la ligne de chemin de fer.

Le *Lieutenant-Colonel* Thomas J. B. Shanley, commandant le *2/508*. Son énergie permettra d'éviter un désastre dans le secteur de son régiment. (US-NARA)

Le désordre domine dans le Cotentin

Les *Unteroffiziere* Escher et Schmitz sont, jusque là, restés sur la place de l'église de Sainte-Mère-Église, dans l'indécision et l'inaction : « *Entre-temps, il était presque 3 heures du matin, quand nous avons décidé de quitter le village, vu qu'à part le triste décès de Jakl, rien ne se passait par là. L'Américain accroché au clocher n'avait pas bougé durant tout le temps que nous avions été sur la place, nous pensions donc que son compte lui avait été réglé... J'ai alors fait descendre mes deux hommes de garde dans le clocher, May et Strangfeld. De notre côté, nous ne sommes plus retournés dans l'église, et donc beaucoup de nos effets sont restés dans la petite pièce de cantonnement, comme les couvertures, les manteaux, les masques à gaz,*

Dans la région du hameau de Vains, l'emplacement de la *Dropping Zone « N »* du *508th PIR*. Très peu de paras de ce régiment y atterriront... A quelques centaines de mètres de là, le château de Bernaville... (Photo P. Cherrier, 2019)

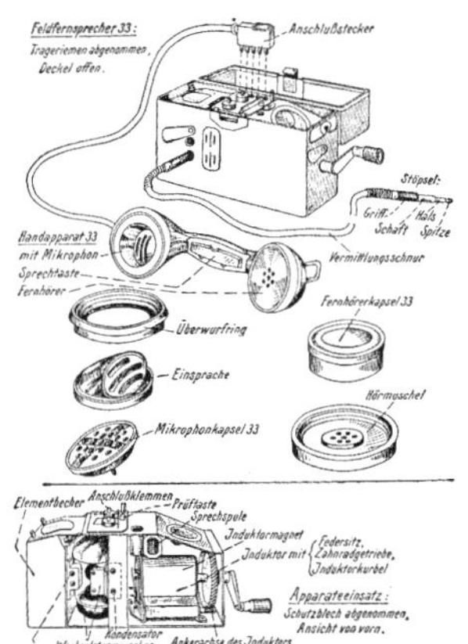

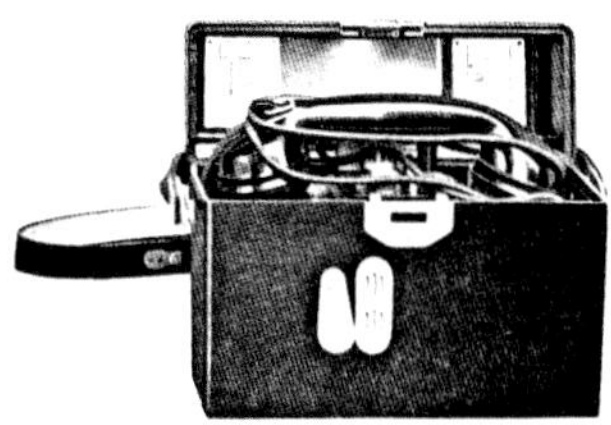

Bild 72. Fernsprechtornister Nr. 1 und 8.

Issus d'un manuel allemand, nous retrouvons là le matériel téléphonique standard employé dans la *Wehrmacht* et les *Waffen-SS*, dont le très commun poste téléphonique de campagne modèle 1933, avec son boitier en bakélite marron. Le *Gefr.* Spieles utilise notamment ces appareils. (Archives von Keusgen)

les sacs à dos, les Zeltbahnen, *et que sais-je encore. Avec tous les événements du début de la nuit, nous n'avions pas du tout pensé à tout ça et, maintenant, nous souhaitions quitter la place sans traîner. Le cœur gros, nous devions laisser sans sépulture la triste dépouille de notre camarade Alfons, et nous nous sommes dirigés à pied jusqu'à la remise en bois où étaient rangés nos vélos, en nous couvrant prudemment dans toutes les directions. Aucun incident ne s'était produit jusque là et, sans difficulté, nous avons récupéré nos bicyclettes pour rejoindre notre* Kampfgruppe, *tous ensemble avec les gars de la* 2. Gruppe... *En selle, nous continuions à scruter attentivement les alentours, car une embuscade aurait pu nous être tendue, et nous roulions avec de grands écarts entre chaque homme, en file indienne. Nos cœurs palpitaient fortement mais, finalement, nos deux groupes ont atteint sans perte notre position provisoire, sur Fauville, aux abords du château...* ». Dans le sud du bourg de Sainte-Mère, sans doute le repli de cette quinzaine de cyclistes de la *Stabs-Kp./Gren.-Rgt. 1058* a-t-il été observé par quelques parachutistes américains, toutefois, se trouvant eux-mêmes isolés et dans l'incertitude, ils n'avaient pas ouvert le feu. Ils avaient d'ailleurs reçu pour consigne – dans la mesure du possible – de ne pas employer leurs armes à feu au cours des premières heures nocturnes, plutôt leurs armes blanches, et de ne pas chercher non plus à fouiller les bâtiments, ce qu'ils ne feront que plus tard. Les Américains ne se doutaient pas que si peu de troupes allemandes stationnaient dans le bourg.

Plus au nord, près de Montebourg (au hameau de Saint-Cyr), l'unité du *Gefr.* Spieles, elle aussi du *Gren.-Rgt. 1058*, se trouve en état d'alerte depuis le tout début des incidents nocturnes. Il se rappelle : « *Vers 3 heures, nous avons vu une foule de faisceaux de projecteurs balayant le ciel, et entendions de violents bombardements aériens, ainsi que les répliques continuelles de la* Flak. *Nous étions tous très nerveux, beaucoup parmi nous n'avaient pas reçu de baptême du feu, or nous sentions bien que la guerre arrivait maintenant de plein fouet dans notre secteur...* ». Au début de leur montée en ligne, Heinrich Spieles est affecté à un groupe d'arrière-garde de dix hommes : « *L'on s'est donc mis en route, à pied, avec quelques téléphones, mais sans aucun poste radio* ».

Les foules de parachutistes éparpillés sur le Cotentin entrent souvent en contact avec des soldats allemands, et de multiples accrochages plus ou moins meurtriers se produisent, au milieu du paysage de haies presqu'impraticable.

Entre-temps, la petite quinzaine de cyclistes de Schmitz et d'Escher est arrivée indemne au château de Fauville. Là, ils établissent un rapport détaillé et cinglant auprès de leurs supérieurs. Ils recommandent, suite aux événements très tumultueux vécus ces trois dernières heures sur Sainte-Mère-Église, d'organiser au plus vite une riposte pour reprendre possession du bourg, nœud routier important de cette partie du Cotentin. L'*Ogfr.* Rudolf May est alors présent, il déplorera : « *Clairement, ces messieurs n'avaient aucunement l'intention de s'aventurer hors de leurs locaux bien sécurisants de commandement et d'administration. L'on nous avait donc uniquement ordonné de réoccuper notre ancienne petite position dans le chemin creux, en bordure du château...* ».

Remontons de quelques heures dans le temps et changeons de secteur, pour retrouver les *Fallschirmjäger...* Au sud-ouest de Carentan, les factionnaires de la *6.Kp./FJR 6* (IIe bataillon), alertés par les bruits d'avion et les spectres fantomatiques de voilures de parachute dans le ciel, ont réveillé leurs camarades. Bruno Hinz a lui aussi été tiré de son sommeil : « *Il y avait un formidable bourdonnement dans les airs ! Peu après, nous avons dû nous mettre en marche vers le nord-est, en ordre irrégulier. Pour ma part, je portais un MG.42 et j'étais accompagné d'un pourvoyeur* (Munitionsträger). *Avec ce fusil-mitrailleur, il fallait emporter quatre caisses à munitions pour bandes de cartouches, autrement dit c'était une sacrée charge pour deux gars ! Pour ne rien arranger, le terrain était très accidenté, il fallait ramper à travers des haies touffues, progresser dans des chemins creux peu larges. Au loin, devant nous, les amples cônes lumineux des projecteurs de la* Flak *se dressaient vers le ciel... et entre eux et nous, l'on percevait ici ou là la voilure vacillante de tel ou tel parachutiste, descendant vers la terre ferme. Notre groupe ne comptait que douze* Fallschirmjäger, *et ces amples voilures ennemies étaient de plus en plus proches... Grâce à la pleine lune, l'on pouvait bien les discerner – si cette nuit-là présentait certes quelques nuages par endroits, elle a globalement été bien claire –. Puis, les hommes de mon groupe ont ouvert le feu avec leurs* Maschinen-Pistolen *ou autres armes individuelles. J'ai alors placé mon MG.42 sur l'épaule de mon pourvoyeur, pour me mettre moi aussi à tirer sur les parachutistes, en pleine descente. Ils atterrissaient dans l'obscurité, certains s'accrochant dans les hauts arbres, et tout près de nous... L'on pouvait même entendre le craquement sec des branches, c'était saisissant ! ».*

Un autre *Fallschirmjäger*, l'*Ogefr.* Karl-Heinz Mayer, de la *3.Kp./FJR 6* (Ier bataillon), stationne alors sur La Moulinière, à quelques kilomètres au nord-ouest de Périers. Il a 18 ans, et se rappelle : « *Aux toutes premières lueurs de l'aube* [Indéniablement beaucoup plus tôt, sans doute vers 00 heure 15 ou 1 heure [NDT]], *nous avons subitement entendu des coups de feu. Il a donc fallu enfiler nos pantalons sans traîner et nous sommes sortis de nos tentes. L'on entendait non loin de nous des appels : "Alarm ! Alarm !". Là, un parachutiste est tombé juste devant nous, à cinq mètres de moi seulement. Une fois atterri, il a tout-de-suite tiré en direction de notre sentinelle, avec son pistolet-mitrailleur... Fort heureusement, une balle a juste rasé la poche de son pantalon, sur le côté. De plus, notre gars a tout-de-suite riposté, arme à la hanche, et atteint le para au cou, lui perçant l'artère principale... Il s'est ensuite avéré que c'était un officier des « Amis ». Nous pouvions entendre une multitude de vols d'avions, et tout cela nous a sur-le-champ fait comprendre ce qui se tramait. Lorsque nous avons voulu inhumer brièvement l'Américain, nous avons tous remarqué, avec des yeux pétillants, que ses poches étaient bourrées à craquer de toutes sortes de choses plus ou moins exotiques : des cigarettes, des chewing-gums, etc. Il était également bien armé. Dans son portefeuille, je suis tombé sur une photo représentant une femme avec deux enfants... Puis, notre troupe s'est mise en mouvement. Cependant, pour ma part, je devais demeurer tout seul, en arrière-garde... ».*

Un autre *Fallschirmjäger*, le *Gefreiter* Max Neusser, 19 ans, appartient à la section cycliste de l'état-major régimentaire : « *Nous cantonnions dans Périers même, à l'intérieur d'une maison où l'administration de notre* Fsch.Jg-Rgt. 6 *s'était installée. A un moment donné, nous avons reçu un coup de téléphone de notre* Regiments-Kommandeur, *von der Heydte, qui nous ordonnait de se mettre immédiatement en route pour Carentan. Alors, des parachutistes américains se posaient un peu partout, parfois même sur les routes, sur les toits et, bien sûr, dans les arbres. Un agent de transmissions est d'abord parti avec sa motocyclette, mais pas pour aller bien loin, car vingt mètres après déjà, il a été abattu depuis un arbre... Nous n'avions rien pu voir dans l'obscurité, car ces Américains se cachaient dans les arbres. Ensuite, notre* Radfahr-Zug *s'est mis en mouvement – soixante hommes... ».*

Lorsque l'infortuné *Paratrooper* ne parvient pas à se défaire de son parachute, il présente une cible facile pour les défenseurs au sol : c'est probablement ce qui a coûté la vie à celui-ci, encore accroché à son parachute T-5 à voilure bariolée. US-NARA)

L'*Obergefreiter* K.-H. Mayer, de la *3./FJR 6*. S'il ne porte pas son insigne de fusilier-voltigeur parachutiste sur sa *Fliegerbluse*, du moins chausse-t-il ses impeccables brodequins de saut. (Collection K.-H. Mayer)

Avant son transfert en Normandie, accompagné de ses *Fallschirmjäger*, le *Leutnant* Hans-Eberhard von Cube (au premier plan), commandant la section cycliste de l'état-major du *FJR 6*, s'accorde une visite du château de Drachenfels, surplombant le Rhin au sud-est de Bonn. (Collection Brigitte von Cube)

Ce témoignage de Neusser montre que, très tôt et en profondeur, jusque dans le secteur de Périers, de rudes accrochages se produisent entre les parachutistes des deux camps.
Pendant ce temps, le Newyorkais Bill Sullivan poursuit sa marche solitaire dans la nuit, tombant sur cinq hommes avançant lentement, sans précautions... D'abord inquiet, il se rend compte que ce sont des *Paratroopers* et – encore plus réconfortant –, des membres de son régiment ! L'on y trouve un commandant de compagnie, un *Lieutenant*, deux hommes de troupe et un adjudant... « *Mais cet adjudant, je ne pouvais pas l'encadrer, et je souhaitais ne plus jamais le revoir de ma vie... Et là, durant cette nuit où vagabondaient des milliers de parachutistes, il fallait que je tombe sur lui ! Mais en fait, j'étais quand-même content de le revoir : il était blessé à la jambe. Dans le civil, il était cow-boy et athlète. Quant à lui, le commandant de compagnie s'était blessé au dos au cours de son atterrissage, et il souffrait vraisemblablement beaucoup. Il ne pouvait marcher que très, très lentement... Pensant que ces supérieurs hiérarchiques savaient par où il fallait aller, je me suis joint à eux, mais à cause des deux blessés, ça n'allait vraiment pas bien vite, et le paysage n'arrangeait rien : partout de hautes haies assez épaisses, que, faute de pouvoir contourner, nous franchissions directement. Et il y avait les fossés, les talus, les ruisseaux, les murs, les clôtures, les chemins creux...* ». Soudain, Sullivan et ses camarades entendent du bruit derrière une haute haie. Ils attendent alors un moment, puis entendent venir une voiture ou une charrette hippomobile : « *Qui se trouvait juste derrière, l'on n'en savait fichtrement rien... L'on ne pouvait rien voir du tout. Peut-être nous avaient-ils entendu, eux-aussi. Alors, nous demeurions cachés, sans bouger. Soudain, plusieurs rafales ont été tirées vers nous, à travers la haie ! L'un d'entre nous a été touché à la nuque ! Curieuse situation, se faire arroser par quelqu'un, mais ne pas savoir qui... Je suppose que c'était des Allemands, mais c'aurait aussi très bien pu être des gars des nôtres !* ».
Parallèlement, sur Sainte-Mère-Église, Bill Tucker et ses camarades sont retournés dans le parc de la Haule. Là, ils remarquent les silhouettes de quelques soldats allemands, courant à découvert, à l'extrémité de ce dernier. Il s'agit, sans doute, de quelques isolés du *Flak-Instandesetzungs-Zug*, dont le chef – l'*Ofwb.* Kassel – a été fait prisonnier plus tôt. Les paras tirent dans leur direction, et les poursuivent... Tucker : « *Mais sous ces arbres, il faisait aussi sombre que dans un four. Là d'où je venais, dans le Massachussetts, nous ne connaissions pas ces "hedgerows" (les haies bocagères) avec leurs talus abrupts, les profonds fossés, les murs de pierre... Quelques tireurs allemands isolés traînaient encore ça et là, on entendait aussi les balles filer en chuintant dans les branches, près de nous...* ».
Dans la zone de Valognes, la compagnie du *Gren.-Rgt. 1058* de Rolf Deboeser est (depuis plusieurs heures) en mouvement sur la RN-13, en direction du sud-est, via Montebourg et avec Sainte-Mère-Église pour objectif. Néanmoins, la progression est lente : « *Sur la route, nous sommes à un moment donné passés au niveau de quelques fermes et, peu après, l'on nous a tiré dessus depuis une quelconque direction. Dorénavant, nous savions que c'était vraiment du sérieux, et nous entendions également une sorte de "clic-clac" étrange. Au tout début, nous ne connaissions absolument pas "la marche à suivre". En poursuivant notre route, nous percevions souvent ces curieux bruits, jamais entendus par le passé. Or, de nuit, l'ouïe est particulièrement sollicitée et fine. A un moment donné, l'on a bien compris qu'il devait s'agir d'un gadget servant aux parachutistes pour se reconnaître entre eux...Par la suite, il n'était plus très compliqué pour nous autres* Landser *de*

les repérer. Quelques uns de ces claquements partaient d'une ferme, que nous avions alors cernée ; les paras étaient visiblement planqués à l'intérieur... Ce n'était pas sans danger bien sûr, et à un moment donné l'un d'eux a déclaré en allemand : "Kommt her ! Kommt her !" (Venez par ici !)... Quelqu'un avait également dit "Come on, boys !". En tous cas, il y avait, parmi eux, des types parlant notre langue. Si l'on s'était bien lancé quelques mots ainsi, de part et d'autre, personne n'avait eu le cran de s'approcher davantage des bâtiments – il faisait bien trop sombre –. L'on aurait pu passer des heures à écouter leurs "Kommt her !", et sans doute que le pauvre bougre qui, parmi nous, aurait perdu patience et serait allé dans leur direction, se serait pris une balle en pleine face... ».

A 3 heures 30, le *LXXXIV. Armee-Korps* rapporte à la *7. Armee* : « *QG de la* 91. Luftlande-Division [au château de Bernaville] *pris à partie par l'ennemi avec les effectifs d'un bataillon* [...] *liaisons interrompues avec Sainte-Mère-Église.* »

L'un des parachutistes tombés dans la zone de Bernaville est le *Lieutenant* Malcolm Brannen, de la compagnie de commandement du *3/508th PIR* : « *Un caporal du IIe bataillon et un soldat me suivaient, tandis que deux gars du génie du "307th" couvraient nos arrières. Nous sommes tombés sur une route, mais nous n'avons pas osé la suivre, l'ayant simplement traversée. Plus tard, le long d'une route, nous avons trouvé des fils électriques que les* Engineers *ont examinés et jugés comme étant téléphoniques. Alors, je les ai sectionné en plusieurs endroits, en en prenant quelques mètres, pour empêcher que les Allemands ne puissent les réparer facilement par épissure. Après avoir longé des haies vers le nord-est pendant un bon moment, nous avons décidé de poursuivre plein nord. En marchant, nous avons pu voir des C-47 volant très bas, décrochant des planeurs. Nous pensions que, pour eux, si ça se passait comme pour nous, nous recevrions sans difficultés des renforts. Mais nous avons hélas pu voir un Douglas en cours de crash, à quelque distance de nous... En continuant notre chemin, nous sommes tombés sur plusieurs* bundles *; quelques uns avaient été ouverts, d'autres pas. Dans l'un d'eux, nous avons trouvé un bazooka et une douzaine de roquettes* [...] *Un peu plus loin, c'était cette fois deux tentes avec deux motocyclettes que nous avons découvert ; il devait s'agir de l'escorte de tel ou tel officier allemand. Nous avons alors crevé les pneus des engins, les rendant inutilisables. Il n'y avait néanmoins pas âme qui vivait de ce côté-là. Par la suite, nous sommes tombés sur un lieutenant de la* A/508th PIR, *accompagné de son radio. Nous étions contents de voir notre groupe grossir ses rangs, et maintenant nous souhaitions demander notre direction dans une grosse ferme, à environ cinquante mètres de là...* ». Il s'agit en réalité de la minoterie de la famille Lagouche.

A 3 heures 35, le chef du bureau des renseignements de la *7. Armee* informe la *Heeresgruppe B* (dont le chef, Erwin Rommel, se trouve alors en Allemagne) : « *Parachutages d'hommes à l'ouest de Carentan et, au sud de la ville, atterrissages de planeurs. A 3 heures 15, nouveaux parachutages repérés sur Sainte-Mère-Église et Montebourg. Largage d'une compagnie renforcée à Lessay* [...] ». Sept minutes plus tard, Pemsel, chef d'état-major de la *7. Armee*, renseigne lui aussi la *Heeresgruppe B* : « *Débarquements de grande envergure à attendre, un bataillon en cours d'attaque, une compagnie atterrie sur Lessay, débarquements aéroportés de part et d'autre de Carentan* ».

Dans la zone au nord-est d'Amfreville, James Gavin attend toujours que le *Lt.* Olson lui fasse son rapport... Enfin, celui-ci revient, après avoir retraversé

Rolf Deboeser, aux traits encore si juvéniles, quitte très tôt la zone de Valognes pour progresser en direction de Sainte-Mère-Église, qui se trouve également être dans le secteur de son *Gren.-Rgt. 1058*. Il y connaîtra son baptême du feu... (Coll. Rolf Deboeser)

Le *Lieutenant* Malcolm Brannen, du *508th PIR*, a pu sauter à proximité de sa *Dropping Zone « N »*. Avec un groupe de *Paratroopers*, progressant difficilement à travers la zone vallonnée et plantée de hautes haies, il approche du château de Bernaville, QG de la *91. Luftlande-Division*... (US-NARA)

l'espace inondé, et lui établit un compte-rendu précis de ce qu'il sait désormais : Une voie ferrée se trouve juste de l'autre côté, en haut d'un remblai sur lequel d'autres parachutistes se trouvent au sec, la plupart indemnes. Gavin comprend alors qu'il n'est pas très loin de la *DZ « T »*, et qu'il se trouve du bon côté – ouest – du Merderet. Néanmoins, il décide de laisser les blessés (ceux incapables de se déplacer par leurs propres moyens) en bordure ouest de la zone inondée, où ils se trouvent actuellement, pour rejoindre la ligne de chemin de fer. Ayant alors environ une centaine d'hommes autour de lui, il donne l'ordre de marcher vers l'est, en pataugeant à travers les prairies immergées. Dans cette zone, située plutôt en amont du Merderet, le niveau de l'eau dépasse rarement un mètre. De temps en temps, des balles claquent dans l'eau, toutefois pour éviter d'être trop aisément repérés, Gavin et ses *Paratroopers* renoncent à riposter. Trempés, ils arrivent jusqu'à la voie ferrée, composée de deux voies. Là, ils poursuivent immédiatement leur marche vers le sud, en longeant les rails, c'est-à-dire en direction de La Fière, au nord duquel la ligne de chemin de fer enjambe le Merderet sur un pont...

A 4 heures, le *General der Artillerie* Marcks annonce au chef d'état-major de la *7. Armee* : « *Un combat généralisé se prépare. Deux concentrations d'efforts ennemis : l'estuaire de l'Orne et Sainte-Mère-Église, par parachutes et planeurs. L'état-major du corps d'armée a dirigé le* Grenadier-Regiment 915, *réserve du* [84e] *corps, sur l'aile gauche – occidentale – de la* 352. Infanterie-Division, *avec pour mission d'établir la liaison avec Carentan, et de la maintenir. Dans l'ensemble se dessine le verrouillage de la Péninsule du Cotentin* ».

Vers 4 heures 05, les « *All American* » de la *82nd Airborne* reçoivent de premiers renforts massifs grâce à 52 planeurs Waco, ayant décollé du terrain de Ramsbury [la mission « *Detroit* »]. Il s'agit de deux batteries du *80th Antiaircraft Battalion* (de fait, des batteries antichars), et des hommes du *Signal Corps* et d'état-major, plus des jeeps, des postes-radio, des munitions et du ravitaillement. Alors que le lever du jour est proche, ils sont tractés par des C-47, qui doivent les décrocher au dessus de la *Landing Zone « O »*, auprès de Sainte-Mère-Église (correspondant à une partie de la *DZ «O »*). Toutefois, de nombreux atterrissages tournent au chaos : la vitesse de descente est souvent bien trop élevée, dépassant quelquefois les 160 km/h, et le paysage de haies, avec ses parcelles encloses parfois très petites, impliquent une très courte distance de freinage et entraînent de terribles accidents. Certains, atterrissant à grande vitesse auprès de bâtiments ou de murs, viennent les percuter de plein fouet, avec des conséquences irréversibles pour le pilote. Fréquemment, les pâturages ou champs assez longs pour permettre des atterrissages sont parsemés d' « asperges de Rommel » reliées par des fils, qui viennent lacérer les ailes et même endommager, arracher le fuselage de la cabine et du poste de pilotage... Certains planeurs se posent également dans les prairies inondées, dont les joncs, roseaux et autres hautes herbes masquent en partie la nature humide, et les pilotes ne remarquent leur erreur que bien trop tard... Les planeurs atterrissant trop vite et sans être suffisamment en plané (trop inclinés), percutent la terre (ou l'eau) avec une telle violence qu'ils se disloquent sur-le-coup, sans quasiment aucune chance de survie pour leurs occupants, broyés parmi les débris du fuselage et des cargaisons projetés en tous sens! Cette mission « Detroit » compte trois morts et une vingtaine de blessés aux Américains. En lisière ouest et nord de Hiesville, une zone d'atterrissage supplémentaire a été balisée par les *Pathfinders*, dans le secteur de la *101st*

Une image fort symbolique de la difficulté des opérations aéroportées dans le Cotentin : un planeur britannique *Horsa* (aux couleurs américaines) disloqué et une voilure hémisphérique accrochée à la cime d'un arbre. Les hommes contenus à l'intérieur du planeur ont dû connaître un véritable enfer, si ce n'est la mort immédiate... (US-NARA)

Airborne : la *LZ « E »*, où les planeurs de la mission « *Chicago* » ont atterri une quinzaine de minutes avant ; cette *Landing Zone* resservira ultérieurement .

Le *Lt-Col* Timmes, avançant alors avec une dizaine d'hommes à l'ouest de la zone inondée du Merderet, observe deux planeurs se posant à proximité d'eux, desquels sortent plusieurs hommes. Toutefois, ces atterrissages ne sont pas passés inaperçus aux Allemands, qui ont pris ces deux aéronefs sous leur feu avec un MG : Timmes et ses camarades préfèrent se mettre à couvert pour un certain temps, car l'arme automatique ennemie est en batterie pas bien loin. Puis, quand celle-ci se tait, ils reprennent leur route et atteignent le hameau de Cauquigny. Dans ce secteur, les Américains s'étonneront de ne pas rencontrer de grosse résistance allemande, et ce jusque durant la matinée. Les ripostes viendront plus tard, ce qui est tant mieux pour les paras, déjà très handicapés par leur dispersion nocturne et la nature du paysage. En revanche, plus à l'ouest vers Amfreville, des bruits de combat sont perceptibles : c'est par là que se dirige le groupe de Timmes, s'éloignant de la base de la tête de pont si stratégique de La Fière, à l'ouest du Merderet...

En cette première nuit d'invasion du Nord-ouest de l'Europe par les Alliés occidentaux, il est déjà clair que la nature du terrain implique un type de combat nouveau, très particulier. Le regroupement des troupes aéroportées américaines, qu'elles aient sauté en parachute ou qu'elles aient débarqué de planeurs, est rendu particulièrement compliqué par le bocage, qui domine dans toute la Manche et la partie occidentale du Calvados. Depuis le Moyen-âge, les haies hautes et touffues bordant les prairies, les vergers et les cultures contribuent à « casser » les vents. Ce paysage entrave la vue et

L'empennage vertical et le gouvernail de direction d'un planeur Waco CG4-A. Sous le revêtement de l'aile visible au second plan, on aperçoit l'armature en bois, tandis que celle du fuselage de la cabine et du poste de pilotage est réalisé en tube d'acier. (US-NARA)

Ci-dessus : les restes du planeur Waco transportant le *Brigadier General* Don F. Pratt, de la *101st Airborne*. Le général y a trouvé la mort à l'atterrissage, tout comme son pilote le *Lt.* John Butler, dont la dépouille est sûrement celle de l'homme visible ici [qui, bizarrement, porte un drapeau américain sur sa manche droite, normalement dévolu à la *82nd Airborne* en Normandie [NDT]]. Il aurait normalement dû atterrir sur la *Landing Zone « E »*, en lisière de Hiesville. (US-NARA)

Ci-dessous : sur l'une des trois *Landing Zones* des *82nd* et *101st Airborne Divisions*, le contraste entre les conditions d'atterrissage sur une même aire sont frappantes : au premier plan, un Waco CG4-A est venu s'abimer dans une vaste prairie hérissée de « *Rommelspargeln* ». En arrière-plan, tandis que la prairie semble moins vaste (et peut-être dépourvue de pieux anti-aéroportés), plusieurs planeurs ont manifestement pu atterrir sans trop de dommages. (US-NARA)

Une photographie tristement célèbre. Ces *Glidermen* ont succombé à leur atterrissage (le 6 juin au soir) au milieu du bocage normand, près de Sainte-Marie-du-Mont: leur planeur Horsa s'est retourné, et est entièrement dilapidé. Tout l'avant du fuselage et le poste de pilotage ne forment plus qu'une mare de débris...En guise de linceuls, les dépouilles sont recouvertes de voilures de parachute. (US-NARA)

étouffe largement les sons. De nombreux soldats des deux camps errent le long de ces haies, sans même se remarquer. Ainsi les officiers de la *82nd Airborne* Gavin, Lindquist, Wisner et Timmes se trouvent-ils tous dans un même rayon de moins de 1 200 mètres... et ne se croisent pas. S'inaugure alors un type de combat qui va largement marquer les affrontements en Normandie, durant de longues semaines jusqu'au mois d'août 1944 : la bataille des haies !

Des G.I.s, peut-être des *Glidermen* ou des fantassins de la *4th US-Inf-Div*, essaient de décharger une Jeep d'un Waco CG4-A (conformément à la procédure, en ayant fait verticalement pivoter son poste de pilotage) qui, visiblement, a connu un atterrissage brutal. (US-NARA)

Portrait du *Lt.* Malcolm Brannen. (US-NARA)

La mort d'un général de la Wehrmacht

Comme d'autres officiers supérieurs ou généraux, le *Generalleutnant* Wilhelm Falley s'est montré hautement inquiet en entendant l'activité aérienne alliée très soutenue, dès le début de la nuit. Vers 1 heure environ, il ordonne à son chauffeur – le *Gefreiter* Vogt – de faire demi-tour et de regagner Bernaville, renonçant à participer au *Kriegsspiel* de Rennes.
Pendant ce temps, Malcolm Brannen et ses douze hommes arrivent aux abords de la propriété des Lagouche. Il relate : « *Nous nous étions alors dispersés pour cerner la maison, en cas de mauvaise surprise...* ».
Dans les mêmes temps, la Mercedes vert foncé du général approche du château. Marguerite et Alphonse Lagouche ne dorment pas : ils ont bien aperçu depuis la fenêtre de leur chambre (située sur la façade latérale de leur propriété), les parachutistes sautant dans les alentours, et entendu les multiples bruits d'avions, de *Flak*, etc. Soudain, leur chienne, retenue par une chaîne à l'entrée de chez eux dans la cour, se met à aboyer. Les Lagouche, toujours au premier étage, vont donc regarder par une autre fenêtre ce qui se passe du côté cour... Là, ils aperçoivent Malcolm Brannen, qui approche de leur demeure, seul. Marguerite décrit la situation : « *Nous avons vu un soldat, manifestement un parachutiste, ce n'était pas un Allemand... Il portait une grosse arme et lançait des pierres vers notre chien, sans doute pour le faire taire, mais en fait, il hurlait encore plus fort...* ».
Brannen cherche maintenant à ouvrir la porte de la maison et, comme elle verrouillée, il tire à plusieurs reprises dedans, au pistolet, puis essaie de l'enfoncer... Alphonse Lagouche ouvre immédiatement la fenêtre du premier étage située au dessus de la porte, ce que le *Lt.* Brannen voit ; il lui lance : « *American !* ». Le Normand lui fait comprendre qu'il va descendre, mais à cause des impacts de pistolet, la serrure est bloquée, c'est pourquoi il ouvre la fenêtre de la cuisine, donnant le long de la route. Il l'escalade et se porte à la rencontre du para américain, qui lui demande : « *Calvary-cross Etienville ?* ». Ce calvaire est localisé à près de deux kilomètres de la minoterie,

Des hommes du groupe de Malcolm Brannen se tiennent dans cette cour, au moment où le bruit d'une voiture en approche se fait entendre (depuis la droite, sur cette photo)... (Photo P. Cherrier, 2019)

c'est le point de regroupement de la compagnie de Brannen. Là, il s'agenouille, pose son bazooka, sort un petit lexique anglais-français de l'une de ses poches, et déploie une ample carte de la région, qu'il éclaire à la lueur de sa lampe.

Simultanément, la voiture de Falley longe le château, se trouvant alors tout près du lieu de destination : son autobus soigneusement camouflé, lui servant de cantonnement. Plus qu'un dernier virage – en longeant la minoterie –, et il sera arrivé. Falley, son *Adjutant* Bartuzat et Vogt sont des plus prudents, étant donné les bruits de combat incessants dans les alentours.

Là, tandis que Brannen et monsieur Lagouche examinent la carte, un bruit de moteur se fait entendre... Quelques uns des parachutistes se terrent derrière des broussailles et hauts arbres, aux abords de la minoterie. Le *Lieutenant* fait comprendre au Normand de retourner immédiatement dans sa maison et, pour sa part, il rejoint le mur de pierre (d'une hauteur d'environ 1 mètre 50), bordant directement l'autre côté de la petite chaussée, et se cache juste derrière avec son bazooka.

Alphonse vient juste de repasser par la fenêtre, quand une fusillade éclate tout près, alors que la voiture de Falley approche de la maison. Le général est assis à l'avant, à côté du chauffeur, sa casquette posée sur les genoux. Quant à lui, le *Major* Bartuzat est assis à l'arrière, à gauche juste derrière le chauffeur, pistolet au poing. Les vitres sont abaissées, afin de pouvoir apprécier plus nettement ce qui se passe aux alentours... Le *Major* a son épaule gauche appuyée contre la porte, sa tête dépassant légèrement par la fenêtre. Tandis que le véhicule n'est plus qu'à quatre mètres de Brannen, ce dernier tire avec son bazooka. Le projectile file d'abord par la fenêtre avant droite, arrache l'arrière de la tête du général Falley, toutefois sans exploser. Sur sa trajectoire, elle atteint ensuite l'épaule droite de Joachim Bartuzat, qui se retrouve tout entier projeté vers l'extérieur, la porte arrière gauche s'ouvrant sous le choc. Le *Divisions-Adjutant* bascule à l'extérieur, son dos affreusement mutilé contre le sol, les jambes encore dans la voiture. Freinant follement, le *Gefreiter* Vogt perd le contrôle du véhicule, qui termine sa course en heurtant le mur de la minoterie bordant la toute, en traînant le corps du *Major* avec lui. La roquette de bazooka, elle, a continué sa course en ressortant par la fenêtre arrière gauche, sans exploser. Le choc n'étant pas trop brutal, et la roquette n'ayant pas endommagé la voiture, cette dernière est quasiment intacte. Tout cela se déroule en quelques secondes à peine.

Marguerite Lagouche : « *Depuis la fenêtre de ma chambre, à l'étage, j'avais tout observé aux premières loges. Je n'avais pas pu entendre le tir de la*

Ci-dessus : l'un des derniers portraits connus du *Divisions-Kommandeur* de la *91. LL-Div.* Observons son *EK. 1* sur sa poche de poitrine gauche, remontant à la Grande Guerre, et sa croix allemande en or (*DKG*) sur l'autre poche de poitrine. (Collection Claus Falley)

Ci-dessus, à gauche : en regardant vers la minoterie Lagouche (situé derrière la haie de gauche), à l'endroit exact où roule le véhicule du commandant de la *91. Luftlande-Division*... (Photo P. Cherrier, 2019)

Joachim Bartuzat (trente ans en 1944) et son épouse Rose-Marie, au début de la Seconde Guerre mondiale (comparer avec son portrait page 57). (Collection Joachim Bartuzat Jr.)

Le chauffeur et ordonnance du *Generalleutnant* Falley : le *Gefreiter* Vogt, lui aussi vétéran de l'*Ostfront* (notons son ruban de la médaille des combats d'hiver 1941/42 à l'Est, glissé sous celui de son *EK.2*). Sur la partie droite de sa poitrine, il porte le cordon de tireur du modèle général, avec les quatre premiers degrés (dans sa version postérieure à 1939). (Coll. Claus Falley)

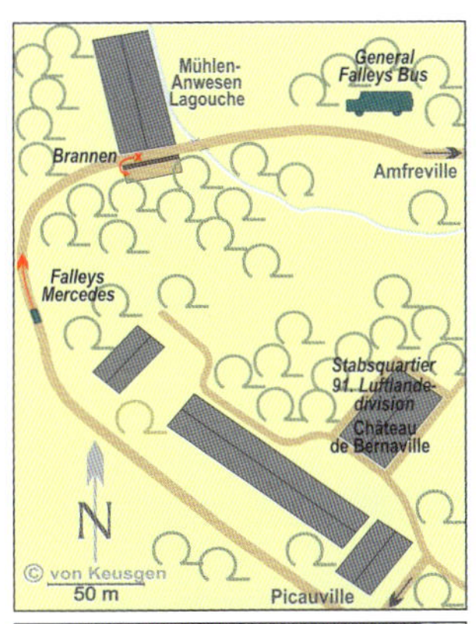

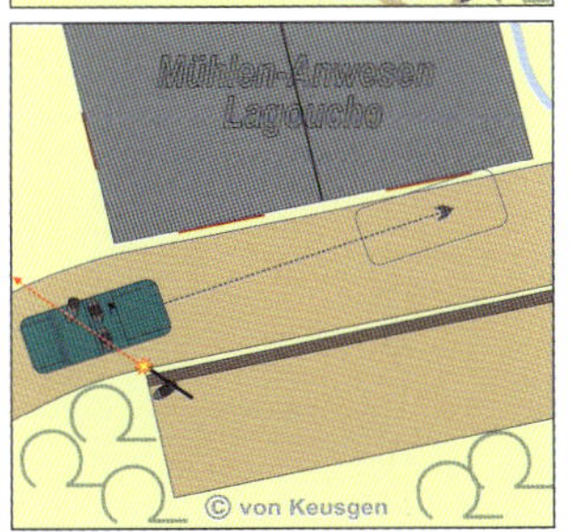

grosse arme de l'Américain, à cause des bruits de combats partout aux alentours. L'officier gisant à l'extérieur, le long de la voiture, criait, hurlait de douleur – des cris à vous glacer le sang ! –... Je ne pouvais plus continuer à regarder cet affreux spectacle ! Plus tard, j'ai pu voir que le général avait eu le crâne arraché ».

Dans son récit, Malcolm Brannen précise que l'un des officiers, outre ses cris de douleur, disait : « *Don't kill ! Don't kill !* », tout en se dirigeant vers son pistolet Lüger, tombé par terre à proximité de lui. Là, l'un des paras s'est approché et lui a tiré dans la tête avec son fusil .

D'autres *Paratroopers* apparaissent et traînent avec eux un tout jeune prisonnier allemand... Ils l'adossent au mur, près de l'entrée de la maison, et l'abattent. Marguerite Lagouche en est indignée : « *Comment peut-on faire une chose pareille ? C'était encore un gamin !* ».

Malcolm Brannen : « *Nous avons trouvé de très nombreux documents et des cartes dans la serviette du général, que nous avons emporté. J'ai également récupéré sa caquette. Peu après, nous avons décidé qu'il valait mieux quitter ces lieux. En regardant la casquette de plus près, je trouverai un nom inscrit à l'intérieur : Falley...* ». Alors, les *Paratroopers* se rassemblent, pour se faire guider par monsieur Lagouche jusqu'au hameau de Bernaville. Comme l'avant gauche de la voiture du commandant de la *91. LL-Div.* est fiché, légèrement de biais, contre le mur de la propriété des Lagouche, personne n'a pu accéder à la porte avant gauche et ne s'est intéressé au chauffeur, assis derrière le volant, pétrifié sous le choc... Plus tard dans la nuit, il disparaîtra....

Un peu plus tard, Alphonse Lagouche revient à son domicile. Là, le couple ferme les volets des fenêtres de la maison, côté rue, pour ne pas avoir à regarder la voiture allemande au bas de chez eux, avec les deux cadavres affreusement mutilés qui s'y trouvent. Le *Major*, sur la route, est étendu dans une ample flaque de sang. Ils quitteront leur chambre du premier étage pour aller dormir au rez-de-chaussée, dans une pièce ne comportant qu'une minuscule fenêtre. Durant plusieurs jours, les combats feront rage aux alentours de leur domaine qui, par ailleurs, est localisé sur la *Dropping Zone* « *N* ».

Cette nuit-là, un *Troop Carrier* américain est touché par la *Flak*, et vient s'écraser à proximité directe de l'autobus de Falley. La violente explosion de l'appareil, ses débris projetés ça et là, entraînent une destruction totale du car. Même les hauts arbres sous lesquels il était dissimulé, se retrouvent rongés par les flammes...

Projectile de bazooka à charge creuse, retrouvé le long de la petite route, dans la direction d'où arrivait la voiture de Wilhelm Falley... (DR)

D-Day – Premier jour de la Bataille des marais du Cotentin...

Dans le musée très poignant du Dead Man's Corner, le poste de secours du *FJR 6*, replongeant parfaitement dans la tension du D-Day. (Photo P. Cherrier, 2019)

Sainte-Mère-Église : pivot et noyau dur de la 82nd Airborne

A 4 heures 30, le chef d'état-major de la 7. *Armee*, dont le QG est établi au Mans, téléphone à son homologue de la *Heeresgruppe B* : « *Des groupes ennemis sur Carentan, apparemment pas très nombreux. Des forces amies tentent en ce moment d'établir la liaison depuis l'ouest et l'est. Visiblement, le point d'effort principal des actions aéroportées ennemies se situe dans la zone de Sainte-Mère-Église* ». A ce moment-là, les cinq principaux débouchés routiers de ce bourg sont déjà entre les mains des Américains, qui y établissent des barrages à l'aide de mines. L'un d'entre eux est installé vers l'est, à l'extrémité du parc de la Haule. Peu à peu, de petits groupes de *Paratroopers* arrivent dans le village, ayant connu des destins divers au cours des heures précédentes. Plusieurs bazookas sont disponibles, et bientôt aussi quelques pièces antichars de 57 mm.

Étant lui aussi dans le bourg, le *Lt-Col* Krause a repéré le poste intermédiaire allemand de téléphonie, dans une habitation de la rue principale (voir photo actuelle page **34**). Il est monté au premier étage, a sectionné les câbles s'y trouvant et arraché les prises de courant : Abandonné déjà depuis un certain temps, il est dorénavant totalement hors d'usage. S'ils sont encore bien retranchés aux alentours (Turqueville, Fauville, etc.), les Allemands ont entièrement quitté Sainte-Mère-Église : il sera alors considéré par les parachutistes – et les habitants – comme le premier village libéré de France[1]. Cette matinée là, « Ed » Krause fait retirer le drapeau à croix gammée (flottant sur le village depuis près de quatre ans) pour le remplacer par la bannière étoilée – la même qui a été hissée sur la poste centrale de Naples, l'année précédente –. Il est souvent lu qu'une trentaine d'Allemands aurait été faite prisonnière dans le village, et que onze auraient été tués, ce qu'il n'est pas possible de vérifier avec certitude, mais qui semble cohérent. Ensuite, Krause fait venir un agent de transmissions à pied pour qu'il fasse parvenir à leur commandant de régiment, le *Colonel* Bill Ekman, le rapport suivant : « *Sainte-Mère-Église entre mes mains* »[4].

Pendant ce temps, les commandants de bataillon Edwin J. Ostberg (*1/507*) et Arhtur A. Maloney (*3/507*) rejoignent Gavin du côté du remblai ferroviaire, au nord du village de La Fière, avec environ 150 hommes. D'autres groupes suivront peu à peu, au cours des heures suivantes, dont celui du *Colonel* Lindquist (*508th PIR*). Beaucoup sont trempés, blessés, certains n'ont plus d'arme et ont perdu de l'équipement. Vu sa localisation, Gavin envisage deux solutions : soit repasser la zone inondée pour renforcer la tête de pont à l'ouest du Merderet, soit continuer vers le sud et s'assurer que le petit pont de La Fière est entre les mains des siens et, au besoin, s'en emparer. Ne perdons pas de vue qu'il ne sait pas grand-chose de solide sur les forces allemandes du secteur...

Durant ces toutes premières heures du D-Day, les différents groupes du *Fsch.-Jg-Rgt. 6* de von der Heydte font mouvement vers le nord, via Carentan. Les cyclistes de l'état-major régimentaire sont aussi présents, et doivent être prudents. Le jeune « diable vert » Max Neusser est lui-même impressionné par ce qu'il observe : « *A un moment donné, nous avons vu trois prairies, sur lesquelles des planeurs américains étaient en cours d'atterrissage... avec virulence, car ils s'y sont brisés. En fait, ils devaient presque atterrir en piqué dans ce coin, car toutes les parcelles étaient bordées de hautes haies séculaires. Les pilotes n'avaient aucune chance d'effectuer des atterrissages en*

Entré dans la légende, le drapeau que « *Cannonball* » Krause fait hisser à la mairie de Sainte-Mère-Église, au matin du Jour-J – le même qui avait flotté en haut de la poste centrale de Naples quelques moins auparavant –. Il est exposé à la mairie du village. (Photo von Keusgen)

Les *Lt-Col* Edwin J. Ostberg (commandant le *1/507*) et Arthur Anthony Maloney (commandant du *3/507*, dont on note son ceinturon placé à l'envers). (US-NARA)

Des *Paratroopers* blessés non loin d'un cimetière, dans un village du Cotentin... (US-NARA)

... qui pourrait être cet endroit, auprès de l'église de Picauville. (Photo P. Cherrier, 2019)

douceur, vu qu'à peine avaient-ils touché le sol que, déjà, ils étaient presque arrivés à l'extrémité de leur zone d'atterrissage ! Les types embarqués là-dedans devaient avoir une sacrée frousse... Les planeurs vus par nous ont volé en éclats, des milliers de petits débris projetés en tous sens, et là, les "Amis" ont bien sûr été fort malmenés, nombre d'entre eux blessés ! Ils hurlaient de douleur, nous étions à 300 mètres d'eux, mais nous les entendions très bien... »[5].

Dans la zone de Sainteny, Méautis et Carentan, de multiples accrochages ont lieu entre *Paratroopers* et *Fallschirmjäger*, ce qui explique notamment que le groupe de Bruno Hinz (*6./FJR 6*) n'a quasiment pas progressé. L'un de ses camarades cherche alors à enfoncer une grosse barrière en bois, donnant accès à un pâturage, quand il reçoit une balle en pleine tête ! Il est le premier mort auquel le jeune Hanovrien est confronté durant cette guerre : « *C'était au moment où l'aube commençait à se lever timidement. Soudain, il y a eu un coup de feu, ça a juste fait « plop ! », et mon copain a basculé la tête en avant...* Kopfschuß *– une balle en pleine tête –, à travers son casque de saut. Les « Amis » s'étaient assis en s'attachant dans les branches des arbres, et étaient bien dissimulés. Ainsi, en tirant, ils ne tombaient pas de leurs perchoirs. Là, quelques uns parmi notre groupe de combat leur ont tiré dessus avec la* Panzerfaust*. Puis, nous les avons sommés : « Hands up ! ». Peu après, ils ont commencé à avancer vers nous, quittant leurs planques dans les arbres des haies. Manifestement, l'envie de continuer le combat leur était passée... Le fait que ces paras américains se repéraient entre eux avec leurs « grenouilles en métal », leur a finalement été plutôt préjudiciable, et ce assez rapidement d'ailleurs. Eh oui, nous pouvions déceler où ils se trouvaient. Quand l'un cliquetait aux alentours avec ce machin-là, un autre lui répondait... et moi, avec mon MG.42, j'arrosais ensuite les haies dans leurs directions. Eux aussi, il leur est arrivé de se tirer dedans par erreur. Bientôt, nous avons récolté en tout dix-sept prisonniers. Là, en les regardant de plus près, nous sommes tombés d'étonnement face à leur bon équipement. Ils portaient des uniformes en partie imperméables. En dessous du genou, ils avaient accroché une grosse arme blanche et, de l'autre, côté, un Colt volumineux. Dans le dos de leur vareuse étaient peints de gros motifs, avec un aigle blanc. Ils emportaient sur eux tout un panel de choses utiles à la survie, permettant l'autonomie, y compris des comprimés, des boussoles et de petites radios. Nous, les* Landser*, nous ne pouvions qu'écarquiller les yeux d'envie face à leurs rations alimentaires, même celles de survie ! Nous, dans notre sac à dos, la musette à main ou même dans nos poches, nous n'avions qu'un ridicule quignon de pain sec. Les officiers possédaient également des cartes imprimées sur leurs foulards. Là, j'ai confié à mon ami Theo Frühlingsdorf : « Theo, je crois que maintenant, nous avons d'ores et déjà perdu la guerre ! ». Eh oui, comment la gagner face à une telle abondance ennemie ?*[6]

Là, il s'agissait de se regrouper pour, enfin, essayer de progresser. Nous étions assez écartés et dispersés les uns des autres. Dans un long chemin creux et sur une prairie, les hommes de notre IIe bataillon se rassemblaient peu à peu, et quelques vivres nous ont aussi été distribués. En plus, nous

4. La chronologie est manifestement un peu différente, car à 6 heures 50, Krause enverra un premier message-radio annonçant à son commandant de régiment : « *Maintenant à Sainte-Mère-Eglise avec environ 150 hommes* [...] ». Voir le document original dans Michel de Trez, *Sainte-Mère-Eglise – Photographs of D-Day*, D-Day Publishing, 2004, page 296 (NDT).

5. On peut raisonnablement se demander si ce témoignage fait référence à un événement du matin du Jour-J... (NDT)

6. Dans *Les lions de Carentan*, Heimdal, page 35, un autre membre du régiment de von der Heydte, l'*Obergefreiter* Rudolf Thiel, a lui aussi le souvenir d'un « ravitaillement exécrable » dans leur corps de troupe (NDT).

commencions à être « encombrés » de pas mal de prisonniers américains, or nous ne pouvions pas nous occuper d'eux, nous étions une troupe combattante... Si des gars du train avaient été là, on aurait au moins pu les leur remettre. Alors, quelques uns parmi nous ont été désignés pour rester sur place et les surveiller, jusqu'à ce qu'ils puissent être évacués vers l'arrière. Nous ne les avons pas tués, même si, reconnaissons-le, nous y avons bien songé... ».

A peu près vers 5 heures, le gros les Ier et IIe bataillons du *FJR 6* approche de Carentan, et de la route nationale 13 qui traverse la ville. Le IIIe bataillon, lui, est déjà sur place, aux prises depuis le début de la nuit avec les paras américains, notamment dans la zone de Saint-Georges-de-Bohon et de Rougeville.

A 5 heures 10, le jour se lève clairement, et le *Gren.-Rgt. 914* rapporte à l'état-major de sa *352. Inf.-Div.* : « *Dans la zone du* II./G.R.914, *trois Américains capturés, avec photos aériennes et cartes de la péninsule du Cotentin, notamment de la zone de l'embouchure de la Vire. Ces prisonniers ne peuvent être évacués vu que, pour le moment, d'autres troupes parachutistes ennemies ont interrompu les communications* ». A 5 heures 15 se déroule un échange d'informations entre le chef du bureau des opérations de la *352. Inf.-Div.* et celui de la *709. Inf.-Div.*, son voisin de gauche : « *Dans Carentan même, pas d'ennemis mais, au nord de cette ville, de puissantes forces ont*

Ce Waco s'est immobilisé contre le transformateur électrique de Sainte-Mère-Église. (US-NARA)

Ces planeurs Horsa ne s'en sortent pas trop mal, celui ci-dessus a pu être désolidarisé après son atterrissage, et son chargement (sans doute une jeep au minimum) extrait grâce aux rails d'aluminium. Photos probablement prises vers la *LZ « E »*. (US-NARA)

Insigne régimentaire du « 505 ». (DR)

été parachutées. Sainte-Mère-Église occupée par les troupes aéroportées ennemies ». Dans les mêmes temps, le chef d'état-major de la 7. *Armee* télégraphie un compte-rendu à la *Heeresgruppe B* : « *Profondeur des atterrissages ennemis dans la région de* [l'embouchure de] *l'Orne jusqu'à vingt kilomètres, pareil dans la partie sud-est du Cotentin. Capture des points de passage dans la zone resserrée de Carentan–Pont-l'Abbé laissent supposer une liaison avec des cibles maritimes déjà repérées, et ce devant l'embouchure de l'Orne, entre Port-en-Bessin et l'embouchure de la Vire, de même qu'au nord de Cherbourg et de la péninsule de Jabourg* [le Nez de Jobourg, au sud du cap de la Hague], *en vue d'une offensive ennemie* ».

Au cours d'une conversation téléphonique, à 5 heures 40 le chef d'état-major de la 7. *Armee* déclare – entre autres – à son homologue de la *Heeresgruppe B* : « *Atterrissages parfois très loin, en profondeur, jusqu'à vingt voire trente kilomètres dans les terres. En outre, le point de concentration d'effort ennemi se situe sur la base de l'isthme du Cotentin* ». Cinq minutes plus tard, le chef du bureau de renseignements du *LXXXIV. Armee-Korps* (commandé, rappelons le, par Erich Marcks), communique au *Ia* de l'OB-West (sous les ordres de Gerd von Rundstedt) : « *Dans la partie nord de la péninsule du Cotentin, des Américains ont été largués, refoulés dans la zone marécageuse. Signaux optiques orientés vers les airs* ».

Côté américain, le IIe bataillon du *505th PIR* a reçu l'ordre d'occuper Neuville-au-Plain, à 2,5 kilomètres au nord de Sainte-Mère-Église, petit village traversé lui aussi par la RN-13, pour assurer une couverture avancée de Sainte-Mère vers le nord. Son commandant le *Lt-Col* Benjamin Vandervoort, qui s'est brisé la cheville gauche à l'atterrissage, doit être traîné par deux « *Screaming Eagles* » dans un charriot à munitions à un essieu. A 5 heures 15, il indique par radio au P.-C. régimentaire, qu'il dispose de suffisamment d'hommes pour marcher vers sa zone d'action sur Neuville-au-Plain...

A 5 heures 52, tandis que le jour se lève, l'on entend le tonnerre des canons de 210 mm de la batterie de Crisbecq – Saint-Marcouf. Les obus filent alors vers l'immense armada alliée, qui couvre déjà tout le large de la côte orientale du Cotentin. Trois minutes après seulement, les centaines de pièces de l'artillerie navale alliée répliquent, ouvrant le feu contre la « *Festung Europa* ».

Bill Sullivan se souvient : « *Du côté du littoral, il se passait quelque chose de grandiose. Ce premier bruit d'artillerie, je l'ai entendu peu avant 6 heures, lorsque notre armada s'est mise à pilonner les plages. Si nous étions à peu près à quinze kilomètres de la mer avec mon groupe de cinq paras, nous pouvions quand même sentir le sol trembler. C'est d'ailleurs vraiment là que, pour la toute première fois, j'ai réalisé que nous prenions part à un immense*

Certes, photographiée après le D-Day, cette vue - prise sur le vif - résume bien la bataille des haies commençant ce jour-là : une progression compliquée des G.I.s parmi le bocage et ses talus, les pommeraies, et souvent au milieu de cadavres de bovins ou de chevaux. Notons une « touche moderne » : les poteaux électriques, en béton armé, installés dans les années 1930. (US-NARA)

événement, chacun étant le minuscule rouage d'une gigantesque machine ! En outre, nous pouvions dorénavant savoir dans quelle direction se situait la côte, pensant qu'en marchant dans la direction des tirs, on finirait bien par tomber sur Sainte-Mère-Église... »

Malgré le danger omniprésent, Emmanuel Laisné, 14 ans, se rend à l'aube avec son frère dans une prairie non loin du château de Bernaville, pour la traite matinale des vaches. A peine sont-ils arrivés sur place, qu'ils entendent le grondement puissant du barrage roulant pilonnant les défenses allemandes. S'ils ne savent pas vraiment ce qui se passe, tout se met à vibrer bizarrement, et un grondement, un chuintement curieux remplit l'air en se rapprochant... Tout à coup, un immense obus percute le sol, dans la prairie ! De la terre, du sang et des lambeaux de chair sont propulsés et virevoltent en tous sens. Presque toutes les bêtes sont massacrées, toutefois les deux jeunes Normands ont l'incroyable chance d'être indemnes ! Emmanuel Laisné précise : « *Je crois que les Alliés voulaient atteindre le château de Bernaville, car le fait qu'un obus vienne éclater ici, si loin de la côte et si près de l'édifice, ce n'est sûrement pas un hasard... Il y avait, si je me souviens bien, une centaine d'Allemands qui y stationnaient et dans ses proches alentours* ».

Dans les mêmes temps, un autre Normand nommé Auguste Josse (19 ans), descend la petite route en direction de la minoterie. Il aperçoit alors trois soldats : deux d'une silhouette encore jamais vue jusque là (des paras américains), gardant un Allemand. Auguste reconnaît ce dernier, il l'a déjà remarqué à plusieurs reprises auparavant – il s'agit du chauffeur du *Generalleutnant* Falley, le *Gefreiter* Vogt...[7]

A 6 heures, dans Carentan le *Major* von der Heydte interroge un parachutiste américain prisonnier. Cependant, outre ses données personnelles usuelles (nom, prénom, etc.) et la désignation de son unité – la *101st US-Airborne-Division* –, il ne fournit rien d'autre à l'officier allemand. Voyant qu'il s'agit là d'une grande unité aéroportée, le commandant du *FJR 6* est absolument certain du fait que les multiples troubles s'enchaînant depuis plusieurs heures font bien partie d'une offensive ennemie de grande envergure : il communique son avis au *LXXXIV. Armee-Korps*, établi au château de Commines, sur Saint-Lô. Vu qu'un fort bruit de combat retentit depuis la côte, von der Heydte envisage de se rendre en side-car jusque sur Sainte-Marie-du-Mont, sur les hauteurs à quelques kilomètres en arrière de la côte. Il porte encore un bras en écharpe, des suites d'un accident d'avion. A sa très grande surprise, le Bavarois constate que la localité n'est occupée par aucune troupe allemande, ni américaine. Descendu du side-car, il voit également que l'*Ortskommandant* a lui-même quitté son bureau. Il se fait promptement remettre les clés du magnifique clocher Renaissance de l'église, et grimpe au sommet. De là, dans ses jumelles il remarque une longue ligne foncée de navires de guerre, qui s'étire à l'horizon, et les lueurs des tirs des pièces d'artillerie de marine. Il note également que des bateaux plus petits, pour lui minuscules petits points, se dirigent vers le littoral... Ces observations sont lourdes de sens, quelques minutes après déjà, il redescend et rebrousse chemin [8].

A 6 heures, le poste de commandement de la défense antiaérienne de Cherbourg renseigne le *Seekommando Normandie* : « *Dans la direction n°1, à 20-30 kilomètres, plusieurs centaines d'appareils en vol* ».

A 6 heures 15, « *Vandy* » (surnom du commandant du *2/505*) reçoit l'ordre du général Ridgway (commandant de division) de ne pas poursuivre sa marche vers Neuville-au-Plain, pour rester sur place et se préparer à résister. Manquant de renseignements clairs sur le « 505 », Ridgway préfère ne pas disperser les forces présentes sur Sainte-Mère-Église et ses abords...

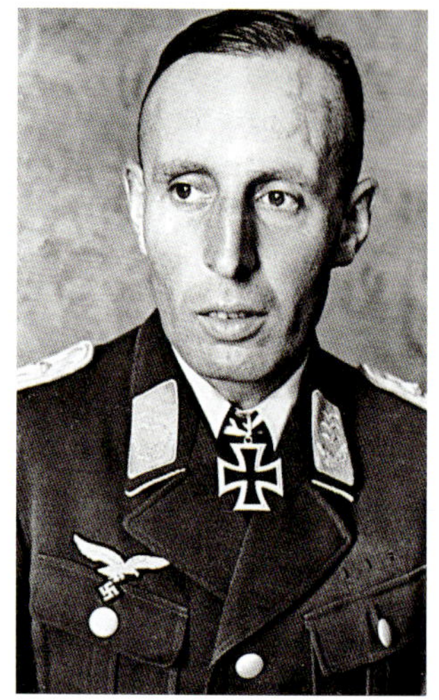

Portrait du Munichois Friedrich August Freiherr von der Heydte, portant ici son *Tuchrock* (tunique). Chef de corps du *FJR 6*, il sera promu *Oberstleutnant* le 1er juillet 1944. (Collection F.J Fhr. von der Heydte)

Le clocher Renaissance de Sainte-Marie-du-Mont, depuis lequel l'horizon maritime est nettement visible... Le Jour-J, ce village, à mi-chemin entre Saint-Côme-du-Mont et Utah-Beach, est l'objectif principal du *I./FJR 6* du *Hptm.* Preikschat... (Photo von Keusgen)

Entre-temps, le *Radfahr-Zug* de l'état-major régimentaire de von der Heydte se trouve sur la grande route rectiligne – la D-971 – reliant Périers à Carentan, légèrement au sud de cette dernière. Là, les cyclistes reçoivent l'ordre de mettre pied à terre et de creuser des tranchées individuelles... Max Neusser décrit la situation : « *L'on nous a donné l'ordre de mettre en batterie nos MG ici, le long de la route. En arrivant là, notre* Unteroffizier *a seulement déclaré : "A vos bêches, creusez et enterrez-vous ! Nous devons installer une position ici ! ". Obtempérant avec peine, j'ai pu me creuser un trou d'environ vingt centimètres de profondeur, et je me suis coulé dedans. Beaucoup des camarades n'ont néanmoins pas creusé le leur, trop fatigués, trop fainéants, flegmatiques, ou que sais-je encore... Peu après, nous avons été arrosés "bien comme il faut" par l'artillerie de marine ennemie : Ses lourds obus, de très forts calibres, ont percuté la route, au bord de laquelle nous étions en position! L'impact sur nous a été énorme, à tous points de vue ! Les "Amis" n'avaient alors pas d'avions dans les airs, et ils ont déversé de très puissantes salves dans les alentours, y compris sur des maisons – Dans une zone où, pourtant, leurs propres parachutistes étaient encore disséminés un peu partout –.*
Bien qu'unique non fumeur de ma troupe, je portais un volumineux sac à dos rempli à craquer de Zigaretten *! Théoriquement, j'aurais dû les distribuer à mes camarades au cours des journées suivantes... Là, le sac s'est retrouvé tout bonnement arraché, lacéré même. Des blocs d'asphalte se détachaient de la route sous la force des explosions, et dégringolaient en tous sens, avec de grosses pierres dedans, à vous défoncer le crâne. Il y en avait de la taille de jerricans d'essence, et quelques uns encore plus importants ! Les éclats, les pierres en arrivaient presque à « racler le cul » de beaucoup de camarades. Ce feu roulant était très dense, les gros projectiles d'acier s'abattaient les uns près des autres. L'un d'eux a percuté le sol parmi un groupe de six ou sept soldats : d'un trait, ils n'existaient plus, volatilisés, rayés de la surface... Nous entendions les départs des tirs depuis la mer, et presque simultanément les impacts de la salve précédente dans les environs : un enfer continu, sans cesse relayé. L'on entendait même plus ses propres cris d'horreur. Puis, cette grêle mortelle s'est tue... Là, nous avons constaté que tous nos modestes moyens de déplacement – les bicyclettes – étaient perdus. Nous avions quitté Périers avec soixante hommes et, maintenant, nous n'étions plus que dix-sept survivants. Quand on y repense, c'est de la pure folie...* ».

Retournons dans la zone de Sainte-Mère-Église. Le regroupement de la *A-Company* du *505th PIR* a été plutôt rapide, car elle a sauté précisément sur la *DZ « O »* durant la nuit, au nord-est de La Fière (deux hommes seulement manquent à l'appel). Vers 6 heures environ, ensemble avec le commandant en second de leur Ier bataillon, le *Major* McGinity, ils avancent prudemment sur la chaussée partant de Sainte-Mère-Église vers l'ouest et le manoir Leroux (la D-15), et qui passe au dessus de la voie ferrée (cette dernière se

En regardant vers le sud-ouest, le dernier virage de l'actuelle D-15, avant d'arriver au pont de La Fière et au manoir Leroux. (Photo von Keusgen)

7. On peut se demander sur quoi se base l'auteur, pour affirmer qu'il s'agit bien là du chauffeur et ordonnance de Wilhelm Falley... (NDT)

8. Effectivement, c'est bien ce qu'a écrit von der Heydte dans ses mémoires, après la guerre, mais il s'agit manifestement là d'une confusion avec Saint-Côme-du-Mont. En effet, dès les heures de la nuit, Sainte-Marie-du-Mont a été nettoyée et occupée par les « *Screaming Eagles* »... Si le *Major* s'était vraiment aventuré dans cette direction en side-car (sur la D-913), après le lever du jour et sans couverture, il aurait de toute façon été intercepté, voire liquidé par les parachutistes américains avant même d'atteindre le village. Reste à savoir si, depuis l'église de Saint-Côme-du-Mont, il est possible d'apercevoir l'horizon. Toujours est-il qu'une magnifique paire de lunettes binoculaires allemandes jaune sable clair a été récupérée peu après les combats dans le clocher de Saint-Côme, exposée au musée D-Day-Experience, ce qui conforterait cette hypothèse... (NDT)

trouve, à cet endroit, au fond d'un déblai d'une dizaine de mètres de profondeur). Parmi eux marche également Robert Murphy, *Pathfinder* du *505th PIR* : « *Parmi les tout premiers, nous avions atterri sur un champ bien dégagé, juste à l'est de la ligne de chemin de fer... Et à peu près au bon endroit. Tout ce qui manquait, c'était quelques conteneurs de ravitaillement, largués ailleurs* [...] *Nous avions également reçu du matériel au moyen de planeurs, ayant atterri à 4 heures 05, et dans les heures suivantes tout cela a été distribué aux membres de notre régiment, qui est le seul corps de troupes de nos deux* Airborne-Divisions, *rappelons-le, ayant alors une expérience du feu. Il s'agissait maintenant, sans tarder, de rejoindre le pont enjambant le Merderet, dont le* Lieutenant *John Dolan, commandant la* A-Company, *avait trouvé l'itinéraire...* ». Ce pont, comme celui de Chef-du-Pont, est de portée vitale, d'une part pour empêcher les forces allemandes arrivant de l'ouest de contre-attaquer à l'est du Merderet vers Sainte-Mère-Église, et d'enfoncer la tête de pont d'Utah Beach (où la *4th « Ivy » US-Infantry-Division* débarque à partir de 6 heures 25), d'autre part, elle doit servir de base pour la suite de la progression du *VIIth US-Army-Corps* vers l'ouest, en vue de couper la Péninsule du Cotentin.

Le petit pont de La Fière de nos jours, à la belle saison. Le 6 juin 1944, le niveau de l'eau était bien plus haut, mais la végétation très dense, comme ici. (Photo von Keusgen)

En deux files indiennes, les « *All American* » de la *A/505* descendent le long de la petite route (bordée de fossés et de haies) en direction du pont, quoique pas directement sur la chaussée, ils progressent dissimulés derrière chaque haie. Ils n'ont pas beaucoup d'armement lourd : l'un des hommes transporte un bazooka, et un autre un fusil-mitrailleur BAR. Soudain, les paras perçoivent le bruit d'une moto : un *Kradmelder* (motocycliste allemand) remonte la route, arrivant du pont, se dirigeant vers Sainte-Mère-Église, courbé sur son guidon. Les Américains n'ouvrent pas le feu, de peur de toucher leurs camarades de la file d'en face, derrière la haie opposée. Finalement, le tireur du BAR se retourne et tire une brève rafale dans sa direction, le touchant dans le dos.

Le *Lieutenant* Dolan est un combattant laconique, mais qui excelle dans l'art de la guerre. Si les Allemands ne sont pas encore sur leurs gardes, peut-être le sont-ils maintenant, à cause de cette rafale de BAR... Il relate : « *Devant le pont se trouvait un terrain ouvert, d'environ 90 mètres de long sur 70 de large. Je supposais que les « Krauts » allaient se défendre à cet endroit...* ».

Avec les premiers rayons du soleil, des avions de transport alliés déposent du ravitaillement pour leurs soldats aéroportés. A quelques kilomètres à l'est de La Fière, l'*Unteroffizier* Rudi Escher a réoccupé sa position défensive dans un chemin creux, près du château de Fauville. Soudain, avec son petit groupe, il est survolé par des avions : « *Là, la quantité d'appareils volant à très basse hauteur semblait invraisemblable : ils ont largué des paquets par parachute, sans doute des munitions et des vivres... Quelques uns de mes soldats se sont mis à tirer sur ces avions – sans que je ne leur en aie donné l'ordre – avec leurs* Karabiner, *ce qui, de toute façon, ne pouvait pas leur*

Les zones inondées, en regardant vers le sud depuis le remblai routier à l'est de Cauquigny. (Photo P. Cherrier, 2019)

Un paquet de « Camel », prise de guerre très appréciée des *Landser*, comme en témoigne Heinrich Spieles. (Collection von Keusgen)

causer grand dommage. Par contre, les équipages ont saisi qu'ils survolaient un mauvais endroit et sont partis, déposant leurs paquets ailleurs... Dommage, car ce que renfermait ce ravitaillement, nous aurions pu en avoir grand besoin ! ».

A 7 heures, l'état-major du *Grenadier-Regiment 1058* est arrivé au niveau de la petite localité de Foucarville, ne s'étant donc pas dirigé sur Sainte-Mère-Église après être passé par Montebourg, mais plus au sud-est et vers le littoral. Foucarville est localisé à environ cinq kilomètres au nord-est de Sainte-Mère-Église, en partie sur les hauteurs, juste à l'ouest des espaces marécageux et inondés qui s'étendent derrière le cordon dunaire de la côte orientale du Cotentin (en gros, de Quinéville à Pouppeville). Là, dans la plus grande ferme des alentours, le *Regiments-Kommandeur*, l'*Oberst* Kurt Beigang, installe son nouveau poste de commandement. Ces *Grenadiere* se trouvent à quelques kilomètres seulement du secteur de débarquement d'Utah Beach. Le tonnerre des pièces d'artillerie de l'*US-Navy* et celui – plus proche et moins dense – des batteries allemandes des alentours, se fait nettement entendre. Depuis une demi-heure environ, le nid de résistance allemand *W.5*, commandé par le *Lt.* Jahnke, a été brisé et, débarquant à marée montante, les fantassins et les blindés américains sont déjà à terre, préparant leur poussée vers l'intérieur... Peu après, la petite arrière-garde de l'état-major, à laquelle appartient le *Fernmelder* Heinrich Spieles, arrive sur Foucarville : « *Dans la cour de cette grosse propriété se trouvaient cinq parachutistes américains très grands, prisonniers, qui distribuaient volontiers leurs cigarettes « Camel » aux soldats allemands qui en voulaient. Puis, ils ont tous été interrogés individuellement, l'un après l'autre. Juste après, deux autres paras ont aussi été amenés. En les fouillant, on a découvert pas mal de choses dans leurs poches : outre les cigarettes, ils avaient du chocolat, du chewing-gum et, aussi, des préservatifs... Notre première mission consistait à installer des câbles téléphoniques vers le poste de commandement du Ier bataillon, commandé par le* Major *Hans Mogg*[9]. *C'était un titulaire du* Ritterkreuz, *et avait établi ce P.-C. provisoire dans un fossé de route, un peu plus bas au niveau du carrefour le plus proche, là où part une route en direction de Sainte-Mère-Église depuis le bourg de Foucarville* ». Sur ce, le *Gefreiter* Spieles et deux autres téléphonistes partent avec un tambour de câble et un téléphone de campagne en direction du poste de commandement de bataillon indiqué, dans une zone qui pullule de « *Screaming Eagles* »...

Prendre les ponts du Merderet...

Pour sa part, le *Lieutenant* Dolan ne s'est quasiment pas trompé. A peine arrivent-ils à proximité et en vue du manoir Leroux, que ses *Paratroopers* sont

Ci-contre : la D-15 et, sur son flanc sud, le manoir Leroux. L'équivalent d'une section allemande s'y est établi durant la nuit, avec au moins un *MG*... (Photo von Keusgen)

9. Il s'agit certainement d'une faute de transcription phonétique. Il n'existe pas de *Major* et *Ritterkreuz-Träger* du nom de Hans Mogg... Néanmoins, il peut s'agir de Friedrich Moch, qui a reçu la croix de chevalier le 27 mars 1942 (alors *Hauptmann*), porté disparu le 7 juin 1944 avec le grade de *Major*... (NDT)

pris à partie par des tirs de MG, en batterie à environ 150 mètres plus bas. Pas depuis la zone dégagée du côté nord de la route, mais depuis les bâtiments du domaine. Toutefois, Dolan interdit l'emploi du bazooka, car ils disposent de très peu de munitions qui pourraient s'avérer utiles plus tard, en cas de contact avec des panzers... Ils tirent donc essentiellement avec leurs fusils Garand et le F.-M. BAR. Dolan envoie d'abord une patrouille de trois hommes vers le bas. Le chef de leur section, le *Lt* Donald J. Coxon, tient à les accompagner, et rampe même en avant des trois autres. A peine ont-ils progressé de quelques dizaines de mètres, qu'une balle tue l'un d'eux, et une autre blesse à la fois Coxon et un camarade de la même patrouille... Cette dernière étant, en conséquence, quasiment anéantie, Coxon essaie de rebrousser lentement chemin mais, là, il reçoit un nouveau projectile... dans le ventre, et perd beaucoup de sang.

Là-dessus, le *Lieutenant* Robert E. MacLaughin reprend le commandement de la section de Coxon. Il envoie son opérateur-radio, le *Corporal* Busa, en reconnaissance pour tenter d'identifier exactement d'où partent les tirs... Mais à peine a-t-il entamé sa mission, que lui aussi est atteint d'une balle, sans doute causée par un tireur d'élite. Croyant qu'il est encore en vie, MacLaughin rampe jusqu'au corps de Busa, pour l'évacuer à l'écart de la zone dangereuse... Mais lui aussi est atteint d'un projectile allemand, lui causant de graves douleurs... John Dolan : « *J'ai rampé jusqu'à MacLaughin, pour le récupérer et lui procurer les premiers secours. Mais il souffrait tellement, qui suppliait de le laisser sur place. Puis, je lui ai apporté une couverture et quand, plus tard, je suis allé le revoir, il était mort* ». Vers 8 heures, les combats sont toujours aussi rudes, et rien ne progresse côté américain. Appuyé contre le talus du côté sud de la route, les paras ouvrent le feu vers les positions allemandes et les modestes ouvertures des bâtiments. Dolan envisage une diversion : laisser quelques hommes à cet endroit pour continuer à ouvrir le feu depuis la route, tandis que lui, avec d'autres gars de sa *A-Company*, attaquerait le manoir par derrière...

Quelques temps après, le groupe de Dolan s'approche prudemment de l'arrière des bâtiments, pendant qu'un autre groupe, commandé par le *Lt.* George W. Presnell, avancerait vers le manoir et le pont depuis le nord, en partant de la hauteur située au nord de la route. En rejoignant cette position surélevée, Presnell et ses hommes peuvent apercevoir la zone inondée, parsemée ça et là de voilures de parachutes... Ils se disent qu'ils ont eu de la chance d'atterrir au sec !

Tandis que le groupe de Dolan se rapproche d'une haute haie touffue, à l'est du manoir, il est aperçu par les Allemands, qui ouvrent le feu avec une arme automatique. McGinity est atteint à plusieurs reprises et décède rapidement. Avec son pistolet-mitrailleur, John Dolan arrose alors en direction du *MG.* qu'il a aperçu, bien camouflé sous les branches d'une haie. Puis, il bondit dans un fossé et poursuit ses tirs. Bob Murphy se souvient : « *Dolan s'est retrouvé cloué, mais en même temps, il devenait compliqué pour les "Krauts" de progresser...* ». Le feu allemand, animé maintenant par plusieurs MG. et même des mortiers, s'abat sur les « *All American* » de la *A/505* cherchant à contourner le manoir...

Pendant ce temps, le *Brigadier* James Gavin a pu atteindre la station ferroviaire de La Fière, à plus d'un kilomètre du pont routier près du manoir Leroux. De son côté, avec les *Paratroopers* qu'il a pu rassembler, le *Col.* Roy Lindquist a poursuivi son chemin vers le sud en longeant la voie ferrée. Puis, il a escaladé le déblai de plusieurs mètres de haut pour, ensuite, marcher dans les prairies à l'ouest de la ligne de chemin de fer. Depuis un certain

Le *Lt* Turnbull du *2/505*, à moitié Indien Choctaw. Il entre dans la légende de la *82nd Airborne* par sa défense de Neuville-au-Plain, le D-Day. Il sera tué le lendemain, âgé d'à peine 23 ans, et repose de nos jours au cimetière militaire américain de Colleville-sur-Mer. (US-NARA)

Photographie prise depuis le pont après les combats (sans doute à la fin des années 1940), vers l'ouest et Cauquigny. Comparer avec la photo de la page 135) (US-NARA)

La grande prairie au nord du bourg de Neuville-au-Plain. Vue vers le nord, avec la RN-13 en arrière-plan, en direction de Montebourg... (Photo P. Cherrier, 2019)

La voie de chemin de fer Paris-Caen-Cherbourg. Dans les basses terres du Cotentin, elle s'élève à plusieurs endroits sur un remblai (par exemple, au nord de La Fière ou au sud de Chef-du-Pont), et traverse également plusieurs hauteurs dans des déblais pouvant atteindre 8 ou 10 mètres de profondeur (comme à l'est du manoir Leroux, en dessous du pont où passe la D-15, ou encore au niveau du hameau le Port). (Photo von Keusgen)

temps, il a entendu les tirs intenses vers l'ouest et le Merderet, et se rapproche du manoir...

Quant à lui, le *Lt-Col* Vandervoort et ses hommes du *2/505* reçoivent plusieurs ordres et contre-ordres de l'état-major du régiment, et aussi de la part du général Ridgway... Finalement, il doit annuler sa mission originelle consistant à se porter sur Neuville-au-Plain, pour y établir un écran défensif avec tout son bataillon : il s'agit de renforcer coûte-que-coûte Sainte-Mère-Église, localité envisagée par le commandement américain comme le futur pivot logistique du *VIIth US-Army-Corps*. Par mesure de précaution – et cela va s'avérer très important pour la suite –, « Vandy » ne souhaitant pas laisser dégarni le flanc nord de son bataillon, il envoie sur Neuville le 3e peloton de la *D-Company*, unité sous les ordres du *Lt.* Turner B. Turnbull, avec un ordre simple : « *Si des « Krauts » se pointent, exterminez-les. Etablissez ici le verrou défensif le plus solide possible, et tenez-le* ». Turnbull arrive sans difficultés dans le petit village, avec un unique bazooka qu'il fait disposer avec un bon champ de vision vers le nord et la RN-13... Pour sa part, « Vandy » atteint Sainte-Mère-Église et s'entretient personnellement avec son homologue Ed Krause (commandant le *3/505*). Ensemble, ils décident de se répartir la défense du village, Vandervoort s'occupant de celle du nord et de l'est de ce dernier (les *E-* et *I-Companies* constituant une réserve). Ne pouvant pratiquement pas marcher, « Vandy » se voit remettre une jeep, accroissant ainsi nettement sa mobilité et lui épargnant certaines peines.

Pendant ce temps, du côté du pont de La Fière, un groupe d'une quarantaine de *Paratroopers* du *507th PIR* approche du manoir. Le *Capt.* Floyd B. Schwartzwalder, commandant la *G-Company* de ce régiment, a rassemblé avec difficulté ses hommes du côté oriental de la voie ferrée. Ayant perdu beaucoup de temps, ils ont maintenant l'intention de rejoindre leur véritable

Le petit village de Neuville-au-Plain, que le *Lt* Turnbull reçoit l'ordre de défendre... (Photo P. Cherrier, 2019)

Insigne du *507th PIR*, sous les ordres du *Lt-Col* George V. Millett (qui sera fait prisonnier à D-Day+2). (Coll. von Keusgen)

Insigne américain de pilote de planeur, porté au dessus de la poche de poitrine gauche de la vareuse. (Collection von Keusgen)

Bordant Neuville-au-Plain, l'actuelle quatre voies suit ici exactement le même tracé que la RN-13 en 1944, en regardant vers le nord. C'est là que, le 6 juin, les quelques dizaines d'hommes dont Turnbull dispose, doivent former un verrou contre de possibles contre-attaques allemandes... (Photo P. Cherrier, 2019)

Le *Lt* John Marr (1919-2015), commandant de la 2e section de la *G-Company* du *507th PIR*. (US-NARA)

L'accès au pont routier de la D-15 enjambant la voie ferrée, à un kilomètre au nord-est du manoir Leroux. C'est là que Gavin est remonté pour marcher sur Chef-du-Pont, dans la matinée du Jour-J... (Photo von Keusgen)

zone de regroupement du côté d'Amfreville et, pour cela, de franchir le Merderet au pont de La Fière... Là, ils sont eux aussi pris à partie par la défense allemande. Parmi les hommes rassemblés par Schwartzwalder, le *Lt.* John W. Marr, commandant de section dans la *G/507*, qui prend la tête d'un groupe chargé d'attaquer le manoir par le sud. Tandis qu'ils marchent à travers une zone accidentée et des vergers, un feu très dense s'abat sur eux. Marr se rabat donc légèrement avec son groupe, or les Allemands tirent également en direction de Schwartzwalder, et ce dernier riposte (avec nombre de ses hommes) avec une bonne puissance de feu, contraignant les *Landser* à se mettre à couvert... Là, les paras du *Lt.* Marr tuent un voltigeur allemand. Soudain, l'officier américain a l'impression que la résistance allemande se déploie maintenant vers le nord du manoir. Il s'agit en réalité d'un autre groupe américain cherchant à investir le manoir mais, faute de transmissions, Marr ne peut pas le savoir, et vice-versa.

Par la suite, le *Capt.* Schwartzwalder ordonne à Marr de progresser le long d'une haie, non loin du lit du Merderet (près du moulin), pour chercher à se mettre à couvert derrière un vieux mur, près du pont. Il doit y aller avec quatre hommes. Toutefois, au cours de cette action, deux des hommes sont fauchés aux jambes, et tous les cinq doivent se mettre à couvert. L'un des blessés aperçoit d'où viennent les tirs – une position de MG – et tire en continu dans sa direction, avec son pistolet-mitrailleur. Là, un *Landser* bondit hors de sa position et s'apprête à lancer une grenade. Plus rapide, l'un des Américains l'atteint avec sa carabine. Bien que touché à plusieurs reprises, l'Allemand ne se couche pas, grimaçant de douleur, et cherchant toujours à envoyer son projectile... Deux paras, plus rapides, jettent deux grenades dans sa direction. Simultanément, un autre MG allemand arrose la haie où Marr et ses camarades sont terrés. Le *Cpl.* Lawton est blessé à deux reprises. Cependant, il est en mesure d'abattre un officier allemand debout derrière le pont, observant toute l'action dans ses jumelles. Marr remarque que Lawton perd beaucoup de sang, et le tire vers l'arrière jusqu'à la base de départ de la compagnie. Les autres les suivent [10].

Le pont de La Fière, photographié vers 1900, tel qu'ont pu le découvrir les *US-Paratroopers*. (Vue en regardant vers le sud-est et le manoir). (Collection von Keusgen)

10. L'auteur, qui dans cet ouvrage apporte plusieurs témoignages allemands très intéressants, largement inédits pour le public francophone, évoque ici des faits d'armes américains sans les nuancer ! Il est pourtant bien connu, parmi les historiens, que le pont de La Fière a donné lieu à plusieurs interprétations patriotiques, glorificatrices, qui ne représentent sans doute pas la réalité des faits. A les lire, certaines anecdotes rapportées ici semblent peu dignes de foi, en les recoupant avec des récits plus « froids ». Pourquoi l'auteur n'apporte-t-il aucune nuance ici, alors qu'il l'a fait (à titre très enrichissant, d'ailleurs) concernant un autre pont attaqué le Jour-J (ayant fait couler lui aussi beaucoup d'encre !), à savoir celui de Bénouville, pris par le *Major* britannique Howard, dans son ouvrage *Pegasus-Bridge et Batterie de Merville* (Heimdal, 2018) ? (NDT)

Alors que Marr est retourné auprès de Schwartzwalder, le *Col* Lindquist apparaît avec un groupe d'hommes du *505th PIR* qui, de circonstance, sont placés sous les ordres du *Lt.* John H. Wisner (du *2./507*). Dans les mêmes temps, les paras de la *C/505*, commandés par le *Capt.* Stefanich, arrivent au nord du manoir. Ils tombent logiquement sur le *Lt.* Presnell, et analysent la situation. Entre-temps, Dolan n'a pas progressé et, avec eux, il convient d'attaquer simultanément le domaine Leroux, en tenaille, depuis le nord et le sud. Les défenseurs sont toujours retranchés solidement derrière les hauts murs de pierre de son corps principal et des dépendances, et ont creusé des positions de campagne dans ses alentours directs, bien camouflées.

Au cours de ces très longues minutes d'affrontements très confus et divers, quelques soldats allemands supplémentaires sont mis hors-de-combat, et les survivants se replient peu à peu à l'intérieur des bâtiments (notamment celui servant d'habitation, avec sa tour).

Comme on l'a entrevu, de leur côté les hommes du *3/505* ont pu s'établir dans Sainte-Mère-Église, et notamment du côté de la place de l'église. Le Bostonien Bill Tucker est parmi eux : « *Quelques civils français se faufilaient prudemment ici ou là, et s'exclamaient : « Vive la France ! ». J'étais assez étonné, dans l'ensemble, de leur retenue vis-à-vis de nous... N'attendaient-ils pas depuis si longtemps la libération, que nous leur offrions maintenant ? Ils n'avaient pas l'air heureux... De notre côté, nous nous sommes mis à couvert derrière quelques camions allemands abandonnés, encore garés. Avec Leonard, l'on a mis en batterie une mitrailleuse à cet endroit, sous un grand arbre. Soudain s'est imposé un calme curieux, saisissant... L'on sentait que ça n'était pas normal, que quelque chose allait se produire... Tandis que je m'emparais de mon fusil, dans ma tête les idées s'enchaînaient. Soudain, j'ai regardé vers le haut et j'ai compris : juste au dessus de moi pendillait un parachutiste, mort, accroché dans l'arbre* [s'agit-il de Penrose Shearer]. *Quelques images me restent : il avait d'immenses mains, mais je ne pouvais pas voir son visage. J'ai vraiment été pétri d'horreur ; ce gars, comme d'autres qui ont sauté de ce côté-là, a vraiment dû passer un sale quart d'heure... Puis, nous avons traversé la place pour rejoindre le parc, du côté duquel j'avais atterri plus tôt. Près d'une voilure de parachute lacérée, voletant de temps à autre à cause du vent, j'ai alors vu mon premier Allemand sur le sol de France : il était mort. Je n'oublierai jamais son visage ; un type très jeune, avec une bonne tête, son uniforme, soigneusement repassé, bien plus élégant que les nôtres. Sous sa casquette, avec une visière luisante, on l'aurait cru encore bien en vie. Toutefois, un petit filet de sang avait ruisselé au coin de sa bouche...*[11] *Un para des nôtres avait été plus rapide que lui. Un peu plus loin, j'ai vu le corps sans vie d'un autre* Paratrooper, *dans un buisson, qui n'avait plus rien à ses pieds... J'étais bouleversé, désemparé, j'en avais des frissons fiévreux* ».

Là-dessus, Tucker et quelques camarades inspectent brièvement les alentours, et remarquent qu'un parachute est toujours accroché au clocher de l'église... Après le lever du jour, les habitants du village commencent à sortir de leurs demeures. Les bruits de combat sont plus lointain, plus rien ne se passe sur la fameuse place. Le maire Alexandre Renaud est lui-aussi à l'extérieur, et note les parachutes traînant ça et là, deux d'entre eux sont encore accrochés aux dépouilles de leurs propriétaires. En tout, l'on peut raisonnablement estimer qu'une trentaine de parachutistes a atterri dans Sainte-Mère-Église : sur la place, dans le parc, dans les jardins, sur les toits, etc. De son côté, John Steele a disparu de la façade du clocher... Alexandre Renaud remarque également que les installations des pompiers sont encore en place.

Le *Major* Frederick C.A. Kellam, commandant le *1st Battalion* du *505th PIR*. Il sera mortellement blessé sur La Fière, dans l'après-midi du D-Day. (US-NARA)

Sans doute le 7 juin, des G.I.s patrouillent le long de la place de l'église. (US-NARA)

Rudolf May, ici encore « simple *Schütze* », vétéran de l'*Ostfront* présent dans le clocher de Sainte-Mère-Église, au moment du parachutage d'un *stick* de la *F/505*. (Collection Jörg Kohnen-May)

Maire de Sainte-Mère-Église, Alexandre Renaud converse avec un G.I. (armé du fusil Springfield M-1903), sans doute membre de la *4th* ou de la *90th US-InfDiv*, après le 6 juin. (US-NARA)

Non loin de là, la villa Pommier et la remise du menuisier sont entièrement consumées.

A plusieurs kilomètres au sud, l' « *alter Kreta-Kämpfer* », le *Major* von der Heydte, se trouve sur Saint-Côme-du-Mont, à trois kilomètres au nord de Carentan, un petit village dominant la Douve et ses marais. Dans la matinée, il retrouve les éléments de pointe de son *FJR 6*, montant en ligne, et il établit son poste de commandement dans la pièce du premier étage d'une maison située sur un carrefour encore insignifiant, appelé à devenir célèbre. Il y élabore un plan d'attaque : son Ier bataillon (*Hptm.* Preikschat) doit progresser directement vers la zone de débarquement côtière, en direction de Sainte-Marie-du-Mont, en s'emparant de cette localité, pour la tenir. En cas de pression trop importante, Preikschat devra se replier sur Saint-Côme-du-Mont *in hinhaltendem Kampf* – en livrant un combat retardateur –... De son côté, le IIe bataillon (*Hptm.* Mager) progressera vers le nord de part et d'autre de la RN-13, en direction de Sainte-Mère-Église et de la *Höhe 20* (au sud du village), et s'assurera que le village soit ou non aux mains des Alliés. Il devra liquider les forces ennemies rencontrées et, au niveau de Turqueville, il se rabattra [en partie ? [NDT]] vers l'est et vers le Ier bataillon, pour prendre en tenaille les forces aéroportées qui « pullulent » entre les Forges et Sainte-Marie-du-Mont. Quant à lui, le IIIe bataillon (*Hptm.* Trebes) restera d'abord en réserve sur Saint-Côme-du-Mont et Carentan, pour sécuriser la base de départ de ces deux attaques. Mais dans cette zone, von der Heydte entre en contact avec d'autres unités de la Wehrmacht, qu'il intègre de circonstance dans son dispositif défensif : les 4e et 8e batteries de l'*Art.-Rgt. 191* (régiment d'artillerie organique de la *91. LL-Div.*), la 3e batterie du *Flak-Regiment 243* et, enfin, le IIIe bataillon du *Gren.-Rgt. 1058* (dont le P.-C. est sur Saint-Côme-du-Mont). Les unités de la *91. Luftlande-Division* stationnées durant la nuit dans ce secteur ont été durement étrillées, notamment par les « *Screaming Eagles* » de la *101st Airborne*. Or, von der Heydte envisage aussi de remettre de l'organisation chez elles...

De leur côté, les « *All American* » des *507th* et *508th PIR* connaissent toujours autant de confusion, à l'ouest du Merderet. Le *Lt-Col* Charles Timmes trouve trop dangereux de se déplacer par route en direction d'Amfreville. Alors, lui et les paras qu'il a pu rassembler passent à travers les prairies et les haies, leur procurant certains couverts. Ils tombent sur de nouveaux parachutistes isolés, dont le *Lt* Levy (accompagné d'une trentaine d'hommes), se joignant à la quarantaine de soldats de Timmes. Or, des bruits sont entendus en direction d'Amfreville, et les paras escomptent, peut-être, pouvoir en chasser les Allemands par une manœuvre de flanc... En chemin, Timmes tombe sur des soldats du *505th PIR* largués par erreur, venant de l'ouest et cherchant à regagner leur objectif à l'est du Merderet. Les deux groupes échangent peu et suivent chacun leur direction prévue... Peu après, approchant d'Amfreville, les paras de Timmes sont subitement pris sous des tirs de fusils. Les défenseurs allemands sont manifestement plusieurs dizaines, retranchés dans des *Schützenlöcher* – tranchées individuelles – adroitement camouflés... Des tirs partent également de l'église et d'autres bâtiments du village. Il y a des blessés côté américain, mais pas de *Medic* pour les prendre en charge... En tout, quatre tués et autant de blessés graves. Ne pouvant envisager une attaque, Timmes ordonne un repli immédiat ! Finalement, il rejoint les vergers d'où il est parti plusieurs heures auparavant. D'ailleurs, des *Landser* les suivent, les prenant

11. Qui pourrait être ce soldat allemand ? Si Alfons Jakl était très jeune, il n'a sans aucun doute pas porté de casquette lorsqu'il a été abattu sur la place de l'église... S'agirait-il d'un membre du *Flak-Instandesetzungs-Zug* (NDT)

en chasse, sous leur feu perturbateur. Dans cette zone, les forces allemandes semblent reprendre la main[12].

Entre-temps, le message envoyé par Edward Krause au commandant de régiment (Ekman) par un agent de liaison est intercepté par le commandant de division, le général Ridgway, concernant la capture de Sainte-Mère-Église par son *3rd Battalion*... Mais le pli n'atteint pas son destinataire initial. De son côté, le *Col.* Ekman reste donc dans l'incertitude. Pendant ce temps, avant midi, les forces de la *4th US-Infantry Division* peinent à se dégager des sorties de plage, ces dernières traversant la zone inondée à l'ouest du cordon dunaire côtier. Il y a des embouteillages importants, et seuls quelques kilomètres – au maximum – ont pu être parcourus au cours de longues heures, même si les « *Screaming Eagles* » ont, entre-temps, largement éliminé les défenses allemandes de ce secteur, entre Saint-Martin-de-Varreville et Sainte-Marie-du-Mont. Pour les fantassins du *8th US-Inf-Rgt* et les blindés du *746th Tank Battalion*, la route semble encore longue jusqu'à Sainte-Mère-Église, où les paras de la *82nd « AA »* les attendent de plus en plus impatiemment, car il serait curieux que les Allemands ne tentent pas une contre-attaque en force depuis la zone de Montebourg...

Non loin du bourg de Sainte-Mère-Église, dont le lecteur entrevoit déjà la situation-clé, l'*Unteroffizier* Rudi Escher reste dissimulé dans le chemin creux des abords immédiats du château de Fauville. Malgré la présence de parachutistes américains partout dans les alentours, le reste de cette journée du 6 juin 1944 semble se dérouler sans évolution majeure, et sans perspective non plus de participer à une contre-attaque. D'autres groupes de leur *Stabs-Kompanie* du *Gren.-Rgt. 1058* sont eux-aussi sur la défensive, aux abords de l'édifice. Globalement, c'est une attente de nouveaux ordres qui paraît de plus en plus vaine, et il n'y a pas non plus de ravitaillement en nourriture. Les événements de la nuit ont épuisé les cyclistes ; pour sa part, le Cobourgeois Escher, assis, finit par s'assoupir, adossé à une souche d'arbre... Tout à coup, plusieurs tirs sont entendus, et Rudolf May est touché dans le haut de son bras gauche, par un projectile d'infanterie. La balle est restée fichée dans son membre, tous les autres gars du groupe sont effrayés. Dans sa fureur et malgré sa blessure, le jeune *MG-Schütze* tire plusieurs rafales, arme à la hanche, avec son *MG.42*, dans la direction d'où sont partis les coups. Cependant, cela restera la seule balle tirée, un peu comme celle déchargée sur la place de l'église, durant la nuit, et qui a mis fin à la jeune vie du *Gren.* Jakl. En vain, les jeunes *Landser* inspectent prudemment les alentours, sans trouver personne. Rudi Escher : « *Les Américains auraient pu facilement nous anéantir jusqu'au dernier, vu qu'à la suite de cette nuit si houleuse, nous étions tous totalement exténués. Même notre factionnaire s'était assoupi, à ce moment-là...* ».

Peu avant 9 heures, le commandant du *1./505th PIR*, le *Major* Frederick C.A. Kellam, tombe sur le *Brigade-General* Gavin, qui est encore aux alentours de la station ferroviaire de La Fière, et qui a entendu la fusillade vers le sud-ouest, du côté du pont. Kellam lui indique que tout est sous contrôle du côté du manoir Leroux ; un rapport rassurant pour Gavin, qui décide alors de progresser en direction du deuxième pont sur le Merderet, plus au sud : celui de Chef-du-Pont et, au besoin, éliminer les défenses allemandes qui s'y trouveraient. De là, il y aurait la possibilité d'établir une jonction avec le *508th PIR* qui, normalement, doit tenir une bonne portion de terrain à l'ouest de la zone inondée, dans la région de Picauville et de ses hameaux limitrophes... Dans le même temps, Dolan, Lindquist et Presnell essaient de briser la résistance allemande du manoir. A 10 heures 15, Lindquist envoie deux groupes dans le domaine, depuis les arrières de celui-ci. Ils trouvent quelques soldats allemands morts

Les premiers affrontements à l'est du Merderet, et les déplacements de groupes de *Paratroopers* dans la matinée du D-Day, au sud-ouest de la *DZ « O »*. (Carte von Keusgen)

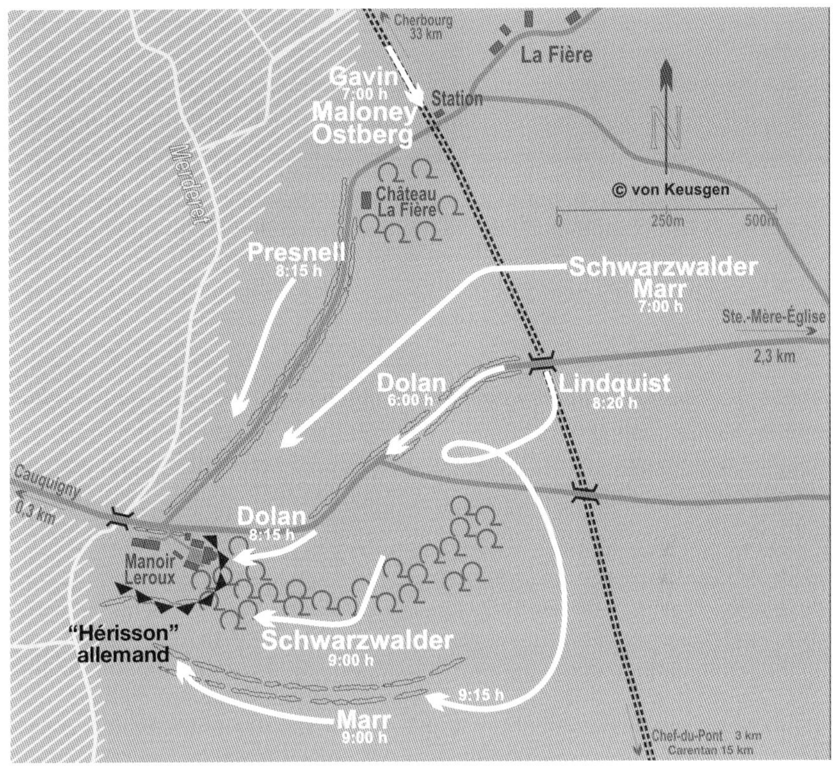

dans le jardin. Puis, pour contraindre les défenseurs à la reddition, l'un des Américains armé d'un bazooka envoie une roquette par l'une des fenêtres du premier étage du corps principal. Là, la fusillade se tait. Robert Murphy : « *Nous considérions alors ce premier combat pour le pont comme terminé, mais il fallait encore débusquer les Allemands dans les bâtiments, pour les constituer prisonniers. Soudain, dans la cour intérieure de la propriété, une nouvelle fusillade a fait rage ! Dix ou douze Allemands faisaient feu depuis les fenêtres... Nous avions bien sûr répliqué* ». Peu après, un morceau de tissu blanc est hissé à l'extérieur, par une fenêtre. Alors, un para américain avance vers l'entrée du manoir, ouvre la porte... et se fait tirer dessus depuis l'escalier intérieur ! Soit certains *Landser* n'entendent rien lâcher, soit certains d'entre eux n'ont pas remarqué le drapeau blanc. Murphy poursuit : « *Après une riposte immédiate et vigoureuse de notre côté, les Allemands se sont enfin résignés à mettre un terme au combat dans le manoir* ». Douze Allemands survivants sont capturés, puis la famille Leroux quitte son domaine meurtri par les combats, durant lesquels ils s'étaient cachés dans une cave[13].

Alors, le *Col.* Lindquist et le *Major* Kellam font immédiatement creuser et aménager des positions défensives auprès du pont, dans le manoir et dans les parcelles attenantes, et qui relèvent, théoriquement, uniquement du *1./505*. Quant à eux, des hommes du *307th Glider Engineer Battalion* (3e section de la *B-Company*) inspectent le pont et, dans la cour intérieure du ma-

12. Sur ces combats, se reporter au très riche ouvrage de 108 pages *Cinq jours sur la ligne de front – 6-10 juin 1944. Amfreville dans la tourmente*, de Joël Baret et Emile Lapierre (NDT).

13. A ce titre, voir le témoignage très passionnant de Louis Leroux (enfant au moment des faits), dans *Cinq jours sur la ligne de front*, de Joël Baret et Emile Lapierre, édité par l'association U.S. Normandie « mémoire et gratitude », aux pages 102-105 (NDT).

noir, ils mettent en batterie un canon de 57 mm, récupéré dans l'épave d'un planeur [14].

En parallèle des événements de La Fière, les forces allemandes présentes à l'ouest du Merderet, appartenant principalement au *Gren.-Rgt. 1057*, commencent à s'organiser pour une riposte coordonnée vers l'est. Rappelons-le, c'est dans son secteur que leur commandant de division Wilhelm Falley a été tué, de plus les liaisons et transmissions horizontales (par exemple, de compagnie à compagnie) et verticales (par ex., de bataillon à compagnie) sont énormément perturbées depuis le début de la nuit. S'ils sont eux-aussi désorganisés, les groupes (souvent très petits) de paras américains errant sur Picauville, Pont-l'Abbé, Gourbesville, etc., causent diverses escarmouches, et cette confusion tend à surestimer les effectifs américains auxquels sont confrontés les *Landser*. Faute de liaisons claires, côté allemand, on ne bouge pas ou peu...[15]. Le groupe du *Lt-Col* Shanley est, lui, isolé sur la *Hill 30* (*Höhe 30* pour les Allemands) et, face à la pression allemande qui commence à monter, il doit économiser ses faibles munitions. Il ne dispose par ailleurs que d'une seule radio fonctionnelle...

Vers 10 heures environ, le commandant du *Fsch.-Jg-Rgt. 6* reçoit un rapport de son IIe bataillon, qui stipule qu'au niveau d'un croisement routier, à environ 2,5 kilomètres au sud de Sainte-Mère-Église, il a été stoppé par un violent feu adverse. Néanmoins, du côté du village lui-même, ne seraient entendus que des tirs épars et sporadiques : Signe que les Allemands tiennent encore le bourg ou, au contraire, qu'ils ont dû l'abandonner ? De leur côté, durant leur progression vers Sainte-Marie-du-Mont, les *Fallschirmjäger* du Ier bataillon sont eux-aussi confrontés à une forte résistance américaine, autour de Vierville... Toutefois, il n'y a plus de liaisons entre les deux bataillons. Alors, le *II./FJR 6*, commandé par Rolf Mager, envisage de se rabattre vers le nord-est et Turqueville, conformément au plan. Retrouvons le *Gefreiter* Hinz, de la 6e compagnie de ce bataillon : « *De loin, nous pouvions apercevoir le clocher de Sainte-Mère-Église, et nous entendions un puisant feu d'artillerie depuis la lisière du village. Par là-bas, l'on s'affrontait furieusement, vers la* Höhe 20. *A un moment donné, notre commandant de compagnie, le* Leutnant *Bruunklaus, nous a dit que les pertes du Ier bataillon étaient si lourdes, que nous allions devoir attaquer tout seuls vers Sainte-Mère-Église. Toutefois, au vu de la puissance de l'adversaire, il ne souhaitait pas non plus laisser nos unités se faire exterminer. En plus des lourds "pruneaux" de l'artillerie navale, nous nous en prenions également beaucoup "dans la tronche" depuis les airs : les petits obus des canons automatiques de "Jabos", sans oublier leurs bombes, qui nous harcelaient et paralysaient nos mouvements. Ces chasseurs-bombardiers remplissaient le ciel. Ici ou là, il fallait tout le temps se mettre à couvert dans la boue. Ce jour-là, personne n'a pu entrer parmi nous dans Sainte-Mère-Église...* » [Dans *Les lions de Carentan*, page 46, on trouve néanmoins le témoignage d'Eugen Griesser, prétendant être arrivé jusque dans le bourg... [NDT]]. Par la suite, Bruno Hinz et ses camarades encore en vie rebrousseront chemin vers Saint-Côme-du-Mont.

A 10 heures 25, l'état-major de la *7. Armee* reçoit un rapport mentionnant que, depuis 10 heures, Carentan serait nettoyé de toute présence ennemie et que tous les ponts seraient, intacts, entre les mains des Allemands. De son côté, la *Heeresgruppe B* est informée du fait que, sur le littoral septentrional du Cotentin, aucun débarquement ne s'est encore produit. Pourtant, vers 8 heures, de puissantes formations navales avaient été aperçues au large, dans cette zone...

Au milieu de la « jungle bocagère », le *Lt.* John Dolan, commandant la *A-Company* du « 505 ». Un chef solide, affublé par ses camarades des adjectifs « *lean and mean* » (mince et méchant). (US-NARA)

Le chef de corps du *508th PIR*, le *Colonel* Roy Lindquist. Il a été dispersé à quatre kilomètres au moins de sa *Dropping Zone « N »*, se posant au nord de La Fière, et du mauvais côté du Merderet. Notons le filet de son casque de saut, à grandes mailles. (US-NARA)

Pendant ce temps, Heinrich Spieles et ses deux camarades des *Nachrichten* (transmissions) ont pu établir la liaison téléphonique entre le poste de commandement de leur bataillon et celui du régiment, distants de quelques centaines de mètres, sur les hauteurs dominant la mer où se dresse le village de Foucarville. Là, ils n'ont pas été pris à partie par les *Paratroopers*. Il est alors à peu près 10 heures 30, quand ils regagnent la grande ferme où leur *Regiments-Kommandeur* s'est établi. Le *Gefreiter* Spieles relate : « *Soudain, nous avons pu apercevoir quelques planeurs, reliés à des avions motorisés par un câble ou une corde... L'on a même remarqué qu'ils étaient en train de se désolidariser, pas très loin de nous. A ce moment-là, nous n'avons toujours pas rejoint la ferme, et une sacrée nervosité régnait parmi notre groupe de trois. Tandis que les premiers planeurs atterrissaient dans les alentours, d'autres* Landser *nous disaient : "Dégagez ! En arrière !". Puis, après un certain ressaisissement, c'était :* "Feuer frei und d'rauf !". *– Feu à volonté, foncez dedans ! –. Peu après, une deuxième volée de planeurs arrivait dans les proches alentours, et même juste derrière notre poste de commandement régimentaire ! A peine venait-elle d'être établie que, déjà, notre ligne téléphonique jusqu'au* Major *Mogg* [Moch] *était coupée... Il n'y avait plus qu'un seul mot d'ordre :* "Kämpfen !" *– se battre –. Nous avons alors formé une défense en hérisson,* Rundumverteidigung *en langage militaire. Là, malgré la proximité de l'ennemi, notre commandant de régiment l'*Oberst *Beigang était à cheval, en selle et le buste bien droit, avec son ordonnance* (Bursche). *Il chevauchait en direction du P.-C. de bataillon, mais on ne le reverrait plus, juste son ordonnance, qui a témoigné qu'alors en selle, le colonel a été abattu par des soldats américains. Suite à ce drame, le* Ia *du régiment a immédiatement repris le commandement de notre corps de troupe...* ».

– Ce témoignage est digne d'intérêt, car on dispose de peu d'informations de première main sur les unités de la *709. Inf.-Div.* ou de la *91. Luftlande-Division*. Souvent, on lit que l'*Oberst* Beigang était encore à la tête de ses troupes plusieurs jours après le D-Day. Sa mort n'est pratiquement jamais évoquée, ou très vaguement. Si Heinrich Spieles dit vrai et si l'action relatée a bien eu lieu le Jour-J, alors Kurt Beigang aurait trouvé la mort dès le 6 juin 1944... Néanmoins, de tels atterrissages de planeurs n'ont pas eu lieu de jour, dans la matinée du 6 juin, l'épisode relaté ici se déroule par conséquent soit au soir du Jour-J (planeurs égarés des missions « *Keokuk* » ou « *Elmira* »), soit le lendemain matin (missions aéroportées « *Galveston* » et « *Hackensack* ») [NDT] –

Du côté de Sainte-Mère-Église, les quelques dizaines de prisonniers allemands capturées dans le village et ses environs sont regroupées. Néanmoins, les premiers tirs d'artillerie allemands de harcèlement tombent sur le bourg, et une grosse poche de résistance allemande se dessine au sud de ce dernier, autour de la *Höhe 20* (allant de la Coquerie à l'ouest, à Turqueville à l'est), rassemblant des hommes du *Gren.-Rgt. 1058* et des Géorgiens de l'*Ost-Bataillon 795*.

Le *Gefreiter* Hinz, du *II./FJR 6*, participe à la progression du bataillon en suivant la RN-13, en direction de Sainte-Mère-Église. Notons qu'il a chaussé une paire de « *Knobelbecher* » (surnom des bottes de marche), et non pas de *Springerstiefel* (brodequins de saut). (Collection Bruno Hinz)

14. Là encore, ce récit du premier combat de La Fière présenté par l'auteur s'avère être, comme celui d'autres écrivains, très subjectif et essentiellement basé sur l'ouvrage de Robert Murphy, par ailleurs très contesté. Certes, les combats très confus de La Fière sont difficiles à ordonner et à saisir avec clarté, et il subsiste manifestement, hélas, une absence totale de témoignages de l'autre camp, allemand. Sur cette première bataille, le déroulement proposé par le vétéran de la *82nd Airborne* Allen L. Langdon, dans son ouvrage bien documenté *505th Parachute Infantry Regiment – Historique 1942-1945*, (Foxmaster & Pozit Press Belgium, 1992), aux pages 257-264, permettra au lecteur d'avoir une bonne base de comparaison, même si non exempte d'erreurs résiduelles (NDT).

15. Ce constat d'immobilité colle avec les souvenirs de P. Golz, du *Gren.-Rgt. 1057* (NDT).

Le petit bourg de Foucarville, auprès duquel Heinrich Spieles et ses camarades s'établissent le Jour-J, installant une liaison téléphonique entre l'état-major de son régiment (*Gren.-Rgt. 1058*) et celui du Ier bataillon, dont le commandant est établi près d'un carrefour, manifestement celui-ci… (Photos P. Cherrier, 2019)

Quelques bâtiments de Foucarville ayant résisté aux combats. A la veille du Jour-J, étaient établis sur le territoire de cette commune le P.-C. du Ier bataillon du *Gren.-Rgt. 919*, et celui du Ier groupe de batteries du *Heeres-Küsten-Artillerie-Regiment 1261*. (Photo P. Cherrier, 2019)

Le *Gefreiter* Spieles (extrait de la photographie page 33). (Collection H. Spieles)

... et tenir face aux contre-attaques !

Pendant ce temps, James Gavin poursuit sa marche vers Chef-du-Pont, à 2,5 kilomètres au sud de La Fière. Il a réparti sa force en deux groupes : l'un sous les ordres du *Lt-Col* Arthur Maloney, commandant le *3/507*, et l'autre commandé par le *Lt-Col* Edwin Ostberg, chef du *1/507*. Quelques jeeps ont aussi pu être récupérées dans des planeurs... Le correspondant de guerre William Walton, qui a sauté avec la *82nd Airborne*, relate concernant Chef-du-Pont, dans un style journalistique : « *En descendant une route en terre battue, et arrivant dans un village, les paysans ont relevé la tête par les fenêtres des maisons... Souriantes et heureuses, quelques femmes ont couru sur la route, l'une d'elles approchant d'un* Sergeant *pour embrasser le drapeau américain cousu sur sa manche droite. Beaucoup d'habitants se proposaient pour guider les Américains, tandis que d'autres fournissaient des informations détaillées sur les effectifs et les positions allemandes* ». Vers 10 heures 30, Gavin arrive avant Maloney dans le village, occupé par une cinquantaine de *Landser*, qui opposent une faible résistance, et se replient vers le sud-ouest et le pont qui est prolongé, comme celui de La Fière, par une chaussée surélevée traversant les prairies inondées. Prudemment, progressant parmi le peloton de tête, Gavin observe le terrain : le pont, la zone inondée et, juste derrière elle, légèrement sur sa droite, la *Hill 30* (à environ 1,3 km à l'ouest de Chef-du-Pont). Comme à La Fière, quelques *Schützenlöcher* sont creusés en haut du remblai routier. Certains Allemands, s'étant repliés du bourg, s'installent en hâte dans ces derniers. A la sortie sud-ouest de Chef-du-Pont se trouve justement le pont stratégique enjambant le Merderet. Il est en pierre, à trois arches et, localisé en aval du pont de La Fière, il est déjà plus long que ce dernier... Les *Paratroopers* progressent alors vers l'entrée orientale du pont, quand l'un des soldats allemand sort d'un trou de la chaussée surélevée, mains en l'air, et s'approche en s'exclamant : « *Kameraden !* »... Soudain, l'un des Américains l'abat... Le calme revient, presque bizarre, puis le même spectacle se reproduit, suivi d'une brève fusillade entre les défenseurs de la chaussée et les *Paratroopers*, ces derniers se trouvant à un endroit surélevé. Finalement, cette résistance peu significative est liquidée... Mais pour peu de temps [16].

A 11 heures 45, la *7. Armee* reçoit un nouveau rapport du *LXXXIV. Armee-Korps* : « *Contre Sainte-Mère-Église, contre-attaques en cours depuis le nord et le sud-ouest, pour détruire les forces aéroportées s'y trouvant. Montebourg et Pont-l'Abbé entre nos mains* ». En effet, des fractions du *Gren.-Rgt. 1057*, appuyées par des blindés français de récupération, se dirigent vers La Fière. En outre, depuis la zone de Montebourg, des fractions de son régiment jumeau, le *Gren.-Rgt. 1058*, se déplacent vers le sud et Sainte-Mère-Église, et approchent du petit village de Neuville-au-Plain, avec l'appui de plusieurs *StuG. 40*...

Pour sa part, avec son groupe de *Paratroopers*, le *Lt-Col* Timmes se trouve toujours en situation délicate dans quelques vergers, à l'est d'Amfreville, avec la zone inondée du Merderet dans son dos... Toutefois, il n'est pas très loin de La Fière et donne l'ordre au *Lieutenant* Lewis Levy de rejoindre la chapelle de Cauquigny, au sud des vergers, et d'y établir un verrou défensif afin, aussi, de couvrir son flanc sud... En chemin, Levy et ses dix hommes tombent

Sainte-Mère-Église et la région des ponts du Merderet le Jour-J. (Carte von Keusgen)

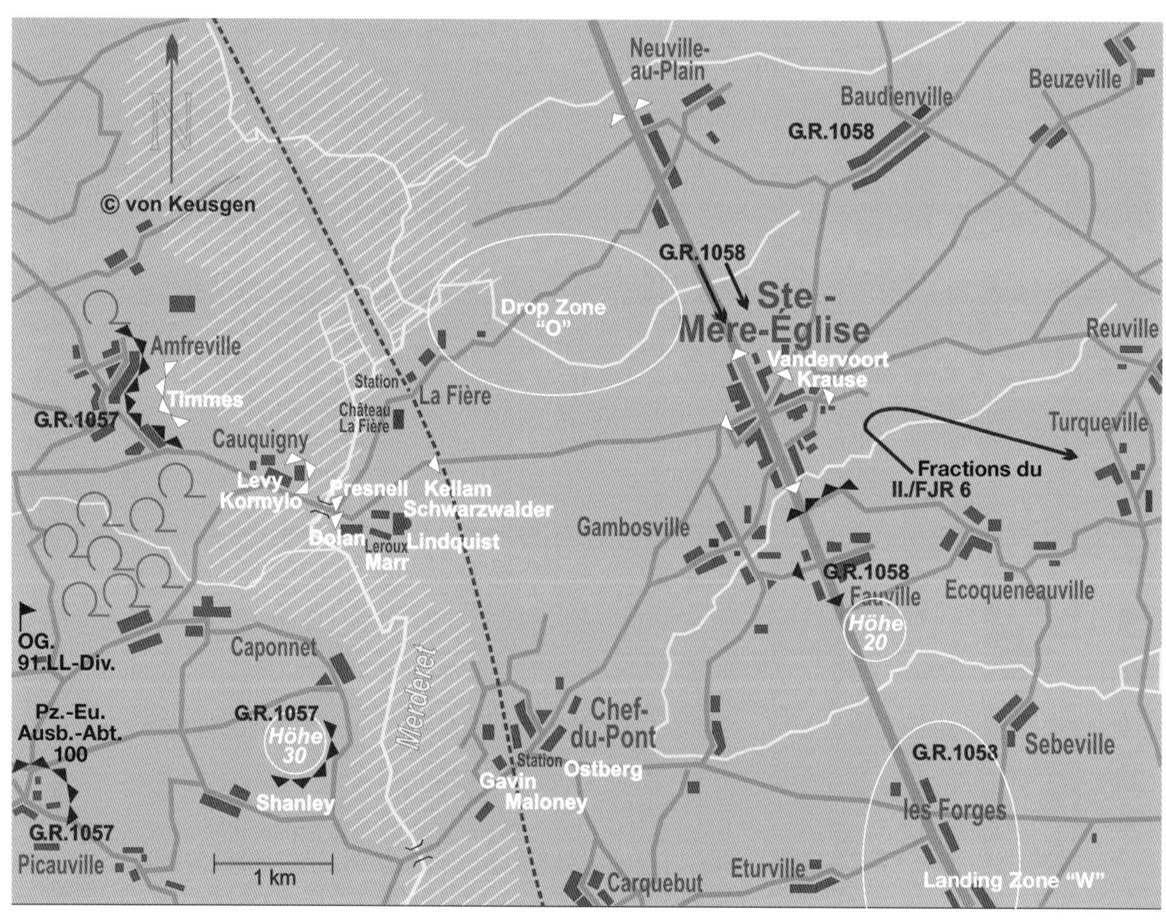

Une grenade à fragmentation américaine Mk-2, intacte (y compris sa peinture), découverte dans les marais du Cotentin plus de 70 ans après le Débarquement ! (Collection privée)

sur le *Lt.* Kormylo (lui aussi du *507th PIR*), ayant autour de lui une vingtaine de paras, qui errent dans les parages depuis un certain temps. Peu après, ils arrivent à la petite église et son cimetière, en bordure duquel ils se retranchent, mettant en batterie une mitrailleuse. De là, ils disposent d'un bon angle de vue vers le flanc nord de la chaussée, ainsi que vers la zone inondée au nord de cette dernière. Levy se voit même remettre un peu de lait et de cidre par un paysan vivant à côté. Néanmoins, le gros de leur déjeuner consiste en rations individuelles (D ou K, conditionnées dans des emballages en carton), que chaque homme emporte sur lui. Il semble que, sporadiquement, ils soient la cible de tirs partant des hauteurs à l'est du Merderet, les paras s'y trouvant les prenant sans doute pour des Allemands. Néanmoins, personne n'est blessé [17].

Du côté allemand, pour les *Landser* s'étant retrouvé empêtrés, de plein fouet, dans la tourmente de ce premier jour de l'*Invasion*, aucun ravitaillement n'est prévu : s'ils ont la chance d'être à proximité d'une *Feldküche* dans la zone des combats, ils n'ont pas le droit de l'allumer (à cause de la fumée engendrée, visible de loin et trahissant son emplacement), autrement dit pas de repas chaud. Pour ceux barricadés dans les bunkers des *Widerstandsnester* fortifiés et bétonnés, ils disposent souvent de bonnes réserves, notamment en conserves. Pour une foule d'autres « pauvres bougres », comme nombre d'isolés du *Gren.-Rgt. 1058*, ils n'ont rien à se mettre sous la dent. A la rigueur, un peu de *Kommißbrot* sec, ou de *Knäckebrot* au fond d'une poche ou dans la musette à pain... Cependant, parfois, il y a de bonnes surprises – des prises de guerre – en inspectant des conteneurs parachutés par erreur, en fouillant des prisonniers aéroportés, ou même des cadavres. De son côté, Rudi Escher (*Stabs-Kp./Gren.-Rgt. 1058*) se souvient d'un atterrissage de planeur tout près de Fauville, où il est retranché: « *Juste à côté de notre modeste position, un planeur ennemi a atterri sur la prairie. Là, un groupe différent du mien l'a pris sous son feu, avant même qu'il n'ait pu s'immobiliser ! Quelques minutes plus tard, je me suis dirigé vers l'engin avec quelques camarades, mais là, nous avons encore été pris à partie depuis une haie, pas très loin... Face à ces coups de feu, notre petit groupe a aussitôt fait demi-tour vers le chemin creux. Alors, nous avons attendu un peu, pour refaire une tentative qui, cette fois, s'est déroulée sans riposte. Là, avec curiosité, nous sommes grimpés à l'intérieur de cet engin de contreplaqué et de toile – bien plus spacieux que les petits planeurs d'assaut de notre* Luftwaffe *–. Dedans, j'ai vu une jeep, avec un canon antichar ! Pour nous, c'était incroyable, nous n'avions pas posé les yeux sur ce type de matériels depuis longtemps dans la région. Dans le poste de pilotage gisait le malheureux pilote, qui n'avait pas survécu. Quant à lui, le copilote avait reçu une rafale de pistolet-mitrailleur dans les tibias, et il n'était pas joli à voir... Comme ce matériel faisait envie, j'ai essayé de percer une ouverture dans le fuselage de ce planeur, notamment pour essayer de récupérer la jeep. Mais il n'était pas possible de réaliser si aisément un trou, et nous ne trouvions pas non plus le système d'ouverture. L'ensemble était stable et robuste. Entre-temps, quelques camarades ont évacué l'Américain – le copilote – vers tel ou tel* Verbandsplatz, *pour qu'il soit pris médicalement en charge...* ».

Durant l'évacuation de cet aviateur blessé de l'*USAAF*, les Allemands se font tirer dessus une fois encore. Finalement, Escher mettra un terme à son idée de récupérer la jeep et, amer, il retournera avec ses camarades dans le *Hohl-*

16. A titre de comparaison, voir le témoignage de Roy Creek, dans *507th Parachute Infantry Regiment* de Dominique François, Heimdal, 2000, page 48 (NDT).
17. Là aussi, de tels récits doivent être pris avec prudence, l'auteur n'en citant pas la source... (NDT)

weg (chemin encaissé), près du château. En cette fin de matinée du D-Day, leur secteur est étonnamment calme, tandis que partout aux alentours, les tirs d'armes individuelles, de mitrailleuses et les obus de l'artillerie font rage... [Cet événement s'étant déroulé de jour, ce planeur n'appartient pas aux deux premières missions (celles de la matinée du Jour-J, peu après 4 heures), mais sans doute à l'une du soir (« *Keokuk* » ou « *Elmira* ») ou, plus probablement, à l'une du lendemain matin 7 juin (« *Galveston* » et « *Hackensack* ») [NDT]]

Du côté des états-majors allemands, les rapports restent confus, peu précis et – partiellement – contradictoires. Le chef du bureau de renseignements de l'*OB-West* ne reçoit son premier rapport téléphonique qu'à 12 heures 15, quant à des débarquements de troupes alliées dans le secteur de Sainte-Marie-du-Mont et de Saint-Martin-de-Varreville. L'on trouve également : « *Sur Saint-Vaast* [à 20 km au nord d'Utah Beach], *débarquements en cours depuis la mer* [ce qui est faux, et ne sera corrigé que vers 17 heures 10 seulement [NDA]]. *Sur Carentan, deux divisions aéroportées seraient au sol, d'après des rapports des troupes* ». A 12 heures 35, l'*OB-West* reçoit un autre rapport émanant de la *7. Armee* : « *Sur la péninsule du Cotentin, des renforcements ennemis en cours depuis les airs, qui sont en lien avec le gain d'une modeste tête de pont côtière, au nord de l'embouchure de la Vire. Ces troupes parachutistes commencent déjà à attaquer vers l'est, c'est-à-dire en direction du dos de nos défenses côtières, et cherchent la jonction avec leur tête de pont* [Utah Beach] ».

Pour sa part, le commandant de la *709. Infanterie-Division*, le *Generalleutnant* von Schlieben, est de retour vers midi dans le Cotentin, après s'être rendu jusqu'à Rennes pour le fameux *Kriegsspiel*. Déjà alerté, il se fait très rapidement informer de la situation. Son QG est établi juste au nord de Va-

Dans un planeur *Horsa*, ces *Gliderists* de la « *82nd* » volent en direction du Cotentin, et ont enfilé leur gilet de sauvetage « Mae West ». (US-NARA)

Le *Generalleutnant* August Karl-Wilhelm von Schlieben, commandant la *709. Inf.-Div.* Son *Gren.-Rgt. 919* a été frappé de plein fouet sur *Utah Beach* et, de retour à son QG, le général conçoit un plan de contre-attaque, visant essentiellement à reprendre Saint-Mère-Église... (Bundesarchiv)

lognes. Pas loin de là, sur Négreville et Saint-Joseph, ont même sauté quelques isolés des *505th* et *507th PIR*... Le général réalise que les actions aéroportées se sont produites sur une aire très vaste, et que l'un de ses régiments d'infanterie organique, le *Gren.-Rgt. 919*, est confronté de plein fouet, très rudement, aux débarquements depuis la mer (principalement dans le quartier du *I./919*, établi du Grand Vey au sud jusqu'à Ravenoville, au nord). Il signale son retour au général Marcks, et le fait qu'il a repris personnellement les commandes de sa division. Von Schlieben a bien saisi – et ce sont ses propres mots – que « *le* [Grenadier-] *Regiment 1058, vu la tactique avec laquelle il est employé jusque là, ne pourrait pas remplir sa mission* ». Le général poursuit : « *Parallèlement, j'ai demandé le déblocquement des* schw. mot. Art.-Abt. 456 *et* 457, *deux groupes d'artillerie lourde motorisée, sous l'autorité régimentaire de l'*Oberstleutnant *Seidel, pour appuyer le* Grenadier-Regiment 1058. *Ma requête a été satisfaite. L'ordre d'acheminement des deux groupes d'artillerie a immédiatement été transmis, et l'*Oberstleutnant *Seidel nommé par intérim commandant du* Gren.-Rgt. 1058. *J'ai alors ordonné à l'*Oberst *Beigang de regrouper ses unités et, de nouveau – le 7 juin de bonne heure – d'attaquer sur Sainte-Mère-Église, cette fois avec le soutien des* schwere motorisierte Artillerie-Abteilungen 456 *et* 457, *d'une compagnie de canons automoteurs de la* Panzerjäger-Abteilung 709, *unité que j'ai placé sous les ordres de l'*Oberst *Beigang* ».

– Il convient, ici, de mettre en relation cette citation du *Gen.-Lt.* von Schlieben (qui est riche d'informations) avec d'autres événements et témoignages retrouvés précédemment dans cet ouvrage... En effet, si l'on en croit Heinrich Spieles, l'*Oberst* Beigang serait déjà mort à ce moment-là (voir page **117**). Précisons également que l'*OTL.* Hermann Seidel est le chef du corps de l'*Artillerie-Regiment z.b.V. 621*, comprenant les deux groupes d'artillerie motorisés mentionnés ci-dessus (456e et 457e) NDT –

Vers 13 heures, Sainte-Mère-Église est toujours prise sous le feu d'artillerie sporadique de l'artillerie allemande, provenant sans doute en partie des pièces étant en batterie dans la poche de résistance de Turqueville à Fauville. Malgré les combats faisant rage aux alentours, certains civils quittent le bourg, pour aller trouver refuge chez de la famille, ou simplement auprès de bonnes connaissances... C'est ce que choisissent de faire les Le Cambaye : tandis que Maurice (le père de Juliette) est déjà parti, sa femme ferme leur salon de coiffure, en inscrivant à la craie le nom de la famille et de la localité dans lesquelles ils comptent se rendre. Puis, madame Le Cambaye part avec ses enfants. Juliette est troublée : « *Tandis que nous étions dehors, tout-à-coup j'ai vu filer en chuintant une petite ombre... Un instant après, cet obus a transpercé notre toit, alors que, peu auparavant, nous étions encore dans la maison...* ». En évacuant, ils passent aussi devant la boutique du tailleur, là où, la veille encore, sa robe de mariée était suspendue derrière la vitrine... Juliette est effrayée et attristée : « *Avec les explosions d'obus, la devanture avait été soufflée, volant en miettes... et anéantissant aussi ma belle robe, qui n'était plus qu'un tas de ridicules lambeaux* ». Rappelons que ce mardi 6 juin 1944 aurait dû être celui de son mariage...

D'autres habitants rejoignent des abris creusés dans leurs jardins – quand ils en ont un –. Certains se mettent également à en aménager dans l'urgence. Alexandre Renaud se souvient : « *Avec l'aide de quelques paras américains, nous avons creusé une tranchée près d'une fontaine, à une centaine de mètres de notre domicile. D'autres habitants de Sainte-Mère nous y ont suivis. S'il n'était pas parfait, du moins était-il plus sécurisant que nos maisons et la place de l'église...* ». De son côté, Ed Krause (chef de corps du *3/505*), toujours coupé

Un « *All American* » aide Mme Dijon à quitter le bourg de Sainte-Mère-Église, après le D-Day. (US-NARA)

des troupes débarquées sur Utah Beach, organise une riposte vers le sud, avec un mortier de 81 mm. Toutefois, les 70 obus tirés en trajectoire courbe manquent largement leur objectif, faute d'observation suffisante. Dans la matinée, une contre-attaque est aussi organisée par les Allemands depuis le sud de Sainte-Mère-Église, ayant la RN-13 pour axe principal, mais qui est clouée par des tirs bien ajustés d'un canon de 57 mm, positionné pour couvrir la sortie sud du village, et par des tirs de mitrailleuses, qui permettent aussi d'endiguer les tentatives allemandes de débordement. Puis, « Cannonball » Krause donne l'ordre à sa *I-Company* (comptant alors environ 80 hommes) de progresser vers la *Höhe 20*, c'est-à-dire dans la direction dont était partie la contre-attaque allemande. Cependant, la résistance de la Wehrmacht est telle, que cette compagnie doit se replier vers le barrage sud de Sainte-Mère-Église – sa base de départ –. Au cours de ce repli, le commandant de compagnie (le *Capt.* Swingler) trouve la mort. Néanmoins, par la suite, la pression restera limitée dans la lisière sud du village, depuis la poche de Fauville-Turqueville.
Du côté de la *Hill 30*, commandant le *2/508*, Thomas Shanley est soumis à une pression croissante. Peut-être vers 12 ou 13 heures, il remarque un groupe de *Paratroopers*, dos courbés, marchant précautionneusement en bordure des haies. Dans le même temps, voulant concentrer son feu sur son flanc gauche pour permettre un décrochage de ses forces (en faisant ainsi diversion), le groupe de paras (qui n'avait pas remarqué Shanley et ses soldats) les arrose de ses armes individuelles : deux hommes sont blessés par ces tirs fratricides... Heureusement, les « nouveaux venus » remarquent rapidement leur erreur, puis viennent grossir les rangs de la troupe du commandant du *2/508*. Son but est de se soustraire à un mouvement de tenaille des fantassins allemands (très certainement des membres du *Gren.-Rgt. 1057*). Cependant, le champ qu'ils doivent quitter est bordé d'une dense haie, garnie de ronces épaisses... Dans le seul accès à ce terrain s'est fiché un planeur Horsa, de travers, barrant cette trouée dans la haie. Alors, Shanley les fait passer par l'intérieur du planeur, pour décrocher... Mais un embouteillage se créé, vu qu'il y a quelques dizaines de paras devant passer par ce trou d'aiguille. A un moment donné, les Allemands comprennent la manœuvre, et orientent leurs armes vers le planeur. Ceux n'ayant pas encore pénétré dans l'aéronef doivent

Une habitation de Sainte-Mère-Église touchée par les bombardements allemands, qui commencent à faire rage dans l'après-midi du Jour-J. (US-NARA)

Ces *Paratroopers* avancent sur une route du Cotentin. Derrière eux, un obstacle mobile allemand (chevaux de frise). (US-NARA)

donc se défendre. Alors, Shanley – qui est déjà passé de l'autre côté – retourne dans l'engin et active ses paras avec poigne, parfois même avec un coup de pied au derrière, en leur hurlant de se « magner le cul ». Mais tous n'ont pas le temps de passer et, parmi les derniers, ceux restés dans le champ ne seront plus revus...[18]

Au sein du haut-commandement allemand, le flot d'informations de toutes natures, parfois contradictoires, continue de susciter une certaine confusion, tout en ne convainquant toujours pas certains officiers de l'importance de cette *Invasion* (persuadés que l'essentiel se jouera, tôt ou tard, sur les vastes plages de sable plus au nord, en Picardie ou dans le Pas-de-Calais). Pourtant, l'*Oberbefehlshaber West* (le Prussien von Rundstedt) reçoit de nouveaux renseignements quant au Cotentin, à 14 heures 30 : « *Dans la zone de Carentan et de Valognes, cinq groupements ennemis principaux ont attaqué depuis les airs, groupements qui, certes, n'ont pas encore de liaisons entre eux, mais qui entreprennent des attaques contre les défenses côtières. Attaques combattues par la* 91. LL-Div. *et le* Fsch.-Jg-Rgt. 6. *Renseignements par les armées quant à la situation, associés à de nouvelles mises en garde contre d'éventuelles attaques aéroportées, des parachutages et des actions de sabotage supplémentaires, à venir...* ».

Tandis qu'autour du pont de La Fière, les Américains se préparent à de possibles attaques allemandes venant de l'ouest, le *Capt.* Schwartzwalder, avec ses hommes, décide de repasser à l'ouest du Merderet, le *Lt.* Marr avançant à la tête des gars de sa compagnie qu'il a pu regrouper jusque là. Ils envisagent de retrouver le noyau de leur *507th PIR* sur la *Dropping Zone « T »*. Tandis que le groupe de tête de Schwartzwalder, conduit par John Marr, progresse à pied sur la chaussée surélevée, un échange de tirs se produit, après qu'environ une centaine de mètres ait été parcourue à l'ouest du pont de La Fière. L'Américain – un dénommé Mattingly – marchant à l'avant, en éclaireur, réplique alors avec son fusil Garand – en vidant son *clip* de huit cartouches –, puis lance une grenade à fragmentation. Sortant de son *Schützenloch*, l'un des *Landser* se relève prudemment pour se rendre. Ensuite, peu à peu, six autres fantassins allemands, dont des tireurs et servants de MG, qui sortent de leurs cachettes, sur les bords boisés de la route. Il y avait là deux positions de MG mais qui, heureusement pour Marr, n'ont pas déchargé leurs rafales meurtrières. Peu après, les hommes de Schwartzwalder atteignent l'extrémité ouest de la chaussée et, sur Cauquigny, ils entrent en contact avec les *Lt.* Levy et Kormylo, membres de leur régiment. Outre quelques tirs épars, leur jonction se produit sans difficulté. Là, ils décrivent à Marr et Schwartzwalder la situation dominante dans cette zone, en bordure ouest des prairies inondées du Merderet, et les informent de la présence du *Lt-Col* Timmes un peu plus au nord. Parallèlement, le *Col* Lindquist établit son poste de commandement derrière les bâtiments du manoir Leroux, même si son groupe (une quarantaine d'hommes environ) finira lui aussi par passer à l'ouest du Merderet, via la chaussée surélevée. De son côté, Schwartzwalder n'a plus l'intention de poursuivre sa marche sur Amfreville et la *DZ « T »*, étant donné la densité de forces ennemies retranchées de ce côté-là : avec son groupe, il marche vers le nord, afin de rejoindre Charles Timmes.

En outre, le *Major* Kellam (*Commanding Officer* du *1/505*) envoie également le *Corporal* Francis Buck à l'ouest du Merderet, pour qu'il cherche à regrou-

18. Si cet épisode est vrai, ou bien il s'est déroulé le 7 juin, ou bien il ne s'agit pas d'un planeur Horsa. En effet, selon Philippe Esvelin, au matin du D-Day, les deux missions aéroportées de renforcement par planeur étaient exclusivement équipées de planeurs Waco CG4-A (52 pour la mission « Chicago » (*101st*), soit le même nombre que pour la mission « Detroit » (*82nd*)). Les premiers Horsa n'arriveront manifestement dans le Cotentin que peu avant la tombée de la nuit, au soir du Jour-J (NDT).

per un maximum d'isolés de leur *505th PIR*, qui auraient pu atterrir de l'autre côté du cours d'eau durant la nuit. Alors qu'il vient de franchir la chaussée et qu'il marche aux alentours de la chapelle de Cauquigny, il perçoit un bruit de véhicule blindé, encore assez lointain. Ayant l'expérience du théâtre d'opérations méditerranéen et, en dépit de son grade subalterne, se doutant bien de l'importance stratégique du petit pont, il devine que les Allemands se lanceront bientôt dans une contre-attaque. Buck fait demi-tour sans traîner, et établit son rapport auprès du commandement de bataillon...

Pour sa part, la *A/505* se trouve aux avant-postes des défenses du pont de La Fière. Le gros de cette compagnie se retranche à l'entrée du manoir, ainsi que de part et d'autre du pont, à la sortie est de ce dernier, avec plusieurs mitrailleuses (sans doute des M-1919 A4) en appui. De plus, juste à l'autre entrée (occidentale) du pont, deux équipes de bazooka sont postées, du côté sud de la chaussée : l'une comprend les *Privates* Bolderton et Peterson, l'autre les *Privates* Gyne et Heim. Un barrage est également établi au pont, avec quelques mines antichars et un camion allemand non utilisable. Par ailleurs, depuis peu, une évolution rassurante se produit pour le *1./505* de Kellam : l'essentiel de ses *B-* et *C-Companies* est maintenant arrivé, et peut étoffer en profondeur la défense du pont. Des tranchées individuelles (surnommées « *foxholes* » par les G.I.s et les « Tommies ») supplémentaires sont creusées, et les réserves en munitions ne semblent pas ridicules. Par ailleurs, le canon de 57 mm antichar (6 pdr) est retiré de la cour du manoir et roulé jusqu'au premier coude de la route montant vers Sainte-Mère-Église et la voie ferrée. Il est servi par des sapeurs de la 3e section de la *B-Company* du *307th Glider Engineers Battalion*, qui le dissimulent auprès de ce tournant.

Le dispositif américain est prêt pour encaisser la contre-attaque, dont les *Paratroopers* ne savent pas encore si elle sera appuyée par de vieux tanks de récupération, des *Sturmgeschütze* ou canons automoteurs, ou encore de modernes et redoutables panzers lourds...

A quelques kilomètres à l'est, les hommes des IIe et IIIe bataillons du *505th PIR* restent sur la défensive, n'ayant aucune idée du moment où les tanks venus d'Utah Beach arriveraient à Sainte-Mère-Église. Suivant le plan, eux et les fantassins de la « *Ivy* » *Division* ne devraient quand-même plus tarder. Toutefois, la menace rôde toujours de part et d'autre du bourg... Vers le sud, qui sait si, entre Carentan et Saint-Côme-du-Mont, les « *Screaming Eagles* » ont pu s'emparer des points de passage, pour sécuriser l'aile sud de la tête de pont (qui en est aux balbutiements de sa formation, et n'ayant encore aucun caractère continu). Voilà pourquoi, à Sainte-Mère, l'on s'attend possiblement à une attaque en force depuis le sud, les Forges et la *Hill 20*. Krause ne sait pas que, de leur côté, les Allemands et les Géorgiens combattant là-bas n'ont aucune couverture de leurs arrières, les « *Grüne Teufel* » de von der Heydte (du *II./6*) n'ayant pas pu établir de jonction avec eux – De fait, quelques groupes de *Fallschirmjäger* ont bien pu arriver jusqu'à la zone de Turqueville et même en bordure de Sainte-Mère-Église, d'après Eugen Grießer, vétéran de Narvik et de la Crète [NDT] –.

Peu de temps après le premier engagement sur Chef-du-Pont, le *Lt-Col* Maloney est arrivé sur les lieux, avec environ 70 *Paratroopers*. Il ne sait pas si Gavin se trouve déjà à La Fière, ni le fait qu'Ostberg a été blessé au cours du premier assaut contre le pont. Il se dirige lui aussi vers ce dernier, en vue de s'en emparer. De fait, la lisière de la localité de Chef-du-Pont commence pratiquement au niveau du pont, avec une laiterie, et pour l'atteindre les paras doivent progresser en suivant la route qui y descend, dans un axe du nord-est au sud-ouest. Cette partie sud du village, appelée le Bas-de-la-Rue,

Ces soldats de la Wehrmacht, certains très jeunes, d'autres assez âgés, ont été capturés le Jour-J. Le lieu, hélas, n'est pas mentionné. (US-NARA)

Sans doute dans une tranchée individuelle, ce *Paratrooper* de la *82nd Airborne*, l'air martial, présente un curieux « montage »: une grenade américaine Mk-2 posée sur un casque allemand M. 35 ou 40 ! (US-NARA)

est maintenant nettoyée, toutefois les *Landser* tiennent encore la chaussée à l'ouest du Merderet, de même que la zone au sud de Chef-du-Pont, de part et d'autre de la voie ferrée, incluant les deux petites localités du Port et de Carquebut. Une situation précaire renforcée par le fait que, dans l'après-midi, Maloney est rappelé sur La Fière, pour y renforcer la défense du pont. De son côté, le *Capt.* Roy E. Creek (commandant la *E/507*) demeure avec 33 paras sur Chef-du-Pont, en espérant que les Allemands n'entreprennent aucune attaque en force. Or, si pour le moment aucune force ennemie motorisée ou blindée ne se présente, le groupement de Creek est pris à partie par une pièce d'artillerie, tirant depuis l'ouest et la rive opposée du Merderet [peut-être depuis les hameaux l'Angle ou le Port-Filiolet [NDT]], et dont les obus causent des pertes sensibles au groupe de Creek (apparemment, quatorze tués ou blessés). Parallèlement, venant du sud, un groupe d'une cinquantaine de fantassins allemands est observé ; néanmoins au vu du terrain, qui présente une zone inondée et dégagée s'étendant également au sud de la laiterie et à l'est du Merderet, il faudra du temps pour qu'ils la contournent et qu'ils arrivent à portée, pour se déployer en vue d'une attaque... Tenir dans ces conditions paraît bien difficile pour le jeune officier du *507th PIR*.
Pendant le temps, Schwartzwalder a pu rejoindre les positions « en hérisson » de Charles Timmes (comprenant une centaine d'hommes) ; la jonction est opérée sans difficulté. Cependant, d'un point de vue tactique, cet éloignement de La Fière et de Cauquigny qu'a effectué le groupe du *Capt.* Schwartzwalder est peu judicieux : avec le *Lt.* Levy, ils auraient pu constituer un bouchon retardateur contre les forces allemandes de contre-attaque, au sud et à l'est de la chapelle de Cauquigny. En fait, ils n'ont fait que s'enfermer avec le *Lt-Col* Timmes dans un « *Kessel* » peu utile, adossé à la zone des marais artificiels, au nord de Cauquigny.
Presque dans les mêmes temps, une ambulance allemande apparaît auprès des positions de Levy et de Kormylo, sur Cauquigny. Le véhicule s'arrête au niveau des Américains pour se signaler, puis il repart, sans doute vers le sud et dans la direction de la colonne ennemie. Il n'est pas à exclure, que les *Sanitäter* avertiront leurs compatriotes du fait que des défenseurs américains se trouvent tout près de l'accès ouest de la chaussée surélevée...
Vers 16 heures 30, des obus tombent du côté de la petite église ! Venant du sud et de la zone de Picauville, quelques dizaines de fantassins du *Gren.-Rgt. 1057* et deux chars de la *Panzer-Ersatz-und-Ausbildungs-Abteilung 100* –

Peu après les combats, le pont de La Fière. En arrière-plan, la chaussée bordée d'épaves et, au premier plan à droite, le tournant de la route partant vers Le Bosc, hameau de La Fière. (US-NARA)

Dans le secteur de Saint-Come-du-Mont, avec deux autres parachutistes, ce « *Screaming Eagle* » a perdu la vie le long d'une haie. (US-NARA)

100e bataillon blindé d'instruction et de dépôt – approchent de la chaussée surélevée... et sont confrontés à une brève riposte, en bordure sud de Cauquigny. Puis, certains *Paratroopers* de la *B/508* décrochent vers le nord, et d'autres vers le pont de La Fière, certains récits parlent même d'Américains affolés traversant la zone immergée. Du côté du manoir Leroux, les hommes du *505th* ont bien entendu quelques explosions, des tirs, voire aperçu le reflux précipité de parachutistes vers l'est. Roulant vers le nord, les « *Beutepanzer* » (chars de prise) s'engagent ensuite dans la courbe rejoignant l'entrée de la chaussé surélevée. Robert Murphy, qui a été *Pathfinder* du *1/505*, se rappelle : « *Depuis le manoir, nous pouvions observer très précisément les chars allemands – plus exactement, des véhicules français réemployés par la Wehrmacht –, roulant lourdement sur la route, du côté occidental de la zone inondée. Les gars des* 507th *et* 508th PIR *n'ont pas pu être aidés par nous, on les voyait cherchant à échapper à l'anéantissement, en pataugeant dans l'eau des marais, au sud du remblai routier menant au pont. Nos armes individuelles n'offraient pas de portée suffisante pour les couvrir, il y avait bien 500 ou 600 mètres jusqu'à l'autre bord. A cette distance, nos balles – de même que les projectiles de bazooka – sont absolument inefficaces. Restait notre canon de 57 mm, qui pouvait tirer avec un certain succès...* ».

Pendant ce temps, au sud-est de cette zone, les compagnies des Ier et IIe bataillons du *FJR 6* n'ont pas pu progresser davantage. De leur côté, les IIe et IIIe bataillons du *8th US-InfRgt* (sous les ordres du *Colonel* Van Fleet) sont parvenus à avancer vers l'ouest, via Pouppeville et Sainte-Marie-du-Mont, en venant ainsi prêter main forte aux « *Screaming Eagles* » qui combattent dans ce secteur depuis la nuit. Face à ces renforts du côté américain, les hommes d'Emil Preikschat piétinent dans la zone de Vierville, de même que ceux de Rolf Mager, dans la région de Blosville et des Forges.

Sur Utah Beach débarque un groupement partiellement blindé : la dite « Howell Force », ou *Task Force C*, commandée par G. P. Howell, au sein de laquelle se trouve un solide – et très expérimenté – officier supérieur des paras de la *82nd Airborne* : le *Colonel* Edson Duncan Raff, commandant un sous-groupement tactique de la « Howell Force ». Il s'agit là d'un volet méconnu

Le *Lt-Col* Maloney, *Commanding Officer* du *3/507*, portant sa tenue de saut M-1942. (US-NARA)

Le 6 juin, le *Captain* Roy E. Creek, commandant la *E-Company* du *507th PIR*, sera chargé de tenir la sortie sud-ouest de Chef-du-Pont durant de longues heures, en attendant des renforts... (US-NARA)

A doite : le pont à trois arches de Chef-du-Pont, l'un des deux points de passage du Merderet qui devra permettre au *VIIth US-Army Corps* de pousser vers l'ouest, jusqu'au littoral occidental du Cotentin. Il sera détruit après la guerre, et remplacé par un édifice en béton. (US-NARA)

Ci-dessous : le pont de Chef-du-Pont en février 2019. Le niveau des inondations donne une idée de ce qu'il en était au début de juin 1944. (Photo P. Cherrier, 2019)

des opérations du D-Day dans le Cotentin. La *Task Force « Raff »* regroupe la *C-Company* (*Capt.* James Crawford) du *746th Tank Battalion*, un peloton du *4th Cavalry Reconnaissance Squadron*, ainsi que des *Gliderists* de la *F-Company* du *325th Glider Infantry Regiment* (appartenant au IIIe bataillon). Faute de planeurs en nombre suffisant pour les acheminer jusqu'en Normandie, les forces aéroportées de ce groupement sont arrivées par la mer. Au début, Raff progresse dans de bonnes conditions, dans une zone préalablement nettoyée par la *101st Airborne*, et parvient même en vue du clocher de Sainte-Mère-Église, progressant en parallèle des fantassins du *8th US-Inf-Rgt*. Roulant en direction de la RN-13, en vue de l'atteindre et, ensuite, de la suivre vers le nord pour remonter jusqu'à Sainte-Mère-Église, Raff est violemment pris à partie depuis les positions allemandes de la *Höhe 20* ! Les G.I.s de l'infanterie d'accompagnement se trouvent eux aussi en difficulté, stoppés par des obus d'artillerie ou de mortiers. Raff sait que la zone s'étendant des Forges à Fauville, de part et d'autre de la route nationale, doit servir à l'atterrissage massif de planeurs [la *Landing Zone « W »*, destinée à la mission « *Elmira* » ; 176 planeurs au total ! [NDT]], à partir de 21 heures environ. Le temps s'écoule, avec un compte à rebours peu rassurant... Le colonel ordonne à un chef de *Scout Car* du peloton de reconnaissance d'aller éclaircir la situation vers le nord, avec un Sherman avançant en couverture, sur l'arrière. Soudain, un fort claquement se fait entendre, à quelques centaines de mètres vers l'avant : il s'agit d'un coup fulgurant de 88 mm qui, sans exploser, endommage l'engin de reconnaissance ; le char subit le même sort. Vu que le terrain vallonné et bocager ne permet pas de localiser le canon allemand, « Ed » Raff cherche un plan d'urgence, toujours dans la crainte qu'un désastre se produise pour les planeurs destinés à la *LZ « W »*...

Non loin de là, sur Fauville, où le spectre d'un encerclement apparaît peu à peu, l'*Uffz*. Escher se rappelle : « *En fin d'après-midi, nous avons été pris à partie, de façon soudaine, par des pièces d'artillerie américaines. Rien n'évoluait de notre côté, aucun ordre de mission non plus. Nous sommes restés à couvert en nous tapissant dans nos trous individuels, dans le chemin creux. Nous n'avons heureusement eu aucun blessé à déplorer. Néanmoins, avec effroi j'ai vu un gros éclat d'obus filer près de moi, qui, telle une petite étoile*

filante, a terminé dans la terre son vol fulgurant, encore bouillant... J'ai donc eu de la chance.
Autrement, notons que, vers l'ouest, depuis la matinée nous avions entendu des tirs – bien reconnaissables – de MG allemands, avec leur cadence rapide. Or, ces tirs ont eu tendance à se rapprocher de notre zone de stationnement, au cours de la journée. Nous espérions tous une relève ou un soulagement dans les prochaines heures, car si nous n'avions pas beaucoup de renseignements, l'on se doutait bien que nous étions en partie encerclés. Ces gerbes de MG nous laissaient espérer que des camarades se battaient, vers le Merderet. Malheureusement pour nous, les rafales sont devenues de plus en plus diffuses et lointaines, et notre espoir s'est envolé. Les obus de l'artillerie ennemie n'ont commencé de faiblir dans nos alentours que plus tard, dans la soirée. A mon avis, il devait y avoir un observateur avancé dans les parages, pour orienter ces tirs, peut-être un type posté dans un arbre avec une radio ou un téléphone. Sans doute a-t-il été mis hors-de-combat à un moment donné, ce qui nous a procuré un appréciable répit. Notre réseau de défense, en cette fin de journée, n'était plus vraiment intact car, dans sa zone orientale [sans doute du côté des hameaux de Turqueville ou d'Ecoquenéauville [NDT]], *les Américains ont fait irruption, et ont même constitué des prisonniers. Et quant à nos subsistances ? C'était le néant complet ! Nous avions de plus en plus faim dans mon petit groupe, et la fatigue s'amplifiait elle aussi...* »
A quelques kilomètres de Fauville, les hommes du *1st/505th PIR* sont prêts pour la riposte, tandis que les quelques « panzers français » s'engagent sur la chaussée surélevée... droit vers le petit pont de pierre et le manoir Leroux[19] ! Robert Murphy, vétéran de la Méditerranée, explique : « *Pour appuyer leur petite offensive, les Allemands ont déversé tout ce qu'ils pouvaient sur nos positions, près de la grosse ferme seigneuriale. Des shrapnels pleuvaient dans les airs, au dessus de nous et dans un ample rayon, pour s'abattre à l'intérieur et tout autour de nos « foxholes ». Notamment avec les obus qui explosaient dans la cime des arbres, là, la pluie d'acier engendrée était particulièrement affreuse. Après ce pilonnage, les assaillants allemands ont approché avec rage, environ 200 fantassins, juste derrière leurs panzers ! Alors, les hommes de notre 1st Battalion ont ouvert le feu de toutes leurs armes. Les fantassins adverses se sont mis à couvert, tandis que les chars roulaient imperturbablement vers le pont, droit sur nous. Le premier d'entre eux s'est avancé jusqu'à une quarantaine de mètres du pont, sans doute soucieux de la présence de mines – il y en avait bien quelques unes, en avant du camion que nous avions placé sur le pont, en guise de barricade* [20] *–. Alors, la trappe de tourelle du premier panzer s'est ouverte, son commandant s'y est dressé quelques courts instants, en vue de disposer de hauteur et d'une meilleure observation, autrement limitée. Là, chacun d'entre nous l'a visé... Depuis cette position surélevée, quoiqu'exposée, il devait sûrement être en mesure de repérer notre canon de 57 mm, en batterie un peu plus haut sur la route, mais la grêle de balle reçue a fait que c'a été la toute dernière chose, sur laquelle il a posé les yeux...* ».
L'équipe de pièce du *6 pdr*, composée de sapeurs, cachée près du virage en haut de la route, à environ cent mètres du manoir, dispose d'une bonne vue sur la chaussée et la zone inondée. Deux panzers, des Renault R-35 (pour les Allemands, des *Pz-Kpf.W 35-R 731 (f)*), roulent alors l'un derrière l'autre, à environ cinquante mètres d'intervalle. Deux équipes de bazooka sont postées juste à l'entrée ouest du pont, embusquées dans les branchages en haut du remblai routier, attendant que le premier blindé avance à distance suffisante de leurs roquettes qui, quoique dotées d'un puissant pouvoir perforant, n'ont

La grenade britannique N°82, ou « Gammon » (du nom de son inventeur), employée largement par les *US-Paratroopers*, tout comme leurs homologues les « *Red Devils* » britanniques et canadiens. Si elle est très puissante, du moins est-elle également dangereuse. Elle explose à l'impact, sans système de retardement, et il est possible pour le soldat de disposer lui-même la quantité de plastic de son choix, à l'intérieur de l'enveloppe. (DR)

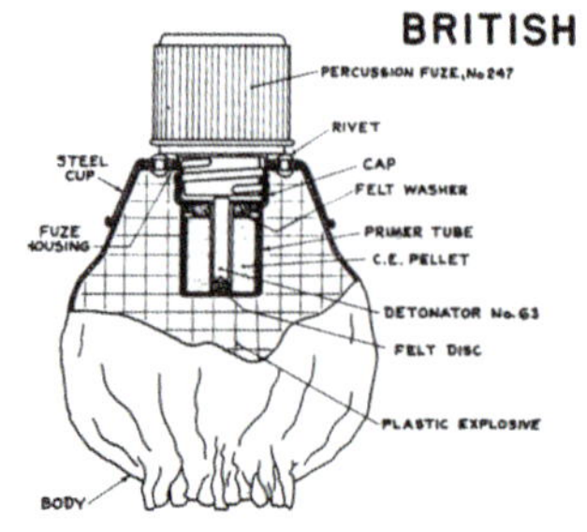

Portrait colorisé de Robert Murphy, en 1942, en uniforme de sortie. A ce moment-là, il n'a aucune expérience du feu... (Collection Robert Murphy)

pas une portée très grande... Alors, les deux équipes se dressent et, le plus rapidement possible, déchargent un maximum de projectiles – peut-être une douzaine –. Il faut un certain cran, et l'action fonctionne : le char de tête est atteint dans l'une de ses chenilles, quoique son canon puisse encore tirer, et ouvre le feu vers le pont, créant une éruption de débris, projetés ici et là... Murphy : « *Je ne pouvais pas le croire : les quatre paras servant les bazookas, les plus en avant de notre bataillon, étaient encore en vie ! Deux équipes bien rôdées, tirant avec une précision remarquable. Je crois qu'ils n'ont gaspillé aucune roquette. Le premier panzer a reçu quelques coups au but, et on aurait dit qu'il cherchait à descendre de la chaussée surélevée. Pendant ce temps, le second progressait, essayant de le dépasser pour avancer vers le pont. Le premier char, pas mal amoché, a fini par s'enflammer... Durant l'action, notre canon antichar a lui aussi tiré, mais les panzers ont répliqué et ont perforé le bouclier de protection du canon !* » – Si, ici, l'auteur apporte une version cohérente et dépourvue d'exagération, proche de celle d'Allen L. Langdon, tous deux parlant de deux chars allemands lors de cette contre-attaque, notons que des zones d'ombre subsistent. Ainsi, le *Pvt.* Heim parle dans son témoignage d'un troisième panzer détruit, lors de cette action en fin d'après-midi du Jour-J...[NDT] –

Ces premiers chars Renault sont liquidés grâce aux redoutables bazookas américains. Durant l'action, le canon de 57 mm antichar a été touché au bouclier, comme l'indique Murphy, et les sapeurs le servant ont été tués, blessés ou ont simplement fui. Là-dessus, les fantassins allemands – du moins ceux qui sont encore indemnes ou blessés en état de marcher – se replient vers l'ouest et Cauquigny, étant maintenant dépourvus d'appui blindé ! Sans doute ont-ils rejoint Gueutteville, Picauville ou Amfreville. Cette première bataille pour le modeste pont de La Fière a été remportée par les *Paratroopers* de la *82nd Airborne*.

Durant ces longues heures de tension, les hommes des IIe (« Vandy ») et IIIe bataillons (« Cannonball » Krause) du *505th PIR* tiennent solidement Sainte-Mère-Église, même si le village de Neuville-au-Plain a dû être lâché par Turnbull, pour n'être réinvesti que le lendemain. Jusque dans la nuit, des obus d'artillerie et de mortier tombent régulièrement sur Sainte-Mère, toujours déchargés depuis le sud et la *Höhe 20*. Le commandant de division Matthew Ridgway et son *Assistant Division Commander*, le général Gavin, ont bien établi leur poste de commandement sur la ferme de la Couture. Néanmoins, vers l'est, outre quelques rencontres entre patrouilles, aucun contact solide n'a pu être encore établi avec la *« Ivy » Division*, ni avec la *« Howell Force »* à laquelle appartient le *Col* Raff. Par ailleurs, malgré l'arrivée de planeurs à la fin de la nuit, chargés de divers ravitaillements, dont du matériel médical, ce dernier commence à manquer dans les postes de secours établis par les Américains dans Sainte-Mère-Église, avec de nombreuses blessures causées par éclats d'obus (bien plus que par des balles). De son côté, MacIlvoy a pu aménager une importante infirmerie sur Baudienville, dans une ferme au nord-est de Sainte-Mère-Église, qui est une zone située, au soir du Jour-J, dans une sorte de « No Man's Land ».

On l'a entrevu, le commandant de la *709. Infanterie-Division*, von Schlieben, tente de mettre sur pied une contre-attaque depuis le nord, avec Sainte-Mère-Église en ligne de mire (disposant, comme infanterie, des hommes

Deux G.I.s s'activent, devant la quincaillerie Leménicier de Sainte-Mère-Église. Probablement s'agit-il d'une opération de nettoyage « mise en scène », peu après le D-Day. (US-NARA)

19. Dans *Utah Beach – Sainte-Mère-Église*, Heimdal, 2004 (G. Bernage et D. François), le *Private* Marcus Heim situe cette contre-attaque vers 17 heures (page 136) (NDT).

20. Le vétéran Allen L. Langdon n'évoque pas cette présence d'un camion servant de barricade, dans son ouvrage *505th Parachute Infantry Regiment*, au chapitre de cette première contre-attaque allemande, aux pages 266-267 (NDT).

n'ayant pas été anéantis du *Gren.-Rgt. 1058*, de la *91. LL-Div.*), mais qui ne peut pas encore être mise en œuvre... Néanmoins, n'oublions pas que dans les terres, à trois kilomètres environ du littoral oriental du Cotentin, de puissantes batteries d'artillerie côtière, bien encasematées (les *2.* et *3./1261*), tiennent bon et ont pris sous leur feu les plages et la flotte d'invasion.
De son côté, le *Col* Edson Raff a repris une progression à tâtons vers les défenses de la *Höhe 20*, au milieu du bocage. Maintenant, *Scout Cars* et M-4 Sherman de la dite « Task Force Raff » roulent vers le nord, à l'est de la RN-13. Toutefois, deux nouveaux chars sont touchés par des obus de 88, et laissés hors-de-combat : Raff fait stopper l'attaque. Certes, une partie des prairies devant constituer la *Landing Zone « W »*, sur lesquelles doivent atterrir les planeurs, sont entre les mains des Américains (la partie sud de cette *LZ*). Toutefois, depuis la poche allemande de Fauville-Turqueville, des tirs pourraient avoir un effet catastrophique, si jamais les planeurs survolaient cette zone à trop faible hauteur. Alors, la première vague de la mission « *Elmira* » (22 planeurs Waco et surtout 54 Horsa), tractée par des C-47 Skytrain, apparaît comme prévu, et les ensembles attelés se décrochent. Les pilotes de planeur cherchent à esquiver les tirs grimpant depuis les positions allemandes, tout en maintenant leurs lourds planeurs le plus longtemps possible dans les airs, en vue de les poser à l'écart du danger représenté par la zone ennemie... Toujours avec une forte vitesse, et devant « sauter » ou redresser par-dessus les hautes frondaisons verdoyantes des haies bocagères, de nombreux planeurs s'écrasent très violemment. Sur certains terrains hérissés de « *Rommel-Spargeln* », les planeurs viennent s'abîmer contre ces troncs d'arbres. Ceux parvenant à se poser dans la partie sud de la *LZ « W »* et autour des Forges, ne s'en sortent pas trop mal, et peuvent être appuyés par les G.I.s déjà au sol. Les hommes de Raff et du *8th Inf-Rgt* leur viennent en aide, pour s'occuper des blessés et recueillir le matériel, bien qu'une partie soit perdue. Dans leurs débris, certains planeurs, éventrés et complètement disloqués, renferment encore des morts et, surtout, des blessés graves hurlant de douleur, qui ne pourront être dégagés avant de très longues heures[21] !
A Sainte-Mère-Église, ces nuées de planeurs ont pu être aperçues, de même que les bruits de la riposte allemande. Par contre, l'on ne sait rien de la localisation de la « *Task Force Raff* », la poche de résistance allemande la séparant encore du village.
Au pont de Chef-du-Pont, le *Captain* Roy Creek est toujours fortement inquiet, avec une vingtaine d'hommes seulement pour défendre l'édifice en pierre face à toute contre-attaque allemande. Jusque là, le dispositif défensif est bien mince, comparé à celui du pont de La Fière (ils disposent d'un mortier de 60 mm)... Heureusement, les Allemands ne sont pas intervenus avec des moyens blindés dans cette direction, l'on peut d'ailleurs se poser la question du pourquoi ? Tandis que Creek connaît un besoin urgent de munitions, des conteneurs sont déposés dans les alentours par quelques C-47 – tel un don du ciel – et, vers la tombée de la nuit, le général Gavin arrive personnellement en lisière sud-ouest de Chef-du-Pont, avec une centaine d'hommes de renfort et un canon de 57 mm antichar, que Creek emploie contre une position de canon allemand de l'autre côté de la zone inondée. Toutefois, l'officier vétéran du *507th* dira plus tard, qu'il est « *sûr de ne pas l'avoir touché* ». Par ailleurs, la contre-attaque d'infanterie depuis le sud et la zone de Carquebut a pu être contenue[22].
De son côté à l'ouest du Merderet, Thomas Shanley s'est écarté de la *Hill 30* pour se diriger vers Picauville, c'est à dire vers l'ouest, en s'enfonçant dans un terrain où les Allemands reprennent peu à peu la main. Si la *Hill 30* n'est

Le *Colonel* « Ed » Duncan Raff, au caractère très dur (parfois surnommé « *Little Caesar* »), qui débarque sur Utah Beach avec la « *Howell Force* », et qui, plus tard, prendra le commandement en titre du « 507 » (en effet, « Zip » Millett sera fait prisonnier le 7 ou le 8 juin). (Collection D-Day Experience)

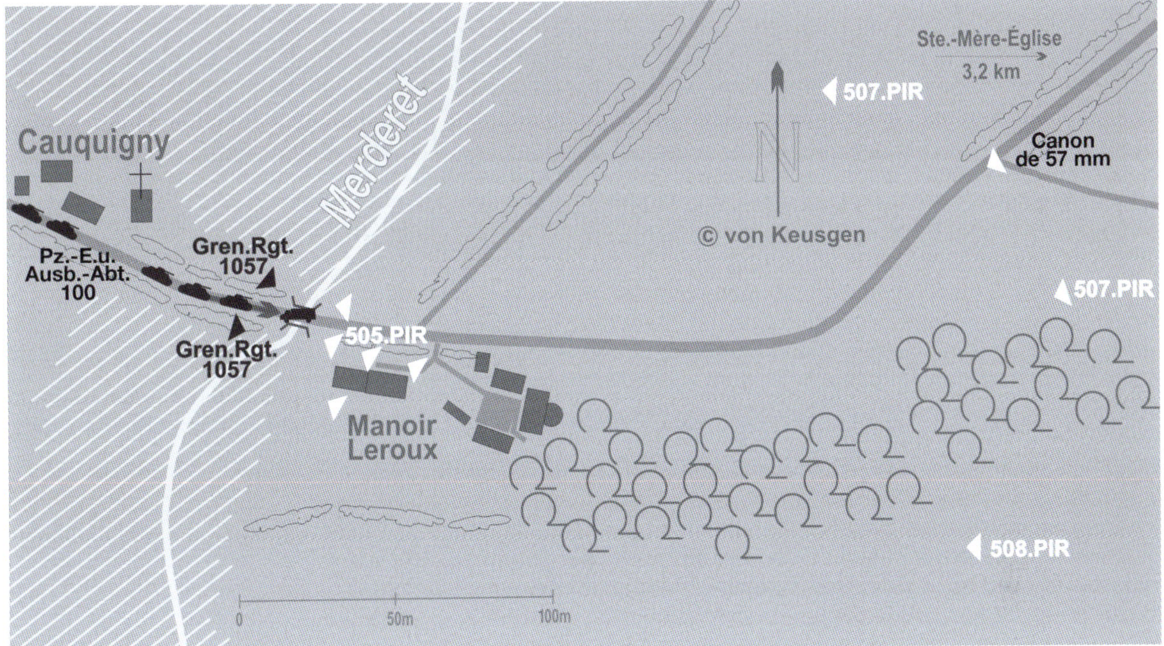

Les contre-attaques allemandes vers le pont de La Fière.

pas située très loin du pont la Fière, ni de celui de Chef-du-Pont, la pression allemande est telle qu'ils n'ont pu aller que vers l'ouest, se rapprochant aussi de leur *Dropping Zone « N »*. Soudain, son groupe tombe sur des dizaines de *Paratroopers* de leur *82nd Airborne*, regroupés sur un terrain clos de haies. N'ayant aucun chef à leur tête, ils sont inactifs depuis plusieurs heures,

En portant le regard vers l'est, dans l'axe d'attaque des « *Beutepanzer* » et des fantassins du *Gren.-Rgt. 1057*. Sur le bord de ce remblai, la végétation était beaucoup plus dense en 1944. (Photo P. Cherrier, 2019)

21. D'après Philippe Esvelin, page 105, 38 pilotes et passagers de la mission « *Elmira* » ont perdu la vie durant les opérations d'atterrissage, et 56 planeurs sont détruits (sur les 176 que compte cette mission) (NDT).
22. Pour comparer, voir le témoignage de Roy Creek, dans Dominique François, *507th Parachute Infantry Regiment*, Heimdal, Bayeux, 2000, page 48 (NDT).

presqu'abandonnés à eux-mêmes. Par son charisme, Shanley cherche à les dynamiser, les faisant se relever, pour les répartir en trois groupes. Certes, Shanley a de nombreux hommes sous la main, du moins manque-t-il d'armes lourdes (au total, deux fusil-mitrailleurs Browning, une mitrailleuse et un bazooka). Alors, ils se dirigent vers une légère élévation de terrain bocagère. Le *Lt-Col* a dans l'idée, avec les moyens dont ils disposent, de causer un maximum de troubles aux forces allemandes des alentours, notamment en sectionnant les lignes téléphoniques rencontrées. Par ailleurs, en s'entretenant avec des paysans français, ils apprennent qu'ils se trouvent à proximité un important P.-C. allemand, et que de nombreux adversaires stationnent sur Picauville et Etienville... Shanley ne perd pas de vue sa mission première : démolir le pont sur la Douve reliant Pont-l'Abbé (au nord du cours d'eau) à La Guenauderie (au sud). Néanmoins, pour la mettre en œuvre, il estime ses forces insuffisantes. Alors, il choisit de retourner vers la *Hill 30*...[23]

De son côté, le jeune Karl-Heinz Mayer, du Ier bataillon du *Fallschirmjäger-Regiment 6* commandé par le Munichois von der Heydte, a perdu depuis longtemps le contact avec sa 3e compagnie. Dans la zone vallonnée entre Saint-Côme-du-Mont et Sainte-Marie-du-Mont (leur objectif), les « Diables Verts » d'Emil Preikschat sont confrontés à des combats très virulents. A la tombée de la nuit le Jour-J, si le clocher Renaissance, si singulier, de Sainte-Marie-du-Mont est en vue, pas un seul *Fallschirmjäger* n'atteindra le bourg les armes à la main...

Au début de cette journée, Mayer était à l'écart de la zone des combats au nord de la Douve, ayant été laissé en arrière par le gros de sa troupe, tout seul, pour servir d'arrière-garde, probablement du côté de Méautis :

Ci-dessus : une pièce antichar américaine (le *57-mm-Gun M-1*, adaptation directe de l'*Ordnance QF 6-pounder* britannique) dans la bataille des haies de Normandie, à l'image de celle positionnée à proximité directe de la route, au dessus du manoir Leroux. (US-NARA)

Ci-dessous : l'un des « *Beutepanzer* » de la *Pz-E.-u.-Ausb.-Abt. 100*, un Renault R-35, détruit sur la chaussée entre le pont de La Fière et Cauquigny. (US-NARA)

« Quelque part dans le bocage, je me suis retrouvé à devoir attendre, dans un champ... toutefois, mes copains ne sont jamais revenus. Alors, des Fallschirmjäger d'une autre unité [24] *sont arrivés dans mon coin, et m'ont emmené avec eux. Je ne les connaissais pas, ils montaient en direction de Carentan. A un moment donné, au cours de l'après-midi, nous sommes tom-*

Ci-dessus : un autre cliché bien connu, pris au minimum le 10 juin 1944, des épaves de « *Beutepanzer* », sur le remblai routier à l'ouest du Merderet. Les engins ont déjà été poussés à l'écart de la chaussée, pour faciliter le trafic automobile. Le R-35 à l'arrière-plan est, sans doute, celui visible à la page précédente. (US- NARA)

Ci-contre : le même endroit de nos jours, dos au pont de La Fière, en regardant vers Cauquigny. (Photo P. Cherrier, 2019)

23. Voir également, dans *508th PIR* de Dominique François, les pages 32 et 48 (NDT).
24. Probablement des hommes du *III./FJR 6* (NDA).

Cotentin, juin 1944. Des *Paratroopers* du « 505 » profitent d'un peu de répit, auprès de leur abri de campagne aménagé à flanc d'un haut talus de haie. Il pourrait s'agir un *Command-Post* de compagnie ou de l'un des trois bataillons du régiment. (US-NARA)

bés sur une ferme. Là, tout le monde s'est rassemblé, et c'est également le moment où j'ai pu retrouver le reste de ma compagnie. Cependant, il n'y avait plus beaucoup de camarades présents... ».

Plus tard – sans doute dans la soirée –, poursuivant sa progression, le groupe de l'*Ogefr.* Mayer a dépassé Carentan, puis a franchi la succession de ponts sur la Douve et l'un de ses affluents, pour continuer vers le nord : « *En arrivant au niveau du petit village de Saint-Côme-du-Mont, à un carrefour nous avons poursuivi notre route vers la droite, quittant l'axe principal montant en direction de Sainte-Mère-Église. Là, nous sommes passés devant une assez grosse maison, toute seule. L'on nous a alors signalé qu'à l'intérieur était installée une* Sanitätsstelle *(poste de secours), au cas où l'on en aurait besoin, ce que nous n'espérions pas, bien entendu... Juste derrière se trouvait une zone boisée, à laquelle nous avons accédé par une trouée*[25]*. La nuit a alors commencé à tomber, et nous étions tous très fatigués. C'est alors qu'un furieux pilonnage s'est produit : l'artillerie de marine tirait des obus au phosphore ! Partout, ça s'est mis à cramer. Même moi, je me suis retrouvé avec des projections incandescentes sur mon uniforme. Un camarade s'est grouillé pour me retrier ma vareuse* [probablement une combinaison de saut bariolée [NDT]], *et les bandes de cartouches de MG que je portais. Ces obus ont aussi arrosé les arbres alentours, dans lesquels étaient perchés des soldats américains. Leurs propres troupes...* ».

25. Quant au bâtiment décrit ici, il s'agit indiscutablement du Dead Man's Corner de Saint-Côme-du-Mont, la maison des époux Marie. Néanmoins, la « zone boisée » (*Wald*) qu'évoque Karl-Heinz Mayer n'est sans doute qu'un dense verger, une haie épaisse et touffue, ou un bosquet (NDT).

Au sud de Sainte-Mère-Église, Fauville et la *Höhe 20* sont toujours tenus par les forces allemandes, au soir du D-Day... (Photo P. Cherrier, 2019)

Le poste de pilotage d'un Waco CG4-A, dont le plancher a été totalement lacéré... (US-NARA)

Un planeur Horsa s'étant violemment abîmé à l'atterrissage, sa partie arrière entièrement décrochée. Ces planeurs britanniques forment l'écrasante majorité de la mission « *Elmira* » qui, le 6 juin au soir, doit atterrir en deux vagues sur la *Landing Zone « W »*, au sud de Sainte-Mère-Église afin, entre autres, de débarquer des artilleurs avec leur matériel... Toutefois, à la tombée de la nuit, les Allemands tiennent toujours la *Höhe 20*, incluse dans la partie nord de la *LZ « W »*... (US-NARA)

Un attelage civil a été pris pour cible par des avions alliés, durant la Bataille de Normandie. Des erreurs d'objectifs aux conséquences souvent fatales... (DR)

Photographie célèbre, digne de la propagande, d'un *Fallschirmjäger* en Normandie, portant un foulard à carreaux, armé du rare *Fallschirmjäger-Gewehr 42* (fusil très en avance sur son temps, pouvant tirer au coup par coup ou par rafales). (Bundesarchiv)

A gauche : trois *Grenadiere*, peut-être une équipe de MG du *Gren.-Rgt. 1057* (voir le tube porte-canon de l'homme au premier plan, et la bande de cartouches de son camarade juste derrière), ont été fauchés devant la brèche d'une haie (était-ce leur position de tir ?). Boîtiers d'appareil de protection contre les gaz et musettes à pain sont ouverts... Ces dépouilles ont été fouillées. [D'après Dominique François, dans *82nd Airborne*, Heimdal, cette scène macabre se situerait du côté du Ham... [NDT]] (US-NARA)

La situation dans la tête de pont du Cotentin au soir du D-Day

En ce Jour-J finissant, la *4th US-Infantry-Division* est parvenue à prendre solidement pied sur Utah-Beach, malgré un débarquement davantage au sud que l'endroit prévu. Si la résistance allemande rencontrée par elle n'a pas été très solide, les trois sorties de plage (les dites *Exits 1, 2* et *3*) employées par son infanterie et les blindés des *749th* et *70th Tank Battalions* n'ont pas permis une extraction rapide et profonde de la zone dunaire. Vers 21 heures environ, le *Major-General* Ridgway reçoit enfin un contact radio avec les troupes débarquées qui, certes, ne sont plus très loin, mais qui restent prudentes (le *12th US-Inf-Rgt* est solidement établi au sud de Beuzeville-au-Plain, c'est-à-dire à 2,5 kilomètres environ de Sainte-Mère-Église). Néanmoins, Ridgway espère une arrivée la plus rapide possible des chars, car de mauvaises surprises peuvent survenir, y compris dès la nuit tombante...

Dans le Bessin, sur la zone de débarquement d'Omaha Beach, les *1st* et *29nd US-Inf-Div* et leurs unités d'appui sont parvenues, ici avec de très lourdes pertes, à établir une tête de pont – certes solide, mais encore très peu profonde – de Vierville-sur-Mer à Colleville-sur-Mer. Cependant plus à l'ouest, les Rangers du *Colonel* Rudder sont confinés sur une rude défensive, à la Pointe du Hoc, et la réalisation de la jonction entre les deux têtes de pont d'Utah et d'Omaha Beach est loin d'être imminente...

De leur côté, les « *Screaming Eagles* » sont établis solidement de la zone de Sainte-Marie-du-Mont (au sud) à celle de Beuzeville-au-Plain (au nord), et en lien direct avec les troupes débarquées sur Utah-Beach. Néanmoins, dans le flanc méridional de la *101st*, les contre-attaques du *FJR 6* dans la région au nord et au nord-est de Saint-Côme-du-Mont – bien qu'infructueuses et en dépit d'un cruel manque de moyens motorisés – ont causé de grosses difficultés aux paras des *501st* et *506th PIR*, des dizaines d'entre eux ont été tués ou fait prisonniers par les *Fallschirmjäger* de von der Heydte.

Parmi les 13 200 « *Screaming Eagles* » et « *All American* » parachutés sur le Cotentin le Jour-J, des centaines ont été tués, blessés et faits prisonniers. Beaucoup n'ont toujours pas rejoint leur unité, errant ça et là au milieu du bocage (que certains combattants iront jusqu'à surnommer une « jungle normande »...) et en bordure des espaces artificiellement inondés.

Le *Major-General* Ridgway (au milieu) converse avec son second, le *Brigadier* Gavin (à gauche, de dos), dans un verger attenant à la ferme de la Couture – entre Sainte-Mère-Église et La Fière –, qui est le premier *Head-Quarter* de la *82nd Division* dans le Cotentin. (US-NARA)

Une colonne de chars Stuart du *746th Tank Battalion* (qui a débarqué avec la « *Ivy* » *Division*), commandé par le *Lt-Col* Clarence G. Hupfer, sur une grande route qui pourrait être la RN-13. Sa *C-Company*, du *Capt.* James Crawford, doit avancer vers Sainte-Mère-Église. Son rôle d'appui est essentiel le Jour-J, même s'il n'arrivera pas dans le village avant le lendemain... (US-NARA)

L'*Uffz.* Escher, ici encore membre de la *Luftwaffe*, avant son transfert à la *91. Luftlande-Division*, portant son « *Schiffchen* », sur le devant duquel est cousu l'emblème de souveraineté de la Luftwaffe. (Collection Rudi Escher)

Retrouvons maintenant le chef de la *1. Gruppe* de la section cycliste de la compagnie de commandement du *Gren.-Rgt. 1058*. De son côté, une inaction rageante a régné tout au long du D-Day ! Avec sa poignée d'hommes, l'*Uffz.* Escher ne résiste pas à l'attrait du planeur qui s'est posé dans la prairie, auprès de leur retranchement sur Fauville : « *Là, nous avons réalisé que nous avions, au cours de notre première inspection, manqué un « Ami » dans le planeur : le type était figé, raide comme un piquet, son fusil crispé entre les jambes et le visage blanc comme de la craie. En face de lui, il y en avait un autre, dans le même état que son camarade. Manifestement, ces deux Américains étaient en état de choc, pétrifiés et* "die Hosen voll" *(ayant eu une peur « à en pisser dans leur frocs »)... Nous voulions les extraire de là-dedans. Parlant un peu l'anglais, j'ai déclaré à l'un d'eux : "Open the door" – Ouvre la porte –, mais il a juste secoué la tête en signe de refus. Si, finalement, on les fera quand même sortir de la cabine de l'engin, pourrai-je ne jamais mettre la main sur cette jeep qui, pour nous, fait presqu'office de trésor ?! Les deux "Amis" ont ensuite été conduits jusqu'au château de Fauville, à deux pas de là, où ils ont été interrogés par nos officiers. Au cours de ces heures tardives du 6 juin, quelqu'un parmi nous a mis le feu au planeur, en employant une* Gewehrgranate *– grenade à fusil –. Ça a vite engendré un sacré incendie et de fortes pétarades, car il devait y avoir des munitions dedans. Plus tard, le lendemain matin à la lumière du jour, nous verrons ce qu'il reste de tout ça : plus qu'une jeep et un canon antichar entièrement carbonisés, et également le corps du malheureux pilote, lui aussi consumé, au milieu d'un tas de cendres du planeur.*
Ce soir-là, je suis encore allé à plusieurs reprises à cet endroit. Au loin, l'on entendait le cliquetis de quelconques chenilles de blindés – un son que l'on ne peut confondre –[26]*, j'ai aussi vu d'autres avions fonçant au dessus de nos têtes. Par endroit, il faisait très clair malgré la nuit, à cause des "Christbäume"– les "arbres de Noël" – largués par des avions, avec leurs artifices lumineux fortement luisants, étincelants même. Et quant à mon groupe, il devait rester dans ses trous individuels, attendant la suite avec inquiétude. Qu'allait-on vivre maintenant ? C'est ainsi que s'est terminé ce mardi 6 juin, pour nous.* »
Laissons de nouveau la parole à l'*Obergefreiter* Karl-Heinz Mayer (de la *3.Kp./FJR 6*), qui se trouve toujours en lisière de Saint-Côme-du-Mont. Soudain, plusieurs tanks adverses surgissent, peut-être vers 22 heures, alors que le soleil n'est pas encore entièrement couché... Il s'agit des premiers blindés américains progressant vers Carentan, en provenance d'Utah Beach... « *Alors, on m'a fourni une* Panzerfaust *et, avec elle, je devais ouvrir le feu sur l'un de ces chars ! Pour cela, je me suis faufilé dans le fossé le long de la route, bien dissimulé et aplati. Lorsque le premier d'entre eux est passé à mon niveau, je lui en ai mis un "gros coup" au niveau des chenilles. Là, il s'est arrêté et, aussitôt, des flammes se sont élevées sauvagement au dessus de l'engin, avec une fumée noire et huileuse. La trappe était ouverte, le commandant du char a essayé de s'en échapper, mais sans succès ! Tout l'équipage a hurlé à la folie à l'intérieur, sans aucune issue et impuissant ! Là-dessus, les autres blindés – je crois que c'était des Sherman – ont fichu le camp du secteur, marche arrière toute. Par la suite, mes camarades m'ont raconté que, tandis que ces pauvres gars étaient en train de griller dans ce tank, moi aussi, j'avais hurlé... des hurlements d'horreur, mais je ne m'en étais même pas rendu compte... Impensable, les atrocités que la guerre peut nous amener à commettre* ».
Plus au nord, sur Sainte-Mère-Église, dans le cadre de la 2e vague aéroportée de la *Task Force B*, de nombreux ensembles attelés se sont déportés à l'écart de la *Landing Zone « W »* [on l'a compris, trop exposée dans sa partie nord au

Un parachutiste des « *All American* » exténué, paraissant en état de choc. Peut-être s'agit-il d'un prisonnier, du moins la couverture pliée à côté de lui est-elle allemande... (US-NARA)

26. Peut-être ceux de la « *Task Force Raff* »... NDT

feu allemand, au soir du Jour-J NDT] pour rejoindre la *Landing Zone « O »*, celle qui a servi au parachutage du *505th PIR* le matin. Cette vague regroupe des planeurs Waco et Horsa, qui atterrissent en pagaille, certains aux abords directs de Sainte-Mère-Église, l'un d'eux y compris contre l'école, son pilote trouvant la mort. Des dizaines de ces aéronefs sans moteurs atterrissent en catastrophe, parfois en zone inondée, tandis que la nuit se couche, aux alentours de 22 heures. Pendant ce temps, au nord de Sainte-Mère-Église également, des groupes assez puissants du *Gren.-Rgt. 1058* ont pu progresser, remettant la main sur Neuville-au-Plain, et plusieurs planeurs américains se retrouvent dans les lignes allemandes. D'ailleurs, des accrochages ont même lieu en lisière septentrionale de Sainte-Mère, du côté des positions de la *D/505*... Dans la soirée, un tir de l'artillerie navale, exécuté par l'*USS-Nevada*, a pu être préalablement requis par l'*US-Navy-Shore-Fire-Control-Party* (une équipe de préparation et d'observation de tir de la marine américaine, aéroportée avec le *2/505* durant la nuit), par les ondes, pour stopper ces tentatives allemandes d'infiltration, au nord du village : ce pilonnage fonctionne. Malgré des péripéties périlleuses, cette dernière vague aéroportée du D-Day permet de renforcer les IIe et IIIe bataillons du *505th PIR* sur le village car, on l'a vu, les blindés américains ne sont pas encore au rendez-vous. Ainsi, de l'artillerie supplémentaire[27], du ravitaillement et – primordial – du matériel sanitaire sont acheminés. Notons qu'environ 130 soldats américains blessés sont hospitalisés dans Sainte-Mère-Église, en ce Jour-J finissant. Quant à lui, Ed « Cannonball » Krause a été atteint par une balle durant l'après-midi, quoique sans gravité : après une prise en charge médicale dans la soirée, il pourra réassurer le commandement de son *3/505* dès le lendemain.

Quant au pont de Chef-du-Pont, il est toujours tenu par le *Capt.* Creek qui, on l'a vu, a reçu des renforts. Maintenant, ils sont davantage « armés » en cas de contre-attaque allemande qui partirait de Carquebut, et surtout de Picauville, via la chaussée surélevée traversant les espaces inondés du cours inférieur du Merderet. Au cours de la nuit du 6 au 7 juin, des blindés américains parviendront même jusqu'au village, en provenance de la zone des Forges. C'est un événement rassurant supplémentaire pour Creek. Pour ce qui concerne le *Lt-Col* Shanley, il est retourné par précaution du côté de la *Hill 30*, au sud de Gueutteville. Là, comme son homologue Timmes plus au nord, il maintient sa poche de résistance à l'ouest du Merderet, adossée à la limite occidentale des marais artificiels de ce dernier. En outre, des groupes plus ou moins nombreux, éparpillés, errent toujours à l'ouest de la zone inondée, appartenant majoritairement aux *507th* et *508th PIR*. Ils contribuent à maintenir la confusion et l'insécurité dans le secteur du *Gren.-Rgt. 1057*. Or, même parmi les *Landser* de ce régiment, l'écrasante majorité n'a encore aucune idée du fait que leur *Divisions-Kommandeur*, Wilhelm Falley, a trouvé la mort dès la nuit précédente, à faible distance de son QG.

Dans la zone de La Fière, les assaillants allemands se sont repliés, laissant deux épaves de panzers et un certain nombre de cadavres jonchant la chaussée surélevée. Toutefois, les Allemands n'ont pas encore abandonné la partie... Bob Murphy explique : « *Ce jour-là, l'infanterie allemande n'a pas réessayé d'investir nos positions à l'est du pont, ni d'ailleurs au cours de la nuit du 6 au 7 juin. Quelques chars se sont repliés dans un grand fracas. Le premier engagement pour le pont venait d'être remporté par nous, mais à quel prix ! Les Allemands tenaient toujours la tête de pont, à l'ouest du Merderet. Toute la soirée, des tirs réguliers d'obus de mortier et de mitrailleuses ont continué à nous harceler. Les explosions d'obus des premiers étaient très craintes, quand elles se produisaient dans les hauts arbres. Il ne fallait pas non plus une grande pers-*

Dans l'hospice de Sainte-Mère-Église, le long de la RN-13 à l'extrémité nord du village, infirmiers et brancardiers américains, assistés de prisonniers allemands, viennent en aide aux blessés des deux camps. (US-NARA)

Une photo connue [ayant fréquemment été accompagnée de légendes erronées NDT] : Un para de la *82nd* penché sur la dépouille d'un *Obergefreiter* allemand, testicules coupées. Une pratique des plus sauvages qui, occasionnellement, s'est produite dans les deux camps... (D-Day Experience)

Zum steten Gedenken
an unseren lieben Sohn, Bruder,
Gatten und Vater

Siegfried Kulper

Obergfr. in einem Gren.-Rgt.

Geboren am 21. Juli 1920 in Göggingen,
Gefallen am 6. Juni 1944 in Frankreich

Ach es ist ja kaum zu fassen
Daß Du nie mehr kehrst zurück,
So jung mußt Du Dein Leben lassen
Zerstört ist unser aller Glück.
Ein jeder der Dich hat gekannt
Und auch Dein treues Herz,
Der drückt uns nur noch stumm die Hand
In diesem tiefen Schmerz,
Du gutes Herz, ruh' still im Frieden,
Ewig beweint von Deinen Lieben.

Ruhe in Gottes Frieden!

Le *Sterbebild* (image de décès) de l'*Ogefr.* Kulper, du *Gren.-Rgt. 1058*, originaire de Souabe bavaroise, tué le Jour-J au nord de Sainte-Mère-Église. (Collection privée)

picacité aux Allemands, pour imaginer où se trouvaient nos positions défensives ; ils n'avaient plus qu'à régler leurs tirs dessus. Comme Dolan l'expliquera plus tard, nos positions ne s'étiraient que sur 70 mètres environ de part et d'autre du pont, au nord et au sud de l'édifice. Sur une portion défensive aussi faible, il était aisé pour les "Krauts" de faire pleuvoir leurs projectiles avec des chances de succès... voire en plein dans le mille. Heureusement, vers la fin de la nuit, le feu de harcèlement ennemi s'est quelque peu apaisé, même si chacun parmi nous se doutait bien que, le lendemain, on se ferait de nouveau arroser "bien comme il faut"... ». Au cours des premières heures de la nuit, les parachutistes blessés et tués sont évacués légèrement en arrière, un poste de secours ayant été aménagé non loin de la route reliant Sainte-Mère au manoir Leroux.

Le *Brigadier* Gavin, qui a assuré le commandement des forces parachutées de la *82nd Airborne* – la *Task Force A* –, a été en déplacement permanent tout au long de la journée, au prix d'une forte fatigue dont il n'a que faire, dans toute la zone s'étendant de l'ouest au sud-ouest de Sainte-Mère-Église. Si, ce jour-là, il n'a pas mis une seule fois les pieds dans la zone du *508th PIR*, sur laquelle il aurait normalement dû être parachuté, du moins a-t-il organisé la défense avec toute son énergie à l'est du Merderet, faute d'avoir pu le faire, comme prévu, à l'ouest. Il établit son poste de commandement tout près du pont routier enjambant la ligne de chemin de fer Carentan-Cherbourg, c'est-à-dire pas très loin non plus de celui de son commandant de division Ridgway, et proche également de celui du *Colonel* Ekman, chef de corps du *505th PIR*.

En guise de conclusion pour clore sur le premier jour du débarquement dans le Cotentin, citons le jeune correspondant de guerre américain (pour le magazine *Time-Life*) le *Corporal* William Walton, qui a sauté aux côtés de Gavin[28] : « *Non loin du QG, une grande ferme a été réquisitionnée pour les blessés*[29]. *Dans l'obscurité, les gars étaient allongés sur le sol, enveloppés dans des parachutes et des couvertures. La plupart des blessés graves gémissaient, pendant que les infirmiers leur administraient de la morphine, et pansant leurs plaies le plus soigneusement possible. D'autres parachutistes, avec les jambes ou les chevilles brisées, sont installés sur des matelas. Des hommes casqués distribuent des tasses d'eau. Dans sa cuisine, la femme d'un paysan réchauffe l'eau sur le feu, dans des chaudrons noirs. L'un des paras, souffrant d'une blessure à la tête, a murmuré en geignant : "Jesus ! J'espère que ma femme n'apprendra rien de tout cela...". Ridgway, sale, fatigué, les yeux rouges et cernés, est venu à grandes enjambées dans la cour de la ferme, annonçant que la situation, aux deux ponts, se serait améliorée, et que nos lignes pourraient être tenues durant toute la nuit... Les hommes ont magnifiquement combattu. Les pertes en officiers blessés sont néanmoins très lourdes. Toutefois, côté allemand, elles ont dû l'être tout autant. Le mieux serait, maintenant, de pouvoir trouver un peu de sommeil. Une fois reparti, le commandant de la* 82nd Airborne Division *s'est enroulé dans un parachute, dans un fossé de route, pour dormir... Partout alentours, des soldats se sont installés, pour trouver eux aussi un peu de sommeil, parfois sans grande protection. Les armes se sont tues, à part quelques occasionnels impacts d'obus. Des nuages masquaient la pleine lune. Pour nous, le D-Day venait de se terminer* ».

27. Des *Pack Howitzers* de 75 mm, des *319th* et *320th GFAB* (groupes d'artillerie de campagne aéro(trans)portées par planeurs), qui seront ensuite mis en batterie sur Sainte-Mère-Église, et pourront contribuer à harceler les positions allemandes à l'ouest du Merderet (NDT).
28. Un autre correspondant de guerre américain a été parachuté avec la *82nd Airborne* : Philipp H. Bucknell, pour le magazine *Stars ans Stripes* (NDT).
29. Il pourrait s'agir de la Bergerie de Haut, ou encore de la Ferme de la Couture (NDT).

Renforcement co

ntinu de la tête de pont US du Cotentin

Un G.I. – peut-être un *Gliderman*... – se décrasse le visage, sur la place de l'église de Sainte-Mère-Église, sa carabine USM-1 posée auprès de lui. (US-NARA)

D-Day +1 pour les forces aéroportées américaines

La nuit suivant le premier jour du débarquement en Normandie revêt, pour les hommes concernés des différentes nations (Allemands, Britanniques et Canadiens, Américains, Français, pour les plus importants), de nombreux caractères communs « transnationaux » : fatigue, soif, faim, crainte, douleur, incertitude du lendemain... De nombreux *US-Paratroopers* ayant atterri dans les marais de la Douve et du Merderet portent toujours leur uniforme humide, ils ont froid ; parfois, les conséquences seront lourdes pour leurs poumons... Tombés à quinze, voire vingt kilomètres de leur zone de saut initiale, certains errent à travers le bocage, près de Valognes, du côté de La Haye-du-Puits, vers Tribehou... La *« Ivy » Division* n'ayant opéré qu'une jonction partielle et discontinue avec les forces aéroportées (particulièrement avec les *« All American »*, encore isolés au matin du 7 juin), la tête de pont américaine d'Utah Beach est encore décousue, sans ligne de front cohérente, malgré les puissants effectifs déjà à terre, et ceux qui vont suivre (notamment la 2e partie du *VIIth US-Army Corps*, avec la *90th US-InfDiv*). Une multitude d'escarmouches continue de faire rage, à l'est comme à l'ouest du Merderet.

Le jeune Rhénan Rolf Deboeser, fantassin du *Gren.-Rgt. 1058*, se souvient de cette deuxième nuit d'affrontements : *« Avec mon unité, nous sommes passés auprès de quelques fermes, et l'on entendait les vaches beugler de douleur, car elles auraient dû être traites la veille... Mais les paysans n'y allaient pas, préférant rester chez eux, par peur. L'on en avait vu se cacher dans des trous qu'ils avaient creusés eux-mêmes, recouverts de planches épaisses, de tronçons de bois, et parfois de gros troncs d'arbres, vu que leur maison, dans cette région, ne comportaient souvent pas de cave... Je pensais aussi à mon ami français de Sainte-Mère, Marcel, espérant qu'il était sain et sauf... »*.

Pendant ce temps, les « diables verts » du *Fsch.-Jg-Rgt. 6* se sont partiellement regroupés sur Saint-Côme-du-Mont et ses abords, quoique le gros du Ier bataillon de Preikschat, lui, soit toujours aux prises du côté de Vierville. Bien qu'appartenant à ce bataillon, l'*Ogefr.* Karl-Heinz Mayer passe une nuit angoissante, près de Saint-Côme et du futur « Dead Man's Corner ». Alors

Le M-4 Sherman, qui forme l'armature essentielle des unités de chars américaines combattant dans le Nord-ouest de l'Europe, en 1944/45. (US-NARA)

Un char Sherman restauré, en juin 2018. (Photo P. Cherrier, 2018)

Un cliché macabre, glaçant : deux soldats du *Heer* tombés en Normandie. Celui du second plan, équipé d'un porte-chargeurs de MP.38 ou 40, les yeux ouverts, semble encore en vie et regarder vers l'objectif... Son camarade, manifestement un *Scharfschütze* (tireur d'élite) avait camouflé son casque, et porte au ceinturon un étui métallique pour *Zielfernrohr 41* (lunette au grossissement de 1,5). (US-NARA)

que les premières lueurs de l'aube se présentent vers l'est, il souhaiterait mettre en batterie son MG.42 : « *Dans ce bois où nous étions dissimulés, quelque chose de "pas net" flottait dans l'air… Il y avait de curieux bruissements, non naturels, et des sortes de bavardages tout bas. J'ai donc demandé à mon supérieur direct, un* Unteroffizier, *s'il pouvait les entendre, lui aussi. Je lui ai dit : "Nous ne sommes pas seuls ici, il y a certainement quelqu'un d'autre…". J'ai proposé de balayer un peu les proches alentours avec mon MG, mais il m'a fermement répliqué que je devais rester tranquille : "*Ehe Du hier schießt, erschieß' ich Dich !" – *Avant que tu n'ouvres le feu ici, c'est moi qui t'aurai flingué ! –. Tout à coup, dans l'arbre en face de moi, un claquement a retenti !* »
Plongeante, une balle de fusil vient égratigner le nez du jeune mitrailleur de la *3./FJR 6*, lui traversant la joue, puis pénétrant au niveau de sa clavicule droite, perforant le haut de son poumon ! Mayer est assez inquiet : « *Du sang coulait à grand flot de mon visage – je devais avoir l'air affreux pour les copains –… Mais la joue, ce n'était pas si grave au fond, bien pire était ma blessure au poumon droit ! Là, quand je respirais de l'air ressortait au point de pénétration de la balle, à la clavicule… Ça devait être du sérieux !* ». Un camarade récupère l'équipement de mitrailleur de Mayer, et lui indique la direction du poste de secours, dans la maison du carrefour, en empruntant une trouée donnant sur la route [manifestement, soit l'actuelle D-913, soit la N-13 [NDT]]. « *Le gars m'a dit : "Tu vois bien où tu dois aller maintenant, dans la maison un peu plus bas ! Alors vas-y !". Pendant que je passais par le chemin donnant vers la route et la fameuse maison, les satanés pilonnages d'artillerie ont repris de plus belle ! Mais franchement, vu mon état, ça m'était absolument égal. Un arbre est soudain tombé de travers, et auprès de lui gisait un camarade… Il hurlait, le pauvre : la moitié de sa jambe droite venait d'être arrachée. Un autre gars était là, et je lui ai conseillé de couper les tendons sanguinolents restants, puis de ligaturer la jambe du malheureux sans traîner. Moi, vu mon état, je ne pouvais pas le faire, j'ai continué à tituber sur le petit chemin, en tenant fermement bouché le trou en haut de ma poitrine, pour ne pas que, haletant étant donné l'effort que je faisais en marchant, tout l'oxygène ne ressorte par ce satané trou… A gauche et à droite, les balles chuintaient – il devait y avoir d'autres « Amis » planqués dans les parages –, certaines d'entre elles traçantes… En dépit du vacarme général des obus, je pouvais bien entendre les "tchhhiiuuu" fulgurants, très près de moi !* ».

Photo du Dead Man's Corner et de la maison des époux Marie, prise depuis le bord ouest de la RN-13, juste après la guerre. Au gauche, la route nationale montant vers le bourg de Saint-Côme-du-Mont et, à droite, la route partant vers Sainte-Marie-du-Mont, là où Bruno Hinz est tapis dans le fossé, avec sa *Panzerfaust*… (US-NARA)

Peu après, Mayer atteint la route et approche de la maison d'angle des Marie, toujours chancelant et de plus en plus ensanglanté. Dans l'une des pièces est installé le poste de secours : « *Tout à coup, deux soldats noirs se sont pointés vers moi – des Américains –. Je n'avais alors aucunement l'intention de finir entre leurs mains, ayant dans l'idée qu'ils allaient me trancher la gorge... Ils avaient l'air redoutables et menaçants, portants de gros poignards le long de leurs jambes. Je ne me suis donc pas dirigé vers la grande maison, comme prévu, mais j'ai préféré me laisser tomber dans un profond fossé auprès du bâtiment... fossé qui était rempli de hautes orties ! L'un d'eux n'a pas traîné : il se dressait déjà au bord du fossé, en me gueulant : "Get up, man !" – Sors de là, mec ! –. A ce moment-là, je ne pouvais plus parler, et pas non plus lever les bras, à cause de ma blessure. Mon bras droit se trouvait comme paralysé, et je devais tant bien que mal colmater le trou sous l'épaule, avec ma main gauche... Le noir est descendu jusqu'à moi, en me tapant dans les côtes, et en répétant une seconde fois : "Get up, man !". Puis, il a aperçu mon* Kappmesser *– couteau à lame rétractable –, qui l'a intrigué. Il a alors voulu s'en emparer et m'a poussé brutalement sur le côté. Plus haut, sur la route, il y avait deux autres soldats noirs*[30]*. L'autre s'est emparé fermement de mon* Kappmesser*, mais il ne parvenait pas à en faire ressortir la lame... Il m'a mis plusieurs coups de pied au derrière, puis, avec ma main gauche, j'ai lâché ma plaie et je lui ai montré comment on l'ouvrait.*

Ensuite, l'un des deux autres Américains est descendu dans le fossé jusqu'à moi. Dans les alentours, ça continuait encore de tirer... Soudain, celui qui se dressait encore là-haut, sur la route, s'est pris une balle dans la tête, et s'est effondré. Les deux autres étaient donc juste à côté de moi, pour se mettre à couvert. Quand la fusillade s'est calmée – un temps qui me paraissait interminable –, les deux noirs m'ont porté en direction de la maison, où se trouvait l'infirmerie. Arrivés dans la cour, sur la façade principale, j'ai remarqué un escalier en pierre qui permettait d'accéder au rez-de-chaussée surélevé... Sous cet escalier s'élevait un tas de cadavres... Parmi eux, l'un bougeait encore, et les deux Américains ne semblaient pas avoir l'intention de s'encombrer de moi bien longtemps, et voulaient me balancer sur ce tas, car je ne disais vraiment plus rien et je devais avoir l'air mort... Là, et c'a sûrement été ma chance, quelqu'un s'est exclamé : "Halt ! Halt ! Lui là, il vient de bouger, on peut encore le sauver !"... C'était un "Sani", un infirmier des nôtres et, alors, les deux "Amis" m'ont fait entrer dans la maison par une petite porte, sous l'escalier, donnant sur une sorte de cave... ».

Après le lever du jour, en cette matinée du 7 juin, la zone de Saint-Côme-du-Mont est confuse et – cela vient d'être vu – encore parsemée de *Paratroopers* américains dans les positions des *Fallschirmjäger* de von der Heydte – ce dernier, quant à lui, a quitté la maison des Marie la veille ; celle-ci lui avait servi de poste de commandement durant plusieurs heures –. De leur côté, les « diables verts » du *II./FJR 6* se sont repliés vers le sud et Saint-Côme-du-Mont, après l'échec de la poussée de la veille en direction des Forges et de Sainte-Mère-Église. Parmi eux, deux bons camarades du *IV. Zug* (4e section) de la *6. Kompanie* du régiment, Theo Frühlingsdorf et Bruno Hinz. Ce dernier se souvient : « *Les ordres stipulaient maintenant, et sans traîner, de se replier sur Carentan, vers le sud. Aux toutes premières lueurs de l'aube, au deuxième jour de l'*Invasion, *nous avons pénétré dans la petite localité* [Saint-Côme-du-Mont], *mais nous devions rester très prudents, vu que partout dans les alentours, il y avait toujours des parachutistes américains qui se battaient...* »

A un moment donné, dos à Sainte-Mère-Église, ils quittent la RN-13 et s'engagent vers leur gauche. Hinz et Frühlingsdorf se retrouvent ensuite sur la

Sous l'escalier, la petite porte donnant accès à une infirmerie où, les 6 et 7 juin 1944, se dressait un amas de cadavres. (Photo P. Cherrier, 2019)

Bruno Hinz. (Collection Bruno Hinz)

route descendant vers le fameux carrefour où se dresse la maison des époux Marie [l'actuelle D-913]. Epuisés, ils se reposent un peu dans le fossé droit de la route, à côté de hautes haies touffues, d'aspect sauvage, qui longent les deux flancs de la chaussée... Quelques minutes plus tard, ils entendent le cliquetis caractéristique et bruyant de chenilles d'un blindé : Il s'agit d'un char américain léger Stuart, celui du *Lt* Anderson, de la *D-Company* du *70th Tank Battalion*[31]. Sans les voir, le blindé avance à faible allure en direction du carrefour, sur la route légèrement pentue, manifestement pour rejoindre la RN-13 et, peut-être, poursuivre vers le sud et Carentan.

Les deux *Fallschirmjäger* sont toujours terrés dans le fossé routier, regardant le blindé vers le sud, et le Hanovrien Hinz ne perd pas une seconde : « *En chemin, auparavant Theo s'était dégoté une* Panzerfaust, *quelque part. Nous avions dû en recevoir pas mal avant l'*Invasion. *J'ai alors empoigné l'engin rustique, je l'ai armé, puis j'ai visé le char... Ça m'avait pris un peu de temps pour faire tout cela et, entre-temps, le véhicule roulant doucement vers le bas était* "schon wieder ganz schön weit weg" – *ayant déjà parcouru encore un bout de route –... et là, j'ai tiré !* ». Le commandant du Stuart dresse alors son buste par la trappe de la tourelle, le tank est presque arrivé au niveau du carrefour, longeant le muret de la cour des Marie. Le *Gefreiter* Hinz poursuit : « *Un craquement épouvantable s'est ensuivi juste après. Néanmoins, de l'endroit où nous étions tapis, assez loin, on ne pouvait pas distinguer grand chose. Excité, Theo m'a alors dit : "Tu as touché le char !", ce à quoi j'ai juste répondu "Glaub' ich nicht..." – J'crois pas .* »

Tube et empennage d'une *Panzerfaust*, retrouvés ensemble dans les marais du Cotentin plusieurs décennies après les combat ! C'est avec une arme similaire que le *Gefr.* Hinz neutralise le char Stuart... (Collection privée)

L'épave du Stuart N°12, de la *D-Company* du *70th Tank-Battalion*, détruit par le *Gefr.* Hinz. (US-NARA)

30. Le lecteur l'aura sans doute compris, il s'agit là de trois parachutistes américains blancs – manifestement des « Screaming Eagles » –, dont les visages sont encore maculés de suie ou de peinture de camouflage... Voilà pourquoi Karl-Heinz Mayer parle de « soldats noirs », mais il n'y avait pas d'Afro-américains à ce moment là dans les forces parachutistes américaines, ou occasionnellement quelques métis. Ces témoignages allemands sont parfois retrouvés dans les secteurs où ont sauté des parachutistes ; P. Golz, 18 ans et fantassin du *Gren.-Rgt. 1057*, parle lui aussi de soldats noirs... (NDT)

31. Se reporter à l'article de Niels Henkemans *Le Dead Man's Corner : mythe et réalité*, dans la revue Normandie 44 N° 29, aux pages 16-23. Le char détruit à cet endroit n'est pas celui du *Lt* Walter Anderson... (NDT)

Néanmoins, c'est bien le cas. Avec le puissant projectile à charge creuse de son *Einweg-Waffe* – arme jetable –, Hinz a atteint mortellement le Stuart à l'arrière, et tout l'équipage a été liquidé immédiatement. Le *Lieutenant* Anderson, observant vers l'extérieur au sommet de la tourelle, a vu son buste basculer en avant... et restera à cet endroit-là durant un certain moment, ce qui donnera à ce croisement, juste devant la maison des époux Marie, le surnom macabre de « Dead Man's Corner ». Or, c'est un jeune caporal des *Fallschirmjäger* de von der Heydte, originaire du nord de l'Allemagne, qui est à l'origine de cet épisode appelé, des décennies plus tard, à devenir célèbre ! De son côté, ayant subi de très lourdes pertes, le *I.Btl.* du *Fsch.-Jg-Rgt. 6* d'Emil Preikschat doit se replier sur Carentan... avec d'énormes difficultés. Dans la zone d'Angoville-au-Plain et au nord-est de Saint-Côme-du-Mont, les « diables verts » se retrouvent au milieu d'atterrissages de planeurs, aux premières heures du jour le 7 juin[32]. S'ils causent de lourdes pertes aux soldats américains atterrissant là, tout en faisant de nombreux prisonniers parmi les *Paratroopers* ayant sauté dans les alentours plus de 24 heures auparavant, leur repli devient un calvaire, marqué par une violente embuscade sur Vierville... Plutôt que de rejoindre directement le gros du régiment sur Saint-Côme, les *Fallschirmjäger* du *I./6* se dirigent presque plein est, puis descendent directement les pentes en direction des zones inondées de la Douve et de la porte à flots de La Barquette...
Pendant ce temps, la veille le IIIe groupe de batteries de l'*Artillerie-Regiment 243* (artillerie organique de la *243. Inf.-Div.*) est demeuré dans son secteur de stationnement, sur le littoral ouest du Cotentin. Certes, ces artilleurs, tout comme les fantassins de la *243. Inf.-Div.*, ont bien été alertés par les innombrables bruits d'avions dans la nuit du 5 au 6 juin. A midi le Jour-J, la *III.Abt./Art.-Rgt. 243* (moins sa 10e batterie) a reçu un ordre de mission : au soir, le groupe d'artillerie devrait avoir atteint la zone d'Ecausseville, à huit kilomètres environ au nord de Sainte-Mère-Église, via Bricquebec et Valognes. Là-bas, il sera placé sous le commandement du *Gren.-Rgt. 1058*, pour appuyer de son artillerie les fantassins de ce régiment de la *91. LL-Div.*, fortement décimés. Le déplacement s'est accompli sans grosses difficultés et, au cours de la nuit du 6 au 7 juin, les batteries ont pu s'installer dans la zone désignée.

L'épave du Stuart N°12, de la *D-Company* du *70th Tank-Battalion*, détruit par le *Gefr.* Hinz. (US-NARA)

Le même *Sturmgeschütz 40*, sous deux angles différents. A quelques dizaines de mètres au nord a été prise la fameuse photographie de la double-page 46-47. (US-NARA)

Dans la matinée du D-Day+1, les reliquats des Ier et IIe bataillons du *Gren.-Rgt. 1058* reprennent leur progression vers le sud et Sainte-Mère-Église. Là, les positions des paras du *2/505* sont une nouvelle fois mises à rude épreuve. De son coté, l'un des commandants de batterie de la *III.Abt./Art.-Rgt. 243* trouve la mort, et la contre-attaque allemande vers le village se transforme en un immense fiasco, très meurtrier... Malgré une poussée préalable de plusieurs canons d'assaut (des *StuG. 40*).

Sainte-Mère-Église demeure dans la zone dangereuse en cette matinée du 7 juin, d'autant plus que l'artillerie allemande reprend ses tirs contre le bourg. De nouveaux civils décident donc d'en partir, comme les Legoupillot, propriétaires d'une brasserie-restaurant sur la rue principale. Le chef de famille envoie donc sa femme et ses enfants vers l'extérieur. Marchant à travers champ pour rejoindre des amis dans une localité voisine, l'adolescente Jeannette Legoupillot est marquée par les corps sans vie de soldats allemands : « *L'un d'eux avait un grand trou dans le visage et, juste avant de succomber, il avait dû extraire de sa poche quelques photographies de famille, éparpillées autour de lui. Un peu plus tard, en arrivant dans la localité de nos amis, une charrette était à l'arrêt sur une petite place, remplie de cadavres de soldats allemands... Lorsque l'engin s'est mis en mouvement, les corps sans vie se trouvaient secoués, comme pris de soubresauts... Dans les journées suivantes, j'allais voir encore beaucoup d'autres morts, je n'oublierai d'ailleurs jamais l'odeur de la mort, car elle en a bien une, épouvantable d'ailleurs !* ».

Au matin du 7 juin, le *1/505* détient toujours la charge principale de la défense du pont de La Fière. Concernant ces heures matinales, Robert Murphy (*Pathfinder* la veille) relate: « *Une vingtaine de soldats des 507th ou 508th PIR s'est mise à traverser la zone inondée depuis l'ouest, progressant difficilement à travers l'eau froide, qui monte par endroits jusqu'à la taille... Les premiers rayons du soleil se levaient, et la moitié d'entre eux environ a été abattue par les mitrailleurs et les voltigeurs allemands. C'était tragique, d'assister impuissant à cela... Certains, grièvement blessés, ont succombé en se noyant dans ce marais artificiel, sans pouvoir rejoindre notre rive orientale du Merderet* ».

De 8 à 10 heures, les pilonnages allemands reprennent contre les « *foxholes* » du *1/505*. Ensuite, une nouvelle contre-attaque se déploie, empruntant elle-aussi la chaussée surélevée. De nouveau, deux « panzers français » de récupération roulent en tête, avec des dizaines de *Landser* avançant prudemment derrière eux... Néanmoins, deux autres chars du même genre arrivent eux-aussi, couvrant l'arrière de cette force d'attaque ! [33]

Bob Murphy poursuit : « *Chacun d'entre nous n'avait alors qu'une pensée crispante : « Et si, maintenant, mon heure était venue ?»... Nous étions sales, nous avions soif – la gorge extrêmement sèche – et faim : Nos rations de combat conditionnées avaient presque toutes été consommées... Maintenant, une horde angoissante de "Krauts" attaquait, bien plus que les munitions dont nous disposions ne permettaient d'y résister. Lorsque soi-même, on se retrouve face au spectre lugubre de l'ennemi en plein assaut vers soi, on comprend alors toute la peur qui s'empare du fantassin. Quel spectacle étrange, de voir progresser droit vers soi des hommes en armes et des monstres d'acier ; s'ajoutent à cela les explosions d'obus, les nuées de shrapnels*

32. La mission « *Galveston* », au départ destinée à se poser sur la *LZ « W »*, a été détournée vers la *LZ « E »* des abords de Hiesville (NDT).
33. Ce chiffre de quatre chars français de récupération est bien retrouvé dans l'ouvrage d'Allen L. Langdon, page 269, concernant cette contre-attaque matinale du 7 juin (NDT).

Ci-contre : la chapelle Saint-Ferréol de Cauquigny qui, avec son petit hameau limitrophe, est au cœur des affrontements du 6 au 9 juin inclus... Un G.I. semble monter la garde, à l'entrée latérale de la nef. (US-NARA)

Ci-dessous : les lieux de nos jours. Bien endommagée, la chapelle a notamment reçu un nouveau fronton. La porte, sur le côté de la nef, a été entièrement comblée. L'on distingue également une réparation dans le mur du bâtiment à gauche, d'un trou causé par un obus. (Photo P. Cherrier, 2019)

sifflant tout autour de soi. La peur reste, demeure, persiste, s'agrippe à toi... jusqu'au moment où tu as la possibilité d'ouvrir le feu avec ton arme, dès que tu es à portée de l'adversaire, quand il n'est plus qu'à une quarantaine de mètres de toi ! La deuxième pensée qui t'oppresse, c'est de pointer le type d'en face avec ton flingue et de lui "coller" deux-trois balles, jusqu'à ce qu'il s'effondre. Ensuite, tu en tires encore quelques unes dans la foulée, les objectifs ne manquant de toute façon pas. Là, ta peur de la mort s'est envolée, totalement dissipée... C'est surprenant, mais tandis que tu cherches ta cible et que tu ouvres le feu, tu ne réalises même plus le danger des explosions d'obus, tout autour de toi !

Les "Krauts" ont fait pleuvoir un déluge d'obus sur les 1st et 2nd Platoons, retranchés juste derrière la rive du cours d'eau. Les gars d'autres unités du 1/505 – quoique plus en retrait – ont, eux aussi, été atteints par divers projectiles ! Les Allemands entendaient bien nous faire payer ce qu'on leur avait causé la veille... ».

Tandis que les *Landser* du *Gren.-Rgt. 1057* ne sont tout au plus qu'à quelques dizaines de mètres du pont, une grêle de balles américaines les accueille. Le « *Beute-Panzer* » de tête est lui aussi détruit, une épave allemande supplémentaire encombre donc la chaussée. Là, les rares mitrailleuses M-1919 A-4 s'avèrent précieuses, contribuant largement à cet écran de balles, qui fauche tout soldat allemand se hasardant imprudemment sur la chaussée. Certains se jettent dans les tranchées individuelles, d'autres se coulent derrière les épaves de chars ou tentent, tant bien que mal, de se mettre à couvert sur les flancs boisés et herbeux, de part et d'autre du remblai routier.

Murphy décrit : « *Tout à coup, la puissance du feu ennemi s'est encore amplifiée, dégringolant sur nous si violemment que l'on ne pouvait pratiquement plus lever la tête au dessus de son trou. L'un des commandants de section de notre A/505, le Lieutenant Oakley, a alors été très grièvement blessé. Tellement de sang coulait par sa blessure dorsale, qu'il a fallu lui administrer une injection de morphine... Il est mort plus tard, derrière une haie. Un gars du 3rd platoon a eu la tête à moitié arrachée, un autre para a été volatilisé... ne restaient plus de lui que quelques morceaux de membres et autres lambeaux de chair. Le feu de riposte adverse d'infanterie, déchargé*

Le *Lt.* Oakley, de la 1re section de la *A/505*, portant son blouson A-2, *killed in action* durant les combats du 7 juin 1944 pour le pont de La Fière. (US-NARA)

Zone de Sainte-Mère-Église. Le tracteur d'un canon antichar de 57 mm est en mouvement, avec toute l'équipe de « *Gliderists* » ou de membres de la *4th US-Inf-Div* qui le sert. (US-NARA)

Le Jour-J dans la soirée ou le lendemain, un officier allemand prisonnier s'entretient avec des *Paratroopers*, à l'entrée de l'hospice de Sainte-Mère-Église. Photo du reporter Weston Haynes. (US-NARA)

depuis l'arrière des épaves de chars, a lui aussi exigé un lourd tribut parmi nos hommes. En plus, les projectiles de mortiers martelaient sans arrêt la rive ! L'un d'entre nous a émis l'hypothèse que, peut-être, tout un bataillon de fantassins allemands se battait contre nous...
Notre principal problème était une trop faible portée de nos armes individuelles, et également un manque croissant de munitions. Par ailleurs, les canons de nos mitrailleuses surchauffaient dangereusement. [...] De nombreux blessés se traînaient vers l'arrière, en se tordant de douleurs, il y avait aussi pas mal de gars d'autres régiments parmi nous, qui comptaient de lourdes pertes. La moitié de notre première ligne avait été liquidée. On a même envoyé un opérateur-radio vers l'arrière, comme agent de liaison, pour demander urgemment de l'aide auprès de Ridgway, Gavin ou Ekman, mais il ne revenait pas... »
Le *Sergeant* William D. Owens a repris le commandement des survivants du *1st platoon* de la *A/505*. Tandis que les lignes tenues par ces derniers menacent de céder, Owens dépêche Robert Murphy comme agent de liaison, pour aller trouver le *Lt* John Dolan, combattant légèrement en arrière, non loin de la route. Le jeune Bostonnais parvient jusqu'au commandant de la *A-Company*, et lui fait part du manque cruel de munitions de son *1st Platoon* ; il demande aussi à Dolan – toujours sur instruction d'Owens – si les survivants doivent décrocher. Le solide officier fait un signe de négation de la tête : « *No. Stay where you're...* » (Non, restez où vous êtes). Dolan griffonne également quelque chose de bref sur un bout de papier, à l'intention d'Owens. De retour en bas, non loin du pont, Bob Murphy remet alors le petit pli au *Sgt.* Owens, qui le lit à voix haute : « *Stay here. There is no better place to die...* » (Restons là. Il n'y a pas de meilleur endroit pour mourir).
En cette matinée du 7 juin, une batterie d'artillerie de campagne stationnée sur la petite localité dénommée Lestre (à quelques kilomètres au nord-ouest de Quinéville) reçoit l'ordre d'ouvrir le feu sur Sainte-Mère-Église. Comme dans d'autres communes, de nombreux habitants se terrent dans leurs tranchées de protection, inquiets de la tournure des événements depuis la nuit du 5 au 6 juin... Plusieurs *Paratroopers* isolés errent dans cette zone et, vers 10 heures, deux d'entre eux apparaissent et expliquent au maire que, n'ayant plus de munitions et n'en ayant hélas pas découvert dans un planeur atterri dans les alentours, ils seraient vite perdus, si jamais les troupes débarquées plus au sud ne réalisaient pas rapidement leur jonction avec eux...[34].
Concernant Sainte-Mère-Église, Alexandre Renaud relate : « *Nous pensions que ça serait "la fin des haricots"... Plus personne ne parlait avec son voisin. Chacun craignait que, si les Allemands reprenaient la main, ils se vengeraient avec furie et tireraient sur tout ce qui bouge ! Alors, les Américains défendraient sûrement le terrain, peut-être même bombarderaient-ils eux aussi notre village, qui ne serait plus qu'un lamentable amas de ruines... Les pièces d'artillerie du côté d'Azeville crachaient toujours le feu et l'acier. Les enfants pleuraient, deux d'entre eux appelaient vainement leur mère, morte... Nous avons alors décidé de quitter notre tranchée, pour se réfugier dans une cave, à l'entrée du bourg. Cette cave n'était pas très sûre, uniquement souterraine d'un seul côté, néanmoins nous ne voulions pas rester près du corps de la pauvre femme, mais plutôt être à l'abri de murs, qui nous protègeraient, eux, des impacts d'obus. Là-bas, nous voulions cacher les enfants sous de la paille et des couvertures...* ».

34. Si cette anecdote est vraie, alors il s'agit de parachutistes américains extrêmement isolés (Lestre se trouvant au nord-est de Montebourg). Dans la zone de Lestre sont aménagés deux *Widerstandsnester* de l'artillerie du *Heer* : les Wn.38 et 39 (ou ex Wn.138 et 139) (NDT).

Les rues de Sainte-Mère-Église voilées de fumée et de poussière, sous les bombardements allemands... Comparer avec la photo page 22, prise au même endroit. (US-NARA)

Oui, les Sainte-Mère-Eglisais peuvent encore être soucieux, car les forces allemandes n'entendent rien lâcher. Si, au sud, les *Fallschirmjäger* du *II./6* se sont repliés jusque sur Saint-Côme-du-Mont, du moins les fractions composites (parfois très réduites) des *I.* et *II./1058*, de l'*Art.-Rgt. 243*, sans oublier plusieurs canons d'assaut de la *Pz-Jg-Abt. 709*, comptent bien ré-investir le village par le nord. A ce groupement vient aussi s'ajouter le *Sturm-Bataillon AOK 7*, à l'origine formation d'instruction de la réserve générale de la *7. Armee*. Comme la *91. LL-Div.*, ce corps de troupes est arrivé tardivement dans le Cotentin (au début de mai 1944), où il se trouve localement subordonné à la *709. Infanterie-Division* de von Schlieben. Plus d'un millier d'hommes appartient à ce bataillon, commandé par le *Major* Hugo Messerschmidt, intégrés pour la plupart d'entre eux dans ses trois compagnies de fusiliers, sa compagnie de mitrailleuses, sa compagnie de commandement, et même sa batterie légère (implantée au nord-ouest de Foucarville jusqu'à l'*Invasion*). Le Jour-J, ce *Sturm-Bataillon AOK 7* a subi de lourdes pertes dans la région d'Azeville et de Saint-Marcouf.

Maintenant, il a rejoint les fantassins du *Gren.-Rgt. 1058*, dans le poste de commandement duquel est aussi apparu le *Gen.-Lt.* von Schlieben, qui est conscient du fait que le temps joue contre lui. Ses instructions sont tranchantes : « *Absolument reprendre Sainte-Mère-Église aujourd'hui ! Vous savez ce qui est en jeu...* ». Les consignes remises aux commandants des petites unités (compagnies, batteries) le sont tout autant, traduisant l'urgence croissante : « *... Peu importent nos pertes !* ».

Pendant ce temps, dans la grosse ferme domaniale en bordure de Foucarville, des éléments de commandement et de transmissions du *Gren.-Rgt. 1058* sont toujours retranchés là-bas, c'est-à-dire non loin des positions de la *101st Airborne* et de la *4th US-Inf-Div*, qui ont pu établir leur jonction la veille. Ce 7 juin, tout à coup surgissent quelques chars américains, que le *Fernmelder* Heinrich Spieles peut apercevoir : « *Ça devait être vers 15 heures, quand deux chars américains Sherman sont montés depuis la côte en direction de nos positions, toutefois sans appui d'infanterie. Nous n'avions pas grand-chose de disponible en armement de rupture, si ce n'était deux* « Ofenrohre » [tuyaux de poêle, surnom du Panzerschreck]. *Là-dessus, deux hommes se sont mis en position, avec ces engins peu familiers pour nous et qui, d'ailleurs... n'ont pas fonctionné ! Ces deux tanks ont donc roulé lourdement tout près de nous, sans être inquiétés... Immédiatement après, notre* Leutnant *a ordonné un décrochage :* « Sofort in westliche Richtung zurückziehen ! » *(Repli immédiat vers l'ouest). Néanmoins, à seulement deux-cents*

Avant le Jour-J, le commandant du *Sturmbataillon A.O.K.7*, le *Major* Hugo Messerschmidt, titulaire de la Croix allemande en or, avec son *Ordonnanz-Offizier* et un agent de liaison. (Archives von Kesugen)

Plusieurs femmes blessées, installées dans un Jeep, rue de la gare à Sainte-Mère-Église. (US-NARA)

mètres de nous, une redoutable 8,8-cm-Kanone *s'est mise en batterie sans tarder... Tendus, nous observions la manœuvre quand, peu après, les deux Sherman ont explosé bruyamment ! L'on a même pu voir des débris d'acier projetés très haut, et dégringolant un peu partout alentours. Pas un seul membre d'équipage n'a réussi à se tirer vivant de là-dedans... Un dégoût pour moi, qui n'éprouve aucune attirance pour le métier des armes.* »

Au sud-ouest du petit village de Foucarville, retrouvons Sainte-Mère-Église et son maire. A un moment donné, dans l'après-midi, les tirs d'obus d'artillerie faiblissent en intensité sur le bourg, et certains civils ressortent prudemment de leurs caches et abris. De leur côté, le maire et d'autres civils quittent le fossé, pour rejoindre la cave... Quelques temps après, ils perçoivent le cliquetis caractéristique et saccadé de véhicules blindés... « Des Panzers ?! » Craignent-ils alors. Alexandre Renaud: « *Ça y était ! Enfin les renforts arrivaient depuis la côte ! Ces chars n'étaient pas très gros, mais nous les trouvions massifs et beaux ! Leurs commandants, assis dans la tourelle et dont le buste y dépassait, nous faisaient penser à des héros majestueux. Pour eux, c'était un parfum de victoire, pour nous, c'était l'assurance de notre survie !* ».

Plus au sud, le colonel Roy Lindquist progresse vers Chef-du-Pont pour, dans un premier temps, aller prêter main forte au groupe du *Capt.* Creek, avant de continuer vers l'ouest en franchissant le Merderet, afin de grossir le groupe de Thomas Shanley, toujours isolé du côté du Caponnet, sur la *Hill 30*. Cela pourrait permettre d'exécuter la mission qui aurait dû être accomplie la veille, à savoir la sécurisation de la tête de pont sur le Merderet par le *508th PIR*, dans la zone à l'ouest de Chef-du-Pont. Lindquist a aussi une partie de ses hommes occupée au nettoyage de la région de Carquebut et d'Eturville, faisant alors plus de 200 prisonniers dont, probablement, une part importante de Géorgiens. Les « Red Devils » y établissent la liaison avec des « *Screaming Eagles* ». Toutefois, à l'ouest du Merderet, le groupe dans lequel se trouve Lindquist ne parvient pas à progresser suffisamment pour rejoindre Shanley, les Allemands s'accrochant très fortement. Ce dernier envoie bien des agents de liaison ou de petites patrouilles à l'est du Merderet, en traversant la rivière à la nage, mais aucun approvisionnement ne peut lui être encore fourni, ce qui est d'autant plus frustrant que leur zone de résistance est vraiment très proche du Merderet. Néanmoins, quelques paras isolés viennent encore étoffer ses rangs, et le commandant du *2/508* organise un barrage sur la route partant vers Picauville.

Près du manoir Leroux de La Fière, la *A/505* est en situation critique. Les « *All American* » ont les nerfs à vif, d'autant que la pluie d'obus de mortier ne faiblit pas. Soudain, un drapeau à croix rouge est agité côté allemand, et un parlementaire approche du pont, pour demander un répit d'une demi-heure et, ainsi, prendre les blessés en charge. Le *Sgt.* Owens relate : « *Les "Krauts" avaient dû recevoir des renforts, car les projectiles de mortier tombaient au rythme de balles de mitrailleuses. Il fallait du bol, pour survivre à tout cela. Puis, les fantassins allemands ont repris leur assaut, et on leur a opposé tout ce que nous avions sous la main... Ma mitrailleuse ayant bien trop surchauffé, j'ai récupéré le* BAR *du* Private *McClatchy, qui avait été blessé. J'ai alors tiré jusqu'à épuisement complet des cartouches. Ensuite, j'ai pu reprendre une mitrailleuse dont les servants avaient été tués. L'arme n'ayant pas d'affût, je l'ai simplement posée sur un épaulement de terre et de pierres, et j'ai tiré comme ça. C'est surtout grâce à celle-ci et à une autre mitrailleuse, plus un mortier de 60 mm, que nous avons pu stopper les Allemands – Certains d'entre eux ont pu approcher jusqu'à 25 mètres de nous, avant d'être fauchés –. Je pensais*

Le P.-C. du *Colonel* Lewis, chef de corps du *325th GIR*, à l'est du Merderet. (US-NARA)

réellement qu'on allait tous y passer, mais soudain ils ont brandi un drapeau à croix rouge et ont cessé le feu. Je me suis rapidement dressé et j'ai sommé mes survivants de faire de même. J'ai aussi envoyé un gars vers l'arrière, pour essayer de rameuter des secours. Puis, je me suis déplacé jusqu'à un point, d'où je pouvais bien embrasser la chaussée du regard, estimant alors le nombre de morts et de blessés allemands à environ 200. Les "Krauts" ont eu besoin d'environ deux heures pour récupérer tous leurs blessés ».

Peut-être vers 17 heures, le *1/505* est modestement renforcé par des *Glidermen* du *2/325* et des *Paratroopers* du *507th PIR*. C'est sans doute également dans ces temps-là que deux blindés d'un peloton de la *C-Company* du *746th Tank Battalion* arrivent en appui, depuis la route de Sainte-Mère-Église. Murphy précise : « *Nous avions dorénavant de bonnes perspectives, le moral allait mieux, les munitions arrivaient de l'arrière et nos blessés ont pu être écartés de la zone dangereuse. Quelques armes "fraîches" aussi, dont des mines que nous avons employées pour étoffer le barrage, en avant du camion allemand bloquant le pont. Nous attendions de pied ferme une nouvelle attaque allemande ce jour-là... Mais qui ne s'est pas produite* ». Les deux chars américains se dissimulent dans les haies attenantes à la route, masqués en arrière du tournant. Dans la soirée, d'autres groupes du *507th PIR* arrivent en renfort au pont. De l'autre côté, les Allemands consolident leurs défenses autour de Cauquigny et, un peu plus en profondeur, mettent en batterie de redoutables canons de 88 mm, ainsi que des obusiers de 100 mm, en plus de leurs *Granatwerfer*. Les *Grenadiere* améliorent leurs tranchées individuelles, s'attendant dorénavant à une attaque américaine depuis le pont et la chaussée surélevée de La Fière... Au nord-est de là, en fin d'après-midi, tandis que le volet blindé de la contre-attaque allemande (les *StuG.* de la *Pz-Jg-Abt. 709*) a été brisé, deux pelotons de la *E/505* montent à l'attaque au nord-ouest de Sainte-Mère-Église et, avec un nombre étonnamment faible de combattants, parviennent à semer la déroute parmi plusieurs compagnies allemandes, manifestement du *Gren.-Rgt. 1058* ou du *Sturm-Bataillon « Messerschmidt »*. Ces *Grenadiere*, « agglutinés » derrière quelques longues haies, privés d'appui blindé et de liaisons solides avec leurs arrières, se retrouvent hachés menus par des tirs d'armes légères depuis leurs flancs. On estime à 400 le nombre de ces derniers tués, dans cette zone, notamment dans la « vallée de Misère »[35]. Un vent de panique s'empare également des positions d'artillerie de la *III./243* ; plusieurs officiers sont avec eux, dont le commandant du groupe le *Major* Landgrebe et le *Lt.* Zschietschmann (commandant de batterie). Après s'être accrochés solidement au nord de Sainte-Mère, la proximité des blindés américains et le feu violents de mortiers qui s'abat sur eux obligent ces *Artilleristen* au repli vers le nord. La contre-attaque allemande du 7 juin, organisée par von Schlieben et qui paraissait prometteuse, a été totalement rejetée, principalement par les *Paratroopers* du *2/505* et les Sherman du *746th Tank Battalion.*

Des prisonniers allemands totalement exténués, dont un officier, manifestement du *Gren.-Rgt. 1058*. Sur la photo de gauche, l'homme à côté du blessé serait un certain Ludwig Drescher, tailleur dans le civil... Derrière eux, une prairie encore hérissée d' « asperges de Rommel ». (US-NARA)

Un *Kradmelder* qui pourrait être de la *91. LL-Division*, MP. 40 en sautoir, portant son surtout en toile caoutchoutée (*Kraftfahr-Schutzmantel*) et une écharpe issue du monde civil, observant attentivement le ciel. Visiblement, sa moto est une DKW NZ 350. (Bundesarchiv)

A gauche : les prairies de la « Vallée de misère », au nord-ouest de Sainte-Mère-Église et au sud de Neuville-au-Plain, manifestement le 7 ou le 8 juin. Le *Gren.-Rgt. 1058* y est étrillé lors de sa contre-attaque vers Sainte-Mère, laissant de nombreux tués, blessés et prisonniers. (US-NARA)

D-Day+2 – Jeudi 8 juin 1944

A 1 heure 30 du matin, le *Major* Landgrebe et le *Leutnant* Zschietzschmann regagnent le poste de commandement de leur groupement tactique, on l'a vu, cruellement décimé. Cette nuit-là, le commandant en titre de la *709. Infanterie-Division* y fait son apparition, et nomme le commandant de l'un de ses régiments d'infanterie organiques, l'*Oberst* Helmuth Rohrbach (né en 1895, *Kdr.* du *Gren.-Rgt. 729*, établi jusqu'au Jour-J dans la pointe nord-est du Cotentin), à la tête du groupement tactique. Von Schlieben ordonne à Rohrbach de tenir coûte-que-coûte la ligne défensive très fraîchement constituée à un peu plus d'un kilomètre au nord de Neuville-au-Plain.

Pendant ce temps, vers 2 heures, un blindé isolé emprunte la chaussée de La Fière et se dirige vers le pont… Avec effroi, les Américains redoutent une nouvelle attaque allemande – cette fois nocturne – ! En fait, cet engin allemand cherche uniquement à pousser les épaves de chars sur les bas-côtés de la chaussée. Alors, le *Sgt.* Owens parvient à passer le pont et à ramper jusqu'à proximité du panzer. Il lance une grenade britannique Gammon dans sa direction, mais le manque. Alerté, le blindé fait immédiatement demi-tour.

De son côté, l'*Unteroffizier* Rudi Escher est toujours dissimulé à quelques dizaines de mètres du château de Fauville, près de la localité de la Coquerie. En dépit de grosses difficultés, la veille une partie de la poche de la *Höhe 20*, de Gambosville à Turqueville, a pu être enfoncée. Dans cette nuit du 7 au 8 juin, vu qu'aucun renfort ni force de débloquement ne sont arrivés, les supérieurs de leur troupe du *Gren.-Rgt. 1058* – équivalent à une compagnie – décident d'un repli vers le reste de la division, mais en aucun cas en direction de Sainte-Mère-Église ni vers le sud, en partant d'abord vers l'ouest. A en croire Escher, les 6 et 7 juin ont été avant tout marqués par une inaction de leur troupe. Or, avec l'absence de renseignements sur les forces ennemies des alentours, le spectre d'un encerclement apparaît : « *Enfin, nos supérieurs avaient réalisé qu'il serait peut-être mieux, pour nous tous, de disparaître de là, en décrochant vers l'intérieur des terres. En pleine obscurité, avec plus d'une centaine d'hommes, nous sommes partis… en colonne, comme pour une marche en campagne au cours d'un exercice ! Quelques uns d'entre nous formaient une avant-garde, mais dans l'ensemble c'était un "sacré bordel". Nous n'étions même pas en ordre dispersé, les* Landser *marchaient les uns derrière les autres ; une vraie "connerie". Ce décrochage aurait dû se passer dans le calme, le silence, mais ça caquetait, ça bavardait de partout ! L'on entendait des discussions à voix haute, concernant les endroits où les "Amis" pouvaient bien se trouver, et dans quelle direction nous marchions maintenant… bien sûr, personne n'en savait rien. Nous avons marché toute la nuit et, à un moment donné, un groupe s'est détaché de notre troupe pour se diriger vers une ferme, en la traversant. Quant à nous, nous l'avons contourné. L'on s'est divisé de la sorte, sauf que les autres, on ne les a plus revus… Nous ne formions alors plus qu'un groupe d'à peu près soixante-dix gars.* »

Toutefois, l'un des officiers de la *Stabskompanie* du *Gren.-Rgt. 1058* était retourné en secret jusqu'au château de Fauville, pour y échanger son uniforme contre des vêtements civils. Il voulait ainsi quitter les lieux quand, au même moment, une patrouille américaine a surgi. Une Française, qui le connaissait et conservait un mauvais souvenir de lui, est allé dénoncer sa présence aux Américains. Le port de vêtements civils enfreignant les lois de la guerre en

35. Pour plus de détails sur ces combats du 7 juin au nord de Sainte-Mère-Église, voir Allen L. Langdon, *505th Parachute Infantry Regiment* (traduction française), qui en offre un aperçu cohérent et détaillé, aux pages 245-247 (NDT).

vigueur, les « Amis » l'ont adossé à un mur des arrières du château, et l'ont fusillé[36].

Au matin du 8 juin, le *1st Battalion* du *505th PIR*, qui se trouve au pont de La Fière depuis près de 48 heures, a connu un peu de répit au cours de cette nuit, avec l'arrivée de renforts. Par groupements successifs, les « 505 » sont peu à peu relevés par ces derniers, qui réoccupent leurs positions. Là, tandis qu'ils n'ont quasiment pas dormi depuis trois jours, ils marchent vers le nord et sont placés en réserve à l'ouest de Neuville, et au sud de Fresville et de Grainville, autrement dit tout près de la ligne de front. Sur les 137 *Paratroopers* que comptaient initialement la *A-Company* de Dolan, la moitié d'entre eux ont été tués ou grièvement blessés [dont Bob Murphy [NDT]]. Elle compte aussi une vingtaine de blessés légers. Les forces demeurant au pont, des *507th PIR* et *325th GIR*, connaissent une journée du 8 juin sans attaque allemande, si ce n'est un tir de harcèlement régulier de projectiles de *Granatwerfer*. Néanmoins ce jour-là, aucune tentative n'est encore faite pour déloger les forces allemandes défendant Cauquigny et ses abords (au Hameau aux Brix, au Hameau Flaux) pour, enfin, établir une tête de pont à l'ouest du Merderet, avec pour base le pont de La Fière...

Cette même matinée, les hommes de la section de transmissions du Ier bataillon du *Gren.-Rgt. 1058* doivent se regrouper et se réorganiser au nord-ouest de Foucarville. On l'a vu, le gros de leur unité a servi la veille au nord de Sainte-Mère-Église, tandis que le *Gefr.* Heinrich Spieles est demeuré en bordure directe du secteur littoral du *Gren.-Rgt. 919* (de la division de von Schlieben). Ce jeune fils de vigneron mosellan se souvient : « *Nous avions précipitamment quitté Foucarville, face à la pression grandissante des "Amis", en abandonnant la totalité de notre matériel de transmissions – postes téléphoniques, bobines, etc. –. Une fois notre repli exécuté, on nous en a fourni de nouveaux. Autrement, il ne s'est rien passé de remarquable ce jour-là.* »

De son côté, conformément aux ordres reçus de l'autorité divisionnaire, l'*Oberst* Helmuth Rohrbach organise la mise sur pied d'une nouvelle *Kampfgruppe*, avec les reliquats des fantassins du *Gren.-Rgt. 1058* et fusiliers du *Sturm-Bataillon A.O.K. 7*, plus des artilleurs de la *III. Abt./Art.-Rgt. 243* et des équipages rescapés de la *Pz-Jg-Abt. 709*. Il parvient ainsi à endiguer le mou-

Le corps principal du manoir Leroux, vu depuis la prairie sur ses arrières immédiats, vers l'est. Comparer avec la photo de la page 59. (US-NARA)

Un groupe de cyclistes allemands – d'au moins huit vélos – a précipitamment abandonné son matériel. Des *US-Paratroopers* inspectent les lieux. Est-ce des suites d'une embuscade ou – plus probable – d'un mitraillage depuis les airs ? [D'après D. François, dans son ouvrage *82nd Airborne 1917-2005*, Heimdal, page 224, c'aurait été dû à une attaque des hommes de la *D/508*, sur la route de Beaupte...] (US-NARA)

Un « *Medic* », parachutiste de la *82nd Airborne*, pose aux côtés d'un blessé allemand prisonnier, fumant une cigarette... (US-NARA)

vement de décrochage vers Montebourg et le nord, en établissant une ligne d'arrêt la plus solide possible. Maintenant, même les batteries d'artillerie sont aménagées en vue d'une nécessaire *Nahverteidigung* – défense rapprochée – . Dans un second temps, 500 rations alimentaires sont distribuées à ces défenseurs et 30 000 coups pour les munitions d'infanterie. Si ces chiffres paraissent importants, ils traduisent en fait une précarité et une urgence importantes du côté allemand, qui commence à cerner clairement les intentions américaines à moyen terme, notamment une poussée vers la puissante *Festung Cherbourg*, pour s'en emparer depuis le sud et les terres...

Aux premières heures du 8 juin, agréable surprise pour le *Lt-Col* Shanley, une patrouille américaine parvient jusqu'à ses positions, en provenance de Chef-du-Pont. Tandis que ses hommes en sont encore à réorganiser leurs positions et leurs barrages – Shanley vient d'ordonner un certain resserrement du dispositif défensif –, les Allemands attaquent le premier barrage routier depuis l'ouest. Les *Grenadiere* réussissent à approcher prudemment de ces défenses américaines, à la faveur du camouflage des haies et des hautes herbes. Shanley entend les tirs et fait immédiatement former un groupement d'intervention de la taille d'une section, pour essayer de tomber sur le flanc gauche des Allemands. Au cours de leur progression, les *Paratroopers* se défendant au barrage prennent leurs camarades progressant de flanc pour des « Krauts », et ouvrent le feu : plusieurs blessés sont à déplorer ! En outre, depuis le sud, des projectiles de *Granatwerfer* sont tirés sur la *Hill 30*, et les groupes de combat du *Gren.-Rgt. 1057* se montrent de plus en plus acharnés. Le barrage routier américain le plus en avant cède, et les *Paratroopers* le défendant décrochent vers le noyau de leur position.

Sur le flanc sud de la *Hill 30* s'élève une ferme, auprès de laquelle les *Landser* parviennent à s'infiltrer. Or, depuis leurs positions, les hommes de Shanley n'ont pas la possibilité d'effectuer un tir direct, horizontal, contre ces assaillants, d'autant qu'ils ne disposent d'aucun mortier de 60 mm. Les haies sont hautes, proches les unes des autres, touffues, souvent parcourues de lierre et de ronces. Des pommeraies occupent certaines parcelles. Les Allemands tiennent toujours Gueutteville, Picauville, le Hamel-au-Sort... Un encerclement imminent se profile, avec une unique échappatoire vers l'est et les prairies inondées... L'heure est grave, les blessés de Shanley reçoivent des armes et des munitions, il n'y a plus d'eau, plus de rations, ni de plasma sanguin pour les blessés. Certains succombent, le moral semble fléchir, d'autant que des dizaines de *Paratroopers* n'appartiennent pas au bataillon de « *Red Devils* » de Shanley, n'ayant donc pas forcément l' « esprit de corps » si crucial pour tenir ! L'étreinte allemande est croissante, les « Krauts » sont maintenant tout proches, toutefois Shanley n'a nullement l'intention d'abandonner la *Hill 30*. Le seul soulagement dont ils disposent, ce sont les « *Jabos* » qui, de temps à autres, prennent en chasse les Allemands qu'ils peuvent repérer, ou encore un appui d'artillerie depuis les batteries américaines installées depuis peu à l'est du Merderet (mais sans possibilité efficace d'observation et de communication pour les préparations de tir) – Pas plus...

Pendant ce temps, en cette matinée du 8 juin, la 10e batterie de la *III./Art.-Rgt. 243* quitte sa zone de stationnement – encore calme – de la façade ouest du Cotentin, pour rejoindre les autres batteries bien diminuées de son groupe, au nord de Neuville-au-Plain, sur une nouvelle ligne située, en gros, entre Fresville et Azeville. Au cours de leur déplacement, les artilleurs tombent dans une modeste embuscade de parachutistes américains isolés, dans la région

36. Cette anecdote, dont l'origine n'est pas mentionnée ici, doit être considérée avec la plus haute prudence (NDT).

d'Orglandes. Quatre soldats de la batterie sont tués, quelques uns blessés, mais dix Américains sont capturés. Dans les mêmes temps, les autres batteries et le poste de commandement de leur IIIe groupe sont pris sous un pilonnage très virulent de l'artillerie de marine alliée.

Le *Major* Landgrebe rapporte : « *Une fois de plus, des foules de* Grenadiere *sans commandement se défilaient en désordre, affolées. Ces groupes sont interceptés au niveau de nos positions de tir et, de circonstance, ils sont réengagés sous le commandement d'officiers et de sous-officiers de notre artillerie. Cela a permis de renforcer nos positions, installées dans la zone du lit majeur du ruisseau longeant le petit village d'Ecausseville*[37]*. Toutefois, le manque de munitions d'infanterie se faisait de plus en plus cruellement ressentir ; nos batteries se disposaient en hérisson, prêtes à toute éventualité... Vu que l'adversaire progressait avec une pression croissante en direction de Montebourg, vers le nord et à l'est de la route reliant cette ville à Sainte-Mère-Église, c'est-à-dire menaçant notre flanc gauche, il a fallu ordonner un changement de la position de tir de la batterie* [hélas, son numéro n'est pas mentionné [NDT]], *qui se trouvait dorénavant prise sous un feu virulent de l'infanterie US. Remarquons que le groupe de batteries a consommé 700 obus par jour, durant les deux premières journées de son intervention contre la tête de pont américaine. C'est avant tout l'engagement sans limites, et personnel, du commandant du groupe de batteries* [sous-entendu le *Major* Landgrebe lui-même et sa *III./Art.-Rgt. 243*], *qui a sans arrêt dû lier entre elles les différentes* Kampfgruppen *de l'infanterie, qui a contribué de façon décisive à prémunir le front allemand de ce secteur d'un revers sévère et prématurément lourd de conséquences...* ».

Suite à un pilonnage prolongé et très dense de l'artillerie de l'*US-Navy*, plus celui (durant deux heures) de l'*USAAF*, les formations allemandes – ou ce qu'il en reste –, positionnées alors à environ trois kilomètres au sud de Montebourg, doivent décrocher vers le nord-ouest pour éviter l'anéantissement, et ce, en plein jour. L'on s'en doute, le temps n'étant pas mauvais, les « Jabos » s'en donnent à cœur joie et causent de gros dégâts aux forces allemandes. Concernant la *III.Abt./Art.-Rgt. 243*, quatre tracteurs sont détruits, douze artilleurs tués et dix blessés. Malgré ce déluge d'acier, ils parviennent à replier leurs pièces d'artillerie sur de nouvelles positions de tir, dans la région cette

Un autre membre du corps médical de la *82nd Airborne* – un *Captain* – offre quelques bouffées de cigarettes à un blessé, peut-être allemand. (US-NARA)

Photographie, prise au plus tôt à D-Day+2, devant l'hospice de Sainte-Mère-Église : chargement de blessés allemands dans un GMC, sans doute en vue de les évacuer vers l'Angleterre, via le camp provisoire d'Utah Beach. (US-NARA)

Toujours devant l'hospice de Sainte-Mère-Église, à D-Day ou D-Day+1, le dentiste le *Capt.* Doc Pete Suer (portant un filet de casque à moyennes mailles), et le chirurgien Dan McIlvoy (avec son brassard) ont une discussion tendue avec un prisonnier allemand - d'après ses pattes d'épaule, un *Oberfeldwebel*... portant curieusement des pattes de col d'officier - qui se tranquillise lorsque McIlvoy lui offre une cigarette. (US-NARA)

fois beaucoup plus vallonnée, quoique toujours aussi bocagère, de Saint-Cyr (dont nous avons déjà parlé dans le cadre du *Gren.-Rgt. 1058*, où se trouvait l'ancien P.-C. de ce régiment).

En cet après-midi du D-Day+2, à Sainte-Mère-Église la jeune Juliette Le Cambaye et sa copine du même âge, Jeannette Legoupillot, arrivent depuis la direction de la poste jusqu'à la RN-13 qui coupe le village, et à l'endroit où elles habitaient. Elles font une nouvelle découverte effroyable : devant le salon de coiffure, une charrette normalement destinée au transport de bétail, est en plein chargement de plusieurs cadavres allemands ! Cette tâche macabre est effectuée par quelques civils, portant des gants de caoutchouc rouge – sans doute fournis par les Américains –. Juliette se rappelle : « *Ces corps étaient dans un état épouvantable, ils présentaient des membres anormalement distordus, à moitié arrachés, et l'ensemble de ce tableau était dominé par une puanteur abominable... Nous sommes immédiatement reparties, mais un peu plus loin, deux avions de chasse ont filé dans les airs, et ont ouvert le feu vers nous ! Au comble de la peur, nous nous sommes pressées contre le mur de la bâtisse la plus proche. Si les Allemands n'étaient plus dans le village, nos peines n'étaient pas terminées pour autant...* ».

Rejoignons les quelques dizaines de fantassins de la *91. LL-Div.* qui, jusque durant l'après-midi, progressent à l'écart de Fauville, dans l'espoir de rejoindre les lignes allemandes et d'échapper à l'encerclement... Au vu des conditions générales, malgré plus de dix heures de marche, ils n'ont pu progresser que d'à peine trois kilomètres, car la prudence est de mise... Le Cobourgeois l'*Uffz.* Escher reprend son récit : « *Nous souhaitions, à un moment donné, franchir la ligne de chemin de fer, mais à l'endroit où nous étions arrivés, tout autour des rails, nous avons constaté avec déception que l'eau de la zone inondée arrivait presque jusqu'à eux ! Alors, nous avons essayé de passer plus bas, dans la zone de Chef-du-Pont. Auprès de ce village, dans l'après-midi, nous nous sommes fait tirer dessus, suite à quoi notre troupe s'est placée à couvert, dans les fossés. A un moment donné, et avec prudence, nous avons découvert la présence d'une grosse ferme*[38]*, et vu qu'à ce moment là on ne tirait plus dans notre direction, nous nous y sommes dirigés en courant à fond ! Tout cela n'était pas très bon signe, pour la réussite de notre décrochage vers les nôtres... Soudain, à l'entrée de la ferme, un véhicule blindé de reconnaissance américain a fait irruption, comme pour la bloquer ! Il a déchargé un obus dans notre direction, mais trop haut : le projectile a filé au dessus de nos têtes. Sans doute le tireur l'a-t-il fait exprès, un peu comme un signe d'avertissement du genre : "Il est encore temps pour vous de cesser votre cavale, réfléchissez-y maintenant, sinon on n'hésitera pas à vous tirer dedans !"...*

Ensuite, ce blindé léger s'est avancé lentement jusque dans l'intérieur de la cour, or nos camarades qui étaient les plus en avant – donc les plus près de l'engin – n'ont eu d'autre choix que de lever les bras vers le haut. Parmi la vingtaine de gars de notre groupe, avec lesquels je me trouvais, qui étaient les plus éloignés du véhicule de reconnaissance, nous nous sommes alors concertés brièvement, en cherchant à savoir ce qui restait le mieux à faire... Les autres soldats, déjà dans la cour et juste devant le blindé, ont dû s'agenouiller et mettre les mains en l'air, pour qu'ils soient neutralisés par les "Amis", et qu'ils ne puissent rien entreprendre. Là, nous avons réfléchi si, peut-être, nous pouvions encore, tout simplement, disparaître des lieux... Toutefois, se remettre à combattre plus tard, ça n'avait plus vraiment de sens, car qu'aurions-nous pu causer de méchant aux chars et aux « Jabos », *avec nos* Karabiner *et* Ma-

37. Sans doute s'agit-il ici du ruisseau de Coissel (NDT).
38. Il s'agit, peut-être, du hameau Le Mouchel... (NDT)

schinen-Pistolen ? *Avec notre commandant de section, un* Oberfeldwebel, *il a bien fallu admettre que continuer à fuir n'avait plus de raison d'être. Là, nous avons jeté nos armes au sol, et nous nous sommes avancés précautionneusement en direction de l'automitrailleuse adverse... pour faire exactement comme nos premiers camarades : mains en l'air et à genoux !*
Dans un second temps, on nous a fait sortir de cette ferme, pour gagner une prairie où nous avons dû nous disposer en deux lignes, avec un certain écart entre elles. Tout s'est passé correctement, sans violence ni traitement brutal. Précisons que les "Amis" avaient l'air assez méfiants, car nous étions bien plus nombreux qu'eux, ils craignaient sans doute que l'on puisse subitement se rebeller... Ils avaient leurs fusils en joue, et ont commencé à nous fouiller. Pour cela, ils ont tout simplement entaillé les poches extérieures, plaquées, de nos uniformes, et ont soustrait tout ce que nous portions encore sur nous, pas seulement nos équipements d'ailleurs. Visiblement, à un moment donné, soit ils en ont eu assez, soit ils en ont reçu l'ordre par un quelconque moyen, en tous cas, nous avons été conduits – sous bonne garde – jusqu'à Chef-du-Pont. Nous sommes bien restés une bonne demi-heure avec les bras en l'air, et nos mains sont devenues totalement engourdies, presqu'insensibles. Alors, les Américains ont divisé notre groupe en deux : d'un côté les Unteroffiziere, *de l'autre les* Mannschaften. *Mon* Obergefreiter *blessé au bras, Rudolf May, a été immédiatement mis à part, pour être évacué vers tel ou tel poste de secours. Je n'allais pas le revoir avant très, très longtemps... ».* [Plus précisément, par hasard, durant les festivités du 40e anniversaire du Débarquement, en 1984, et sur la place même de Sainte-Mère-Église, où ils avaient vécu tant d'émotions fortes dans la nuit du D-Day [NDA]]
Notre jeune *Uffz.* du *Gren.-Rgt. 1058* poursuit : « *Par la suite, un officier américain est venu à la rencontre de notre groupe de dix sous-officiers. Il parlait allemand et nous a expliqué de jeter par terre tout ce qui pourrait encore se trouver dans nos poches. Nous nous sommes exécutés sans faire d'histoires, et j'ai soudain réalisé que j'avais encore sur moi un petit paquet de cigarettes américaines, récupéré sur la place de Sainte-Mère-Église ou sur Fauville... Sapristi ! Si j'y avais pensé avant, je m'en serais débarrassé le plus vite possible, par précaution ! L'officier américain l'a remarqué, et m'a demandé comment je m'étais procuré ces cigarettes US. Que devais-je lui répondre ? J'avais dans l'idée que, pour lui, il était clair que j'avais tué l'un de ses compatriotes et, qu'ensuite, je m'étais livré à un "détroussage de cadavre". Or, je savais ce qu'il en coûtait... Cet instant-là, évidemment, j'ai vraiment eu "la pétoche", et je lui ai déclaré que mes hommes l'avaient trouvé dans l'un des nombreux conteneurs de ravitaillement, et me l'avaient apporté. M'a-t-il cru ? Je n'en sais rien,*

A gauche : région de Sainte-Mère-Église. Un *Feldwebel* de Luftwaffe, prisonnier manifestement détendu, présente ses effets à des « *All American* ». (Collection D-Day Experience)

Ci-dessus : panneau en métal (jaune, bleu et blanc) marquant l'une des entrées du village. En arrière-plan, on distingue des suspentes de parachute... (Collection D-Day Experience)

Un « *All American* » donnant à boire à un blessé, avec son bidon en aluminium Mle 1910. (US-NARA)

toujours est-il qu'il m'a laissé planté là où je me trouvais, s'en allant avec ce paquet de "clopes". Quelques temps après, il est revenu et a dit : "Ces cigarettes, c'est pas les miennes...". Alors, il a offert une cigarette à chacun d'entre nous, et nous les a même allumés. Ainsi avons-nous pu fumer, détendant l'atmosphère parmi notre groupe. Ensuite, cet officier germanophone est parti, cette fois pour de bon. Par contre, toutes mes babioles personnelles, ma montre-bracelet, mon Soldbuch, *l'ensemble avait disparu ! Mon portefeuille, mon porte-monnaie avaient été inspectés et vidés, et même mon alliance – j'étais jeune marié –, je ne les ai plus jamais revu.* Sauerei ! – *Quelle cochonnerie ! –. Tout ce que je possédais encore, c'était mon insigne de sport, sur la poche de ma vareuse...».*

Par la suite, ces prisonniers de guerre allemands doivent quitter Chef-du-Pont et marcher vers l'est, en direction d'Utah Beach. Au soir du 8 juin, ils y arrivent, après une longue marche – plus de dix kilomètres –, au niveau du *Wn.05*, sur La Madeleine. A cet endroit a été aménagé un centre de regroupement provisoire pour les prisonniers de la Wehrmacht, un vaste enclos de barbelés, à ciel ouvert en bordure du cordon dunaire.

Ce G.I., pourvoyeur d'une mitrailleuse, a passé autour de son cou une bande de cartouches de calibre .30-06 (7,62 mm). (US-NARA)

« Nous pouvons faire une croix sur la reprise de Sainte-Mère-Église »

Dans la nuit du 8 au 9 juin 1944, le *Colonel* Lindquist contacte par radio son subordonné, le *Lt-Col* Shanley : il va lui expédier une forte troupe en renfort, via la chaussée surélevée de Chef-du-Pont, dans la mesure où l'accès sud de la *Hill 30* est dégagé... Là-bas, le *Lt* Woodrow W. Millsaps (commandant la *B/508*) est occupé depuis de longues heures à la prise en charge des nombreux blessés, dont beaucoup sont mourants et vivent leurs dernières heures, dans un calvaire insupportable. L'officier est psychiquement à bout et, bien que Shanley ait expressément interdit de donner à boire aux hommes blessés à la poitrine et au ventre, il préfère quand-même les désaltérer. Millsaps se porte volontaire pour marcher vers le sud et étayer un passage, même modeste, pour les paras devant arriver de Chef-du-Pont. Mais les soldats aptes au combat sont de moins en moins nombreux et, avec peine, il parvient à rassembler une grosse vingtaine d'hommes valides, de différentes unités... A minuit, le groupe quitte la *Hill 30* (*Höhe dreißig* pour les Allemands). Vers 2 heures 30, l'artillerie US devra pilonner les positions allemandes enserrant la colline... Si le tir de barrage s'effectue à l'heure, son efficacité contre les positions allemandes est peu palpable. Ensuite, le tir d'artillerie est concentré sur une petite île, au milieu de la zone inondée, par laquelle passe la chaussée surélevée [Peut-être à proximité du château de l'Isle Marie... NDT]. Néanmoins, Millsaps n'est pas informé en détail du déroulement de ce tir préparatoire, et manque le moment idéal pour attaquer en direction de la ferme, autour de laquelle des *Grenadiere* sont retranchés qui – se doutant maintenant que quelque chose va se produire – se montrent sur leurs gardes.

Millsaps avance sur la petite route quand, tout à coup, un feu très nourri de MG s'en prend à son groupe ; un déluge fulgurant de balles traçantes ! Précisons que, malgré les épreuves des trois derniers jours, certains *Paratroopers* n'ont pas réellement connu de baptême du feu (du moins aucun combat rapproché) jusqu'à présent, et sont fatigués : certains paniquent et cherchent à s'enfuir dans la nuit, d'autres sont tapis sur les bas côtés de la chaussée.

Millsaps et le *Lt* Polette cherchent en vain à les activer, en leur criant dessus, en les empoignant vigoureusement par le col. La riposte allemande d'infanterie est croissante, elle paraît profonde, certains *Landser* tirent au *Karabiner* ou au « *burp gun* » (surnom de la MP.38 ou 40), tout près d'eux. Or, le temps s'écoule... Tout à coup, la paralysie des « jeunes bleus » s'éclipse, quelques uns s'élancent vers l'avant, baïonnette au canon, en lançant leurs grenades, et en hurlant de rage. Plusieurs fantassins allemands sont pris au dépourvu, piétinés, assaillis dans leurs *Schützenlöcher*. Indemne, Millsaps récupère un « *burp gun* », et arrose ses adversaires jusqu'à ce que le chargeur de 9 mm soit vide. Malgré quelques pertes, le « groupe de choc » de Millsaps reprend sa progression, fait irruption dans la ferme et s'adonne à une véritable « furie » nocturne. Presqu'en transe, les *Paratroopers* tirent partout, sur tout, y compris sur les bêtes dans les écuries et étables. Puis, cette poussée de rage redescend. Millsaps a perdu six tués et une dizaine de blessés, eux-aussi ont donc été massacrés. Les blessés gisent un peu partout, appelant dans les deux langues : « *Medic !* » « *Help !* », « *Sani !* » « *Hilfe !*», en geignant de douleur... Conscient qu'une riposte allemande allait certainement suivre, Millsaps ordonne à sa poignée de survivants de se retrancher, en récupérant au besoin de l'armement allemand épars (comme les « potato smashers », surnom des grenades à manche allemandes). Dans un second temps, le *Lieutenant* décide d'essayer de rejoindre Chef-du-Pont, toutefois, parmi les survivants, seul un sous-officier – blessé – accepte de le suivre plus au sud-est. Cependant, de son côté, Lindquist, estimant trop dangereux l'envoi d'une colonne en direction de la *Hill 30*, y a provisoirement renoncé... à l'insu de Millsaps, qui marche vers Lindquist, quoique Shanley en soit informé par radio[39].

Sur le littoral, au petit matin du **9 juin**, au camp de prisonniers d'Utah Beach, des soldats allemands sont désignés pour creuser des tombes. Étant sous-officier, Rudi Escher n'est pas contraint d'effectuer cette tâche ingrate. Il se souvient : « *Quant à nous, les autres, nous avons dû rejoindre des péniches de débarquement, en vue d'une évacuation, avec de l'eau montant à hauteur des genoux – et toujours sous surveillance –. A ce moment-là, un soldat afro-américain est venu jusqu'à moi, en pointant du doigt mon insigne de sport,*

Le mur antichar du Wn.05, sur *Utah Beach*. (Photo P. Cherrier, 2016)

Des prisonniers allemands se rafraîchissent, auprès d'un LCM Mk 3. Notons, en arrière-plan, les ballons de barrage. (US-NARA)

Le côté de la minoterie des Lagouche (de nos jours abandonnée), à l'endroit exact où la voiture du *Gen.-Lt.* Falley, conduite par le *Gefr.* Vogt, est venue percuter le mur (en regardant vers l'endroit d'où venait le véhicule). (Photo P. Cherrier, 2019)

sur le côté gauche de ma vareuse : il le voulait en souvenir, je l'ai donc dégrafé et lui ai lancé. Il régnait un continuel climat de crainte, et on n'osait pas s'opposer aux désirs des G.I.s. Mais là, un truc est venu voler jusqu'à moi de la part du soldat de couleur : une barre de chocolat, en échange de mon insigne – je ne m'attendais absolument pas à cela ! –[40]*. Ensuite, nous sommes grimpés dans ces bateaux-là, qui nous ont emmenés jusqu'à de gros bâtiments, plus au large. Ainsi quittais-je la Normandie, la vie sauve ».*

Une fois le jour levé en ce D-Day+3, le *Lt* Millsaps, parvenu au P.-C. du « 508 », a toujours dans l'esprit sa mission d'ouverture d'un passage pour une colonne, qui serait envoyée par Lindquist en provenance de Chef-du-Pont... De son côté, Shanley préfère ordonner aux rares paras survivants ayant pris d'assaut la ferme, de décrocher vers le noyau de la *Hill 30*. Par ailleurs, il communique à Lindquist une probable faiblesse du côté de la chaussée surélevée... Alors, le colonel commandant le « 508 » annonce (toujours par radio) à Shanley que sa colonne de secours va finalement être mise en mouvement vers lui... Etant donné que le jour est bien levé, Shanley craint qu'une telle colonne soit anéantie et insiste auprès de son supérieur pour qu'elle reste à l'est du Merderet. Parallèlement, une patrouille envoyée à pied par là-bas, à travers les espaces inondés, revient avec un peu de l'indispensable plasma sanguin jusqu'à la *Hill 30*.

Pendant ce temps, sur Bernaville, à quelques kilomètres à l'ouest de la *Hill 30*, depuis deux jours quelques civils sont venus voir, par curiosité, le lieu où le *Generalleutnant* Falley et son aide de camp ont trouvé la mort. Le 8 juin dans la matinée, deux soldats allemands (sans doute du *Gren.-Rgt. 1057*) ont fait leur apparition dans la ferme de Jean-Baptiste Laisné, qui réside avec sa famille à proximité du château de Bernaville. Parlant bien français, ils demandent un peu d'eau à monsieur Laisné. En passant, ils demandent également s'il sait où le général Falley et son état-major peuvent bien se trouver maintenant. Monsieur Laisné a juste répondu : « *Général kaputt !* ». Les deux *Landser* se sont sentis outrés, ne voulant pas y croire ! Là-dessus, J.-B. Laisné et Auguste Vilette les ont conduits jusque sur les lieux du drame, sur la route rasant le flanc de la minoterie des Lagouche. Dans ce secteur proprement dit, les combats ont quelque peu faibli, se concentrant plus à l'est, même si la zone de Cauquigny et de la *Höhe 30* ne sont pas loin. *Karabiner* sous le bras, les deux Allemands découvrent avec consternation le véhicule du commandant de division, avec les deux corps sans vie... Bartuzat et Falley sont

Dans un cimetière d'épaves de la région de La Fière, un *SdKfz. 251/1*. Un engin de ce type est venu récupérer les corps du *Gen.-Lt.* Falley et de son *Adjutant*, plus de 48 heures après le drame. (US-NARA)

39. Sur ces événements, voir le travail de l'historien local Lucien Hasley, *Colline 30-Hill 30 – Une vie de souvenirs*, 2017 (2e édition), aux pages 31-36 (NDT).

40. Cette absence d'hostilité des soldats noirs de l'armée américaine à l'égard des soldats allemands est retrouvée dans d'autres témoignages d'anciens de la Wehrmacht, par exemple chez l'Autrichien le *Lt.* Hans Höller. Voir Hans Höller, Markus Reisner, *Sous les ordres de Rommel*, Heimdal, 2017, page 219 (NDT).

Auprès d'un filet de camouflage, les sépultures des deux officiers de la *91. LL-Div.* tués sur Bernaville. Ces croix, très soignées, seront réalisées plusieurs semaines après l'enterrement, dans le parc du château. De nombreuses autres victimes allemandes, notamment des sous-officiers et hommes de troupe, ne recevront pas de telles croix, ou avec très peu, voire aucune information (ici sont mentionnés l'unité, la fonction, le grade, dates de naissance et de décès). (US-NARA)

portés disparus depuis le matin du 6 juin. Le jeune Emmanuel Laisné est aussi avec eux, et se souvient : « *Ils auraient pu croire que nous y étions pour quelque chose, mais ils ne nous ont rien fait, l'un des deux Allemands a juste salué la dépouille du général* ». Ensuite, ils ont cherché à voir si quelqu'un se trouvait encore dans les bâtiments, et Marguerite Lagouche est descendue. Auguste Vilette poursuit : « *Les Allemands ont recommandé à madame Lagouche de construire un abri sans traîner, car la situation militaire risquait de refrapper de plein fouet les alentours, puis ils sont partis. Une demi-heure plus tard environ, nous avons entendu un certain fracas sur la route : les Allemands sont revenus avec un genre de camion chenillé, sur lequel était monté une sorte de petit canon. Manifestement, ils n'étaient pas rassurés, redoutant sans doute de tomber dans un piège ou une embuscade. Ils ont alors chargé trois Français d'enrouler les corps du général et de son aide de camp dans des couvertures, puis de les hisser à l'intérieur du véhicule blindé...* ». Certainement au cours de cette journée-là, plusieurs *Paratroopers* font leur apparition chez les Laisné. Emmanuel se souvient : « *Ils voulaient de l'eau, qu'on leur a donnée, et l'un d'eux a extrait de sa poche de pantalon... un morceau de papier rempli de sang, qu'il nous a alors tendu, en disant "German ! German !". Il l'a déplié : l'oreille d'un soldat allemand se trouvait à l'intérieur ! Mon père n'a pas voulu les froisser, mais il a été révolté par une telle sauvagerie !* ».
Wilhelm Falley et Joachim Bartuzat sont inhumés à proximité de là, dans le parc du château de Bernaville. Aucun cercueil n'étant disponible, ils ont été enveloppés dans d'épais tapis par-dessus les couvertures, récupérés dans une pièce du château. Ils ont ensuite été enterrés, et un officier présent là a fait décharger une salve de *Karabiner*, pour les honorer post-mortem.
Au matin du 9 juin, le *Gefreiter* Spieles continue de servir à quelques kilomètres du littoral[41]. Accompagné d'un *Unteroffizier*, il reçoit l'ordre d'installer un câble téléphonique jusqu'à une hauteur, sur laquelle est établi un poste de commandement, doublé d'un poste d'observation d'artillerie [probablement vers Fontenay-sur-Mer ou Saint-Marcouf [NDT]]. Une fois que la liaison téléphonique est établie, le jeune Mosellan fait une découverte peu croyable : « *Un officier d'un certain âge, qui stationnait là-haut, au sommet*

de cette colline, nous a permis de regarder dans son Scherenfernrohr *– lunette binoculaire –, en direction de la mer... Là, nous avons pu contempler avec netteté la multitude monstrueuse de la flotte alliée. Les navires étaient disposés presque comme s'ils participaient à une parade. Le grossissement de l'instrument permettait même de discerner les lueurs des départs de tir de leurs canons, ressemblant à de petits éclairs orangés. Ils devaient commencer à pilonner la route conduisant de Carentan à Cherbourg, via Sainte-Mère-Église* [la RN-13], *c'est du moins ce que nous supposions alors... Or, les gros obus de marine chuintaient juste au dessus de nous, pour aller percuter l'intérieur des terres. A ce moment-là, il n'y avait pas de « Jabos » rôdant*

La façade principale du corps de logis du manoir Leroux, marquée par des affrontements de quatre jours, touchée par les obus de mortiers et ceux de 88 mm... (Collection Robert Murphy)

Une « *acht-acht* » (*8,8-cm-Flak 36*), canon de DCA allemand qui se révèle être, également, une arme redoutable contre des objectifs terrestres. Dans la nuit du D-Day, plusieurs pièces semblables, d'une cadence de vingt obus par minute, ont résisté à la flotte de *Troop Carriers* C-47, dans la région de Pont l'Abbé et de Picauville. Par la suite, elles servent à appuyer la défense du *Gren.-Rgt. 1057*... Remarquons les taches de peinture de camouflage, sur le métal. (Archives von Keusgen)

Malgré les combats très rudes du D-Day au D-Day+3, le petit village de Cauquigny est, de nos jours, plutôt semblable à ce qu'il était avant l'*Invasion*. (Photo P. Cherrier, 2019)

41. Dans sa version originale, l'auteur affirme que Spieles, téléphoniste, combat toujours sur Foucarville ce 9 juin, ce qui est désormais absolument impossible, et ce depuis le 7 juin (cela a été rectifié dans la présente version). Effectivement, toute la zone s'étendant jusqu'au nord de Ravenoville a été prise par le *22nd US-InfRgt* dès le D-Day+1. Par ailleurs, Spieles, bien qu'appartenant au *Gren.-Rgt. 1058*, continue de servir dans la zone proche de la côte, à l'écart des restes de son régiment. Il y a donc tout lieu de penser qu'il ait été rattaché, de circonstance, à une autre unité, peut-être de l'artillerie, qui combat encore férocement dans la zone des puissantes batteries de Crisbecq et d'Azeville (NDT).

dans les airs, car le passage de tels obus auprès d'eux aurait pu s'avérer fatal pour eux... Tant mieux pour nous, en tous cas nos camarades combattant dans les terres devaient vivre un véritable enfer, et il était désormais clair que, malgré tous les efforts déployés, avec nos moyens disponibles nous ne pourrions pas gagner cette bataille ! »

Le 8 au soir, le *Lt* Marr, qui se trouvait toujours avec le groupe de Charles Timmes entre l'est d'Amfreville et les zones inondées, est parvenu à rejoindre la rive orientale du Merderet, via un passage « secret » à gué, peu profond, et a fait un rapport précis au *Major-General* Ridgway, qui conçoit alors un nouveau plan : faire passer le *1/325* par ce gué, pour qu'il rejoigne le *Lt-Col* Timmes afin, dans un deuxième temps, de prendre à revers les forces allemandes retranchées dans la zone de Cauquigny et du Hameau aux Brix, dans la nuit du 8 au 9 juin. Guidé par Marr, le bataillon de *Gliderists* parvient à passer la zone inondée, fait sa jonction avec Timmes, et se lance à l'attaque. Mais la résistance allemande est telle que le *1/325* ne progresse pas, même si Timmes a reçu des renforts.

Le commandement US envisage alors de lancer une attaque « plus classique » depuis le manoir Leroux de La Fière... Gavin et Ridgway se mettent également d'accord avec le commandant de l'artillerie divisionnaire de la *90th US-InfDiv*, débarquée à la suite de la « *Ivy Division* » : ce dernier appuiera l'attaque des soldats aéroportés avec ses obusiers, pour écraser les forces allemandes tenant la zone à l'ouest du Merderet. Les blindés du *746th Tank Battalion* se tiennent également en arrière du manoir Leroux, prêts à franchir le pont dans un second temps. Ce sont, normalement, les *Gliderists* du 3e bataillon du *325th GIR* (sous les ordres du *Lt-Col* Carrell) qui doivent monter à l'assaut par la chaussée... Au matin du 9 juin, le pilonnage se produit à l'heure, et les *Gliderists* attaquent avec, à leur tête, le *Major* Arthur Gardner, qui a remplacé Carrell. C'est un combat confus qui s'engage, car le gros de ce *3/325* n'attaque pas dans un premier temps, pétrifié d'angoisse et persuadé d'être envoyé à l'abattoir devant une pluie de projectiles allemands ! Croyant à un échec, Gavin envoie le *Captain* Ray du *507th PIR*, qui s'élance à l'assaut vers Cauquigny avec l'équiva-

Ci-dessus : trois G.I.s, peut-être des *Glidermen* du « 325 », posent devant l'épave d'un autre R-35 de la *Pz-E.-u.-Ausb.-Abt. 100*, sur la chaussée reliant La Fière à Cauquigny (ici, en regardant vers le sud-est). Celui-ci pourrait être celui détruit le plus près du pont... (US-NARA)

Ci-contre : peut-être sur la chaussée de La Fière, quelques G.I.s - dont au moins un *Gliderman*, infirmier de la *82nd Airborne* - observent l'épave d'un R-35. Eh oui, en Normandie, nombre d'entre eux connaissent une première confrontation aux blindés du Reich... non pas face à des *Panzer IV*, *V* ou *VI*, mais à des engins d'origine française, de récupération. (US-NARA)

lent d'une compagnie. Cela semble remotiver les *Gliderists* encore cloués qui, par grappes et par bonds, progressent maintenant vers l'ouest, à couvert des épaves de « *Beutepanzer* ». Les *Grenadiere* du *Gren.-Rgt. 1057*, plus les équipes de pièces de 88 et de 100 mm en batterie en profondeur, opposent une résistance farouche, peu à peu liquidée ou repoussée, presque haie après haie ; chaque chemin creux et bâtiment est nettoyé. Tenaces, les Allemands s'accrochent jusque dans l'après-midi, mais Cauquigny, enfin, est tenu, au prix de plusieurs dizaines de tués et de blessés parmi les *Paratroopers* et les *Glidermen*. L'un des Sherman est neutralisé à cause d'une mine, encombrant la chaussée mais procurant une barricade supplémentaire aux assaillants à pied. Cette poussée du 9 juin 1944 permet également de « désencercler » le groupe de Shanley sur la *Hill 30*, et d'établir un lien supplémentaire avec Timmes, depuis Cauquigny. Avant tout, une tête de pont en voie de consolidation a pu être lancée à l'ouest de la zone inondée du Merderet qui, via les chaussées de Chef-du-Pont et de La Fière, permettra au *VIIth US-Army Corps* de Collins de reprendre l'une de ses deux missions cruciales : couper la péninsule du Cotentin pour isoler la *Festung Cherbourg* [42].

Depuis plus de trois jours, *FJR 6*, *91. LL-Div.* et *709. Inf.-Div.* combattent d'arrache-pied pour essayer de contenir la tête de pont américaine d'Utah-Beach, qui gagne en superficie et en puissance. Pendant ce temps, la *243. Inf.-Div.* de Hellmich conserve toujours son rôle de défense et d'occupation, sur le littoral ouest du Cotentin ; elle reste encore largement épargnée par les combats, mais pour quelques jours seulement... De son côté – sans doute vers le 12 juin –, le *Gefreiter* Heinrich Spieles, toujours très affairé comme téléphoniste, se rappelle de l'une des communications entendues : « *Là, deux officiers supérieurs s'entretenaient de la situation du moment, de plus en plus critique, et l'un d'eux a confié : « Sainte-Mère-Eglise können wir abschreiben » – Nous pouvons faire une croix sur Sainte-Mère-Église –...* »

42. Pour plus de détails sur cette bataille de La Fière du 9 juin 1944, avec la montée en ligne du *325th GIR*, voir Georges Bernage, la *Bataille du Cotentin – 9-19 juin 1944*, Heimdal, Bayeux, 2013, aux pages 4-11 (NDT).

Le 7 ou le 8 juin, dans la zone de Neuville ou de Baudienville, regroupement provisoire de prisonniers allemands – peut-être majoritairement des membres du *Gren.-Rgt. 1058* – dans la cour d'une ferme, qui sont gardés par un *Paratrooper* armé d'une mitrailleuse M. 1919 A-4. (US-NARA)

Et ensuite...

Un cimetière provisoire américain sur le littoral. En tout, six grands cimetières provisoires américains sont aménagés dans le Cotentin, dont deux aux abords directs de Sainte-Mère-Église… (US-NARA)

Calme très relatif au milieu du chaos

Du 9 au 13 juin 1944, les zones de combat s'éloignent peu à peu de Sainte-Mère-Église, et notamment les bombardements de l'artillerie allemande, qui cessent. Au prix fort, les Américains progressent vers Montebourg (au nord), Saint-Sauveur-le-Vicomte (à l'ouest) et Carentan (au sud). Situé maintenant au cœur de la tête de pont américaine du Cotentin, le village de Sainte-Mère-Église voit s'éloigner le spectre angoissant du front, quoique de nombreux soldats américains et d'innombrables véhicules de combat et de ravitaillement américains y passent, y stationnent ; une intense activité « de l'arrière » règne dans le bourg et ses alentours.

Habitant sur Fresville au nord-ouest de Sainte-Mère-Église, Georges Brault (fiancé de Juliette Le Cambaye) quitte le village en direction de Sainte-Mère-Église, voulant ardemment s'enquérir du sort de sa bien-aimée... Est-elle encore en vie ? Se demande-t-il avec une obsession déchirante. Fresville est encore assez près du front et, à mi-chemin (au niveau de Neuville-au-Plain), il est soudain pris sous le feu de deux chasseurs-bombardiers, volant à très faible hauteur... Juliette : « *Fort heureusement, Georges est arrivé sain et sauf. Par contre, lui, il avait perdu plusieurs membres de sa famille dans la tourmente de la bataille. Durant ces journées si violentes, j'avais été très inquiète pour lui, et très triste... Comme j'étais heureuse de le revoir, même s'il se dressait sale et non rasé face à moi. Nous nous sommes pris dans les bras, et nous avons pleuré...* ». On s'en souvient, le mariage des deux jeunes gens aurait normalement dû avoir lieu le 6 juin. Comme la perspective d'un retour à la vie « normale » semble s'esquisser, Juliette et Georges fixent une date la plus rapide possible pour leurs fiançailles : le 23 juin.

Le 10 juin, la liste des victimes civiles du village est établie : exactement 100 personnes tuées, majoritairement du fait des bombardements[43]. De nombreux autochtones se sont volontairement désignés pour creuser des tombes et regrouper les cadavres dans des charrettes, et même de brouettes. Toutefois, les morts n'ont pas pu être mis en bière traditionnellement, dans l'église du village, vu qu'elle sert de refuge pour les civils sinistrés, nécessi-

Un couple de civils âgés évacue Sainte-Mère-Eglise, rue Cap-de-Laine. (US-NARA)

Ci-contre : le calme revient peu à peu dans Sainte-Mère-Église, et les bombardements allemands cessent enfin. A une intersection, un para des « All American », un membre de la *Military Police* et un gendarme français surveillent les civils. (US-NARA)

Ci-dessus : se dirigeant vers le nord, devant le salon de coiffure des Le Cambaye, deux parachutistes patrouillent sur des montures de prise, récupérées aux Allemands. Photo probablement prise le 7 ou le 8 juin 1944. (US-NARA)

teux, malades et blessés. Alors, une inhumation la plus digne possible a lieu le 14 juin, dans le petit cimetière jouxtant le parc de la Haule.

Si Sainte-Mère-Église fait figure de première commune libérée de France continentale, de nombreux villages du Cotentin seront encore sauvagement disputés au cours des semaines à venir, jusqu'à la fin de juillet 1944, au fur et à mesure de l'avancée américaine.

Au matin du 10 juin, les soldats encerclés de Shanley ont été définitivement débloqués par leurs « collègues » du « 508 » et ceux du « 325 ». Gueutteville est maintenant libéré, et les hommes du *Gren.-Rgt. 1057* de von Saldern se replient en combattant vers l'ouest. Les G.I.s sont tout proches, c'est alors que plusieurs petits groupes de *Landser*, épars, passent à proximité de la propriété des Lagouche, sur Bernaville. Marguerite Lagouche relate : « *Ces soldats allemands étaient marqués par les combats, déguenillés, hirsutes, l'air épuisé, voire déprimé. Ils nous demandaient poliment de leur donner quelque chose à boire, sans agressivité. Vu que, depuis plusieurs jours, le lait de nos vaches n'était plus collecté, nous en avions beaucoup sous la main, ils n'avaient qu'à se servir. Ayant terminé de boire, ils ont repris leur pénible chemin à pied, sur la route partant vers l'ouest...* »

Deux jours plus tard, alors que les combats ont été acharnés au sud de Bernaville, vers Picauville et Pont-l'Abbé, et au nord du côté d'Amfreville, un groupe de sept G.I.s apparaît à la minoterie, en expliquant aux époux Lagouche, que la famille Laisné et la leur doivent impérativement déguerpir, sous dix minutes, comme les autres familles de Bernaville d'ailleurs, pour rejoindre la petite localité de Gueutteville, à environ deux kilomètres à l'est. Or, les Américains ne tolèrent aucune excuse, face aux fermes objections des Lagouche ! Alors, Monsieur Lagouche se voit contraint de mettre fin aux jours des petits chiots de leur chienne de garde, vu qu'ils veulent l'emmener avec eux. Les G.I.s s'en montrent choqués et, pendant ce temps, Marguerite enveloppe sa plus jeune fille – nouveau-née – dans un panier garni de paille. Escortés par un Américain armé, ils quittent leur domicile en direction du

Les ruines de Pont-l'Abbé, atrocement sinistré par les bombardements. Les 6 et 7 juin, les troupes allemandes « nettoient » le bourg et ses environs de la présence de parachutistes, et le tiendront jusqu'au 13 juin (comparer avec la photographie page 58). (US-NARA)

43. Ce chiffre est surévalué : 45 habitants de Sainte-Mère-Église ont perdu la vie sur la période 1939-1945, dont 22 le Jour-J (NDT).

Merderet et de Gueutteville, à travers champs. Marguerite se rappelle : « *Dans les prairies, le long des haies, gisaient encore de très nombreux soldats morts, des deux camps. Certains étaient dans un état épouvantable, lacérés, charcutés même !* »
Arrivés à Gueutteville (pour très peu de temps), tous les civils rassemblés là doivent grimper dans un camion américain, à destination de Sainte-Mère-Église. Durant leur trajet, quelques épaves de planeurs sont aperçues et, sur la chaussée reliant Cauquigny au manoir Leroux, les épaves de chars français de récupération de la *Pz-E.-u.-Ausb.-Abt. 100*, repoussées sur les flancs du remblai routier. Débarquant à Sainte-Mère-Église, la chienne des Lagouche bondit subitement hors du camion, et s'enfuit... Ils ne la reverront plus. Alors, les évacués sont répartis entre l'église, déjà bondée, et quelques maisons alentours. Ayant deux enfants en bas âge, les Lagouche sont installés dans une habitation de la place de l'église – dans un café –. Toutefois, dès le lendemain, ils se rendent chez des connaissances de Monsieur Lagouche, pour s'installer dans la cour de leur ferme. Mais en arrivant là-bas, les Américains les font remonter dans un camion, pour les remmener fermement sur Gueutteville où, néanmoins, les Lagouche se voient remettre une maison abandonnée. Là, on leur distribue enfin des vivres – Ils ne sont qu'à deux kilomètres de chez eux ! –. En cet après-midi du 13 juin, quelques hommes veulent retourner de leur propre chef sur Bernaville, pour s'assurer de l'état de leurs biens... Néanmoins, en pleine marche, ils sont stoppés par des soldats américains et, soupçonnés d'espionnage, ils sont soumis à un interrogatoire, puis renvoyés sur Gueutteville, en leur faisant fermement comprendre de ne pas se déplacer ainsi sans autorisation... Que ce soit pour leur sécurité ou pour les isoler « par méfiance », ces premiers contacts avec la Libération par les Américains sont assez singuliers.
Les familles normandes Lagouche et Laisné ne seront autorisées à réintégrer leur domicile que le 19 juin 1944, à pied. En arrivant, elles ne sont pas très réjouies, déplorant le comportement américain: toutes les boissons – bien entendu, cidre et calvados –, restées sur place avant leur évacuation, ont été englouties par les G.I.s. Ces derniers, en état d'ébriété, ont même organisé un « tournoi » de lancer de couteau contre la porte de la cuisine de Madame Lagouche.
Le vendredi 23 juin, Juliette et Georges peuvent enfin s'unir, attendant cet événement avec impatience. Comme la famille de Juliette n'a pu revenir chez elle – au salon de coiffure – à cause des dégâts des bombardements, elle a trouvé refuge dans une ferme, à l'extérieur du bourg de Sainte-Mère-Église. Là, un officier américain ayant entendu parler du mariage, fait installer une grande tente américaine, blanche, dans le jardin du corps de ferme. Juliette est heureuse : « *Les Américains nous ont donné des conserves de haricots et d'autres vivres ; ils ont même déniché trois paires de chaussures pour moi, afin que je les essaie et que je porte quelque chose de convenable aux pieds, pour mon mariage. La première paire était bien trop grande, l'autre trop petite, et la troisième et dernière n'était pas non plus à ma pointure... Tant pis, on a mis un peu de paille dedans, et je m'en suis contentée. Malgré les circonstances, ma mère avait invité peut-être une cinquantaine de personnes. Nous avons d'abord accompli notre mariage chrétien, mais comme il n'y avait pas d'église, le curé a célébré notre union dans le jardin de la ferme – dans la tente blanche –. Nous avions deux soldats américains comme témoins... Néanmoins, nous n'avons pas passé une si belle nuit de noce, car les bombardements étaient encore audibles, du côté de Cherbourg, la ville n'ayant pas encore été libérée...* ».

Tant bien que mal, les Américains s'adonnent à la tâche ingrate de regrouper et de compter les morts des deux camps, en les identifiant si possible. Souvent, en guise de linceuls, dans la zone d'opérations aéroportée les corps sont enveloppés dans des voilures de parachute en nylon. (US-NARA)

Ci-contre : photographie de mariage de Juliette et Georges Brault, à la fin de juin 1944. Faute d'église, le décor du studio l'évoque clairement. Les chaussures portées par Juliette sont probablement celles offertes par les Américains... (Collection Juliette Brault)

Ci-dessous : des G.I.s installent une liaison téléphonique le long de la RN-13, sur la façade des Le Cambaye. Sur l'un des volets de la devanture, on aperçoit les inscriptions, à la craie, faites le 6 juin par madame Le Cambaye pour indiquer où ils étaient partis. (US-NARA)

Une fois que les Américains ont pu s'emparer de la zone de Carentan, après de sévères combats contre les hommes de von der Heydte et, dorénavant, les Waffen-SS de la « *Götz von Berlichingen* », ils ouvrent la porte à flots et l'écluse de La Barquette. Alors, l'eau retenue depuis 1943 sur toutes les basses terres et prairies plates bordant notamment la Douve, la Taute et le Merderet, peut enfin se vider dans la Manche, via le canal et la passe de Carentan. Là, de nombreuses découvertes pourront être faites... matérielles – parmi elles, parachutes et conteneurs, ainsi que quelques épaves de planeurs ou de C-47 –, mais aussi macabres, avec des corps de *Paratroopers* en décomposition.

Ci-contre : une épave de C-47 dans les marais artificiels du Merderet ou de la Douve [D'après D. François, cette photo aurait été prise du côté de l'Ile Marie, entre Beuzeville-la-Bastille et Chef-du-Pont [NDT]]. (US-NARA)

Ci-dessus : le même appareil, une fois la suppression des zones artificiellement inondées. (US-NARA)

Ci-contre : très belle photographie aérienne, prise après les combats, du pont de La Fière et du domaine Leroux. Dans la boucle du Merderet, en bas à gauche, est visible la zone où l'équipe de bazooka de Heim s'était retranchée, lors de la première attaque allemande. Malgré l'intensité des affrontements du 6 au 10 juin, certains bâtiments sont plutôt épargnés. (US-NARA)

Les cimetières militaires

Avec l'éloignement des affrontements, le village de Sainte-Mère-Église devient en quelque sorte un pivot, une base logistique, accueillant les blessés, voyant également passer de nombreux prisonniers. Des cimetières militaires provisoires sont aménagés même si, très souvent, de nombreuses tombes ou carrés de tombes isolés, avec une simple croix, un fusil planté accompagnés de quelques informations (si disponibles), voire d'un effet personnel (souvent un casque). Sainte-Mère-Église sert de centre de regroupement pour de nombreuses dépouilles américaines. Bien sûr, l'on n'y trouve pas que des G.I.s tués dans ou aux abords directs du village les 6, 7 et 8 juin qui, somme toute, n'ont pas été si nombreux. Michel Le Cambaye, 7 ans, petit frère de Juliette, observe le regroupement des dépouilles : « *J'étais encore*

Photographies prises au cimetière provisoire aménagé dans la zone de Hiesville-Blosville. Gardés par des « *Screaming Eagles* » ou des fantassins, les prisonniers allemands (dont, visiblement, plusieurs *Fallschirmjäger*) sont requis pour les travaux. Les deux camps connaissent de lourdes pertes, dès les premiers jours de la Bataille de Normandie. (US-NARA)

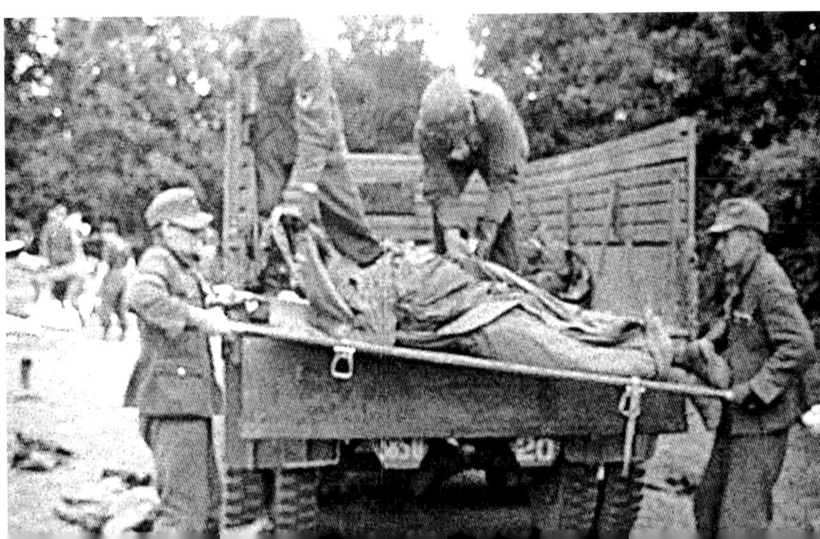

un gamin, et je ne pouvais pas tout comprendre, mais on voyait que les corps sans vie de soldats américains étaient acheminés jusqu'à proximité du village. Ils étaient dans un triste état, atrocement mutilés, dégageant une odeur immonde... Ça m'a beaucoup marqué et, pendant assez longtemps, j'ai eu de grosses difficultés à retrouver le sommeil ».

Combien de militaires des deux camps ont été tués dans les combats pour Sainte-Mère-Église et ses alentours, dans un rayon de quatre ou cinq kilomètres (aux ponts du Merderet, sur la *Hill 20*, à Turqueville, Neuville, Baudienville, etc.), entre les 6 et 10 juin ? C'est difficile à estimer précisément, sans doute plusieurs milliers d'hommes... Deux vastes cimetières américains sont aménagés de part et d'autre du village : Le cimetière N°1, dans le voisinage direct du cimetière communal, à l'est du village, et le N°2, en bordure occidentale du bourg. A cet effet sont employés de grands herbages. A eux

A l'été 1944, une cérémonie funèbre officielle est organisée dans l'un des cimetières provisoires de Sainte-Mère-Église, à laquelle participent aussi bien des G.I.s que des civils. Sur la photo en haut à gauche est présent le curé du village, au milieu des prêtres. Notons que, parfois, le « *Dog Tag* » (surnom de la plaque d'identité du soldat américain) est accroché à la croix. (US-NARA)

Monument rappelant l'emplacement du cimetière N°1. (Photo P. Cherrier, 2019)

deux, ils totalisent environ 8 000 sépultures ! D'autres sont également aménagés dans des communes de l'est du Cotentin, comme du côté de Carquebut, sur Hiesville, ou encore auprès de la plage d'Utah Beach. Ils rassemblent des milliers de victimes des combats du Cotentin, et doivent servir de cimetières provisoires. Néanmoins, ils sont soigneusement entretenus grâce à la bonne volonté des civils. Pour l'anecdote, le *Brigadier* Theodore Roosevelt, décédé d'un infarctus le 12 juillet 1944, a d'abord été enterré au cimetière N°2 de Sainte-Mère-Église.

Dès 1945, à la demande de leurs proches, de nombreux corps de soldats américains sont déterrés et renvoyés outre-Atlantique (comme le général Don Pratt). A partir de 1948, les défunts restés en Normandie reçoivent de nouvelles sépultures, et sont transférés vers un autre terrain, exclusivement destiné aux G.I.s : le cimetière de Colleville-sur-Mer, dans le Calvados et, dans le sud de la Manche, celui de Saint-James. De son côté, au cœur du bocage du centre du Cotentin, le cimetière d'Orglandes, regroupant en 1944 des victimes des deux camps, est vidé de ses corps américains, pour devenir un cimetière militaire uniquement allemand : il compte alors 7 358 corps. Peu à peu, de nombreuses dépouilles de soldats allemands y sont envoyés, issus de la multitude de tombes isolées (des sépultures de campagne, souvent creusées dans la foulée des combats) dans toute la Manche, voire même au delà. De nos jours, Orglandes rassemble ainsi 10 152 défunts de la *Wehrmacht* (Allemands, Autrichiens, mais aussi *Hiwis* et *Osttruppen*) et des *Waffen-SS*. Plus tard, étant donné l'immensité du champ de tombes qui s'étendait, sa superficie sera réduite à deux amples carrés de sépultures.

Photo aérienne, prise en regardant vers l'ouest, de Sainte-Mè- re-Église avec ses deux cimetières provisoires : le N°1 au premier plan (3 000 tombes), lo-calisé juste à l'est de l'actuel musée *Airborne*, et le N°2 (5 000 tombes), au bord de la route menant à Chef-du-Pont. Notons la place de l'église, en bordure droite de l'image. (US-NARA)

Apprenti-électromécanicien de 19 ans, l'Allemand Eckhard Schlegel est originaire de Steinhude (à une vingtaine de kilomètres au nord-ouest de Hanovre) et, au printemps de 1958, il fait une demande pour pouvoir participer aux travaux de remise en état et d'entretien de cimetières militaires allemands. Initialement, il aurait souhaité se rendre au Mont Cassin, dans le centre de l'Italie. Schlegel rapporte : « *Mais au service des sépultures, ils m'ont dit qu'il n'y avait rien à faire là-bas, que toutes les places étaient déjà prises, et m'ont renvoyé vers une fédération sportive... Par ce canal, j'ai eu l'opportunité de partir pour la France, dans l'ouest de la Normandie, dans le cadre du programme « La réconciliation par les tombes ». Il s'agissait de travailler avec des scouts français. L'on devait d'abord aller à Cologne, et tout était payé – alimentation incluse –, moyennant d'offrir sa force de travail. En train, je suis donc allé jusqu'à Cologne où, avec d'autres jeunes, nous sommes montés dans un bus à destination de la France, pour gagner le cœur de la Péninsule du Cotentin !* »

Arrivant alors en Normandie avec 24 autres jeunes Allemands bénévoles, des tentes ont déjà été montées pour eux. Tout cela est un pas vers l'inconnu, la nouveauté totale : « *Personne ne se connaissait, il y avait également quelques filles dans notre groupe, logées toutefois à l'écart des garçons, dans une tente à part. Il nous fallait aussi préparer nos repas ; ça, c'était elles qui s'en chargeaient. Nous n'avions qu'un seul accompagnateur, parti avec nous de Cologne. Cet homme s'y connaissait, il savait ce qu'il fallait faire et où on devait aller. En fait, nous étions le tout premier groupe à avoir été envoyé là pour travailler... et le cimetière n'avait vraiment pas bonne allure. De la mauvaise herbe, de nombreuses et hautes graminées, voire des pousses d'arbustes, avaient poussé partout autour des croix, toutes envahies parmi cet état sauvage, en quasi déshérence. Notre tâche consistait donc à redonner un aspect respectable à ces lieux auxquels, depuis la fin de la guerre, aucun soin n'avait été porté* ».

En 1958, il n'existe encore aucune clôture bordant le cimetière, juste séparé de la route par une haie bocagère. L'accès à cette vaste étendue de tombes se fait ainsi, sans accès aménagé pour le visiteur. En posant les yeux pour la première fois sur ces lieux, Eckhard Schlegel est pris d'un sentiment étrange :

Eckhard Schlegel, 18 ans à l'été de 1958, lors de sa mission bénévole au cimetière militaire allemand d'Orglandes. (Collection Eckhard Schlegel)

Ci-contre : voici à quoi ressemble le cimetière avant les travaux de réhabilitation, en juillet 1958. En arrière-plan, le clocher du village d'Orglandes. (Collection Eckhard Schlegel)

Ci-dessus : les couleurs sont hissées par les jeunes bénévoles des deux nations, symbolisant la réconciliation franco-allemande, treize ans après la fin de la guerre. (Collection Eckhard Schlegel)

Le campanile du cimetière d'Orglandes, très sobre et solennel, d'une quinzaine de mètres de haut. (Photos von Keusgen)

« En voyant les très nombreuses rangées de croix, j'ai alors pensé au fait que, sous chacune d'elle, il y avait une vie humaine, supprimée par la guerre... Beaucoup de gars de mon âge pour lesquels, soudain, tout s'était arrêté dans cette folie. Il n'y avait pas non plus de nom sur ces croix, juste un numéro, enregistré quelque part. Oui, c'était vraiment troublant ! ».

La coopération des jeunes des deux nations se déroule dans une atmosphère paisible, amicale. Schlegel : *« Bien que non entretenus, les lieux n'avaient pas été vandalisés. Notre travail côte à côte avec les adolescents français s'est passé sans aucun ressentiment de part et d'autre. En plus, chaque mercredi, nous – les jeunes Allemands – travaillions aussi chez les agriculteurs du village, pour établir des contacts directs entre la population française et la jeunesse allemande »*.

Pas de travail le week-end : Eckhard Schlegel en profite donc pour faire un peu de tourisme dans la région – tout seul – : *« Un jour, je suis allé en bus jusqu'à Cherbourg, pour voir la mer et le port, puis je suis rentré à pied jusqu'à Orglandes* [à plus de trente kilomètres]. *Étant encore loin de l'arrivée, le samedi soir s'est posé la question du couchage... Avec mes quelques notions de français, j'ai demandé à un monsieur âgé, qui avait un petit magasin, si je pouvais dormir chez lui. Il m'a d'abord répondu qu'il n'avait pas de lit à m'offrir, mais je lui ai fait comprendre que ça m'était égal, le principal étant pour moi d'être à l'abri, sous un toit. Alors, le Français m'a conduit jusqu'à l'étage supérieur, et j'ai dormi à même le plancher de bois, tout simplement. Aucune importance pour moi, nous étions en été – seules les souris ont fait du vacarme autour de moi, cette nuit-là –. Le propriétaire était très sympathique, je me souviens encore volontiers de lui... »*.

Un jour, en pleine semaine, quelques jeunes Allemands sont demandés pour charger du foin dans un charriot à ridelles, sur une prairie appartenant au maire d'Orglandes. Hélas, à peine ont-ils commencé à travailler, qu'il commence déjà à pleuvoir. Le maire leur fait comprendre d'arrêter et, dans la foulée, il leur offre un peu de cidre *« qu'il avait précédemment déposé dans un fossé, au bord de la prairie »*. Or, cette chaude pluie estivale n'en finissant pas, le maire invite le groupe d'Allemands chez lui, afin de manger tous ensemble. Schlegel poursuit : *« Après le repas, il continuait encore de pleuvoir,*

Le cimetière après les travaux de rénovation du jeune groupe franco-allemand (comparer avec la photographie de la page précédente). Les croix en bois seront remplacées dans les années suivantes. (Photo Eckhard Schlegel)

le maire nous a donc emmené jusqu'à sa grange, où se trouvaient trois amples fûts de cidre... Là, nous avons pu en déguster copieusement. L'épisode avec monsieur le maire a vraiment été un grand moment pour nous tous... Tout le temps que j'ai passé en Normandie, je n'ai vécu aucun ressentiment à l'égard des Allemands ! ». On s'en doute, ce séjour a marqué la vie d'Eckhard Schlegel.

De nos jours, le cimetière militaire allemand d'Orglandes, le long de la route à la sortie nord du village, en direction de Valognes, est entretenu par le *Volksbund Deutsche Kriegsgräberfürsorge*. De 1956 à 1961, c'est lui qui a organisé le regroupement des tombes, dans les six cimetières militaires allemands que compte la Normandie, ainsi que les travaux d'aménagement horticoles et paysagers. La forme des pierres tombales – des croix verticales – tranche avec celle retrouvée dans d'autres cimetières, au raz du sol, comme à La Cambe ou Marigny. Sur le terrain du cimetière d'Orglandes – cinq hectares pentus et inégaux – reposent plusieurs soldats largement évoqués dans ce livre : Joachim Bartuzat et Wilhelm Falley, le premier général allemand tué durant les combats de libération du Nord-ouest de l'Europe, s'étant inaugurés le Jour-J. Précisons que, étant donné que le général avait transmis une demande de promotion concernant son *Adjutant*, à titre posthume le *Major* Bartuzat avait été nommé *Oberstleutnant im Generalstab*, c'est bien ce qui figure sur sa sépulture actuelle. [Précisons qu'un autre officier général allemand y est inhumé, Heinz Hellmich, tué le 17 juin 1944 [NDE]]
Au passage, malgré le choc de la voiture du général contre le mur de l'habitation des Lagouche, elle était restée pratiquement intacte et, d'après Malcolm Brannen, cinq jours après le drame, elle a été récupérée par un certain *Lt* Bush, officier de l'état-major de la *82nd US-Airborne Division*...

En haut : avec deux camarades, dont un sous-officier de la *Luftwaffe*, le commandant de la *91. LL-Div.* repose dans ce cimetière, à quelques kilomètres de l'endroit où il a perdu la vie. Photo prise lors d'une visite de la famille. (Photo Claus Falley)

Ci-dessus : de son côté, bien que tombé aux côtés de Falley, le *Divisions-Adjutant* de la *91. LL-Div.* a été inhumé dans une autre tombe collective que son général, avec deux hommes de la *Luftwaffe* décédés un peu plus tard, au cours de juin 1944. (Photo Heimdal)

Marvin John Steele interviewé au pied de l'église de Sainte-Mère-Église, à l'occasion du 20e anniversaire du Débarquement. (Collection Jeannette Pentecôte)

Perpétuation du souvenir du Débarquement aéroporté du Cotentin

A Sainte-Mère-Église, dès le premier anniversaire de l'*Invasion*, on pense à une commémoration de la Libération – un mois à peine après la capitulation du IIIe Reich –. Peu à peu, les festivités ont gagné en importance et en notoriété, ce qui est sans doute particulièrement vrai pour Sainte-Mère-Église, par rapport à d'autres communes normandes libérées le même 6 juin 1944. De nombreux vétérans américains reviennent volontiers sur les lieux, de même que les Allemands d'ailleurs, quoique, au départ, beaucoup plus discrètement...

Pour les Sainte-Mère-Églisais, sans pour autant oublier les autres *Paratroopers*, c'est celui ayant atterri sur leur clocher qui a très vite eu la vedette. A la fin des années 1950, John Steele reçoit un questionnaire de Cornelius Ryan, et lui évoque son histoire... Mais c'est après la sortie du film épique *Le jour le plus long*, en 1962 (adaptation du livre de Ryan), qu'il va entrer dans la légende. Le film cristallise plusieurs erreurs, comme l'énorme fusillade sur la place de l'église, mais aussi une blessure par balle au pied de Steele. On a pu le voir, les témoignages de l'*Ogefr.* Rudolf May ou de la fille du vétérinaire, Georgette Flais née Monnier, contredisent clairement cela, excepté quelques tirs ayant causé la mort de John Ray et d'un soldat allemand, sur la face nord de l'église [Du moins, des dires de Ken Russell, car il n'y a aucune preuve de cela non plus ! NDT]. On lit également, que John Steele aurait été descendu du clocher par les Allemands et, subséquemment, fait prisonnier par eux, ce que (cette fois dans le bon sens !) *Le Jour le plus long* conteste, et qui est

Ci-contre : le même jour, Steele pointant le côté du clocher sur lequel il s'est posé le D-Day. (Collection Jeannette Pentecôte)

Ci-dessous : en arrière-plan, Juliette Brault dans son salon de coiffure, à l'occasion d'une visite de l'ancien *Paratrooper* du *3/505*, quasiment devenu une icône. (Collection Juliette Brault)

également réfuté par le témoignage limpide de Rudi Escher. Une première interview (qui, elle aussi, a pu ne pas retracer la réalité), reprise et déformée une, deux, trois fois, etc., par des journalistes et/ou historiens peu consciencieux et/ou qui souhaitent « défrayer la chronique » en ajoutant du piment sensationnel – au mépris de la démarche historienne –, font naître des péripéties n'ayant plus rien à voir avec la réalité. Par exemple, il est fort possible que John Steele ait été blessé au pied, mais pas au moment de son atterrissage, plus tard au cours de la Bataille de Normandie[44]. Retraçons la vie de John Marvin Steele : Il est né en 1912 à Metropolis dans l'Illinois, fils d'un capitaine de bateau fluvial du Mississippi. Il a six frères et sœurs, dont il est l'aîné, l'un de ses frères combat dans le Pacifique, et le plus jeune (prénommé Norman), membre de l'Armée de terre, trouve la mort lors de la campagne d'Allemagne, au printemps de 1945. Un autre, James, sert dans l'*US-Navy*. John Steele, qui est le *Paratrooper* le plus âgé de sa *F/505*, sert en Méditerranée avant la Normandie, et combattra ensuite dans le cadre de l'opération Market-Garden, puis lors de la bataille hivernale des Ardennes. Suite au film de Darryl F. Zanuck, qui revêt une dimension transnationale, Steele (interprété par Red Buttons) devient presque une icône, une figure de proue du Débarquement et des troupes aéroportées US ! Il est particulièrement mis à l'honneur lors des commémorations du 20e anniversaire du Jour-J. Quelques années après, atteint d'un cancer, il est emporté le 16 mai 1969. Jusqu'à sa mort, il entretiendra dur comme fer le mythe d'un furieux affrontement autour de l'église...

Inauguré, en présence du général Gavin dans le cadre du 20e anniversaire du Débarquement (avec la construction d'un hall en forme de voilure de parachute), l'*Airborne Museum* de Sainte-Mère-Église a beaucoup évolué en 55 ans d'existence, particulièrement ces dernières années. Dans deux halls spécialement aménagés pour les recevoir, sont installés un *Troop Carrier* Dakota C-47 (inauguré en 1983-84), et un planeur Waco CG4-A. Avant que l'avion (en état de marche) rejoigne son hall d'exposition, le *Pathfinder* Bob Murphy effectuera un saut en parachute sur le Cotentin, comme durant la nuit du 5 au 6 juin. Ce parachutage, très émouvant pour lui, sera le dernier de sa vie...

Vue en contre-plongée du Douglas C-47 exposé au musée *Airborne* depuis 1984, qui a participé à l'opération Neptune. (Photo von Keusgen)

Brochure distribuée par les services de presse de la *20th Century Fox*, présentant le film *Le jour le plus long* (ici, dans sa version allemande, *Der längste Tag*). On notera que les acteurs allemands sont mis en valeur sur la couverture : Wolfgang Preiss (au milieu), incarnant le général Max Pemsel, Paul Hartmann (en bas à droite) dans le rôle de Gerd von Rundstedt, ou encore Hans-Christian Blech (dans l'angle, en haut à droite) dans celui de Werner Pluskat. (Archives von Keusgen)

Accompagné du parachutiste français Yves Tariel, l'ancien *Pathfinder* Robert Murphy (à droite) saute de nouveau d'un C-47 près de 40 ans après le Jour-J, pour la toute dernière fois. (Coll. Robert Murphy)

Jeannette Pentecôte, seize ans en 1944, présente la pochette offerte par un G.I. alors qu'il montait en ligne, à D-Day+3. A l'occasion du 50e anniversaire du Débarquement de Normandie, elle l'offrira au musée *Airborne* de Sainte-Mère-Église. (Collection Jeannette Pentecôte)

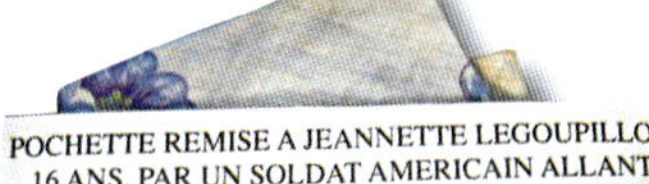

Toujours concernant ce C-47 : en 1984, un Américain du nom de John Ginter prétend l'avoir piloté durant l'opération « *Neptune* »... et certifie pouvoir le prouver, affirmant qu'à l'époque, juste avant le Débarquement, il avait collé un Penny dans le cockpit, en guise de porte-bonheur... En effet, en l'accompagnant dans l'appareil, il s'est avéré que le Penny était toujours fiché derrière le siège de pilote où, à l'époque, Ginter se trouvait ! Alors, la pièce de monnaie a été soigneusement retirée et placée dans une vitrine, expliquant ce très curieux coup du hasard ! John Ginter avait d'abord trouvé cette pièce à West Palm Beach (Floride), et l'avait conservée comme porte-bonheur jusqu'à l'*Invasion*.

Un autre objet de la collection du musée se trouve exposé là : une pochette... Le Jour-J, Jeannette Pentecôte (née Legoupillot), seize ans à l'époque, avait été envoyée par son père à l'extérieur du bourg, n'y revenant que plusieurs jours plus tard : « *Les Américains avançaient sur la route, arme au poing, toujours avec prudence... Soudain, l'un d'eux, jeune et sympathique, a pénétré dans notre bar. Un peu timide, hésitant, il s'est approché de moi et m'a dit, en français courant : "Mademoiselle, avant de quitter l'Amérique et de devoir partir en guerre, ma mère m'avait demandé d'offrir cela à la première Française que je rencontrerais...". Il m'a alors tendu cette jolie pochette, c'était très émouvant. Puis, il est parti, et je ne l'ai plus jamais revu...* ».

Toujours dans la même région, mais dans le secteur de la *101st Airborne*, un musée a été aménagé dans une petite maison qui, d'extérieur, « ne paie pas de mine », à un carrefour à flanc de colline, au sud de Saint-Côme-du-Mont. C'est là, le Jour-J, que le *Major* von der Heydte avait établi son *Gefechtsstand*, pour très peu de temps. Dans une pièce attenante, au premier étage, avait été installé le poste de secours par un *Stabsarzt* (médecin-capitaine) de l'un des trois bataillons du *FJR 6*. A cet endroit a été détruit un char américain Stuart, devant le muret en béton, grillagé, de la propriété des Marie – voir pages **147-149** –, et qui a donné le nom de *Dead Man's Corner* à ce musée extrêmement bien fait, très émouvant, rendant notamment hommage aux parachutistes des deux camps. Durant plusieurs jours, le buste du commandant du blindé est resté bien droit, dépassant par la trappe de tourelle, et les G.I.s marchant à proximité parlaient du « *Corner with the dead guy in the tank* ». Ce n'est que le 12 juin 1944, alors que les combats s'éloignent du nord de Carentan, que le chef de char le *Lt.* Anderson a été retiré de l'épave, pour être inhumé au cimetière provisoire de Carquebut [45].

Karl-Heinz Mayer, on l'a vu, grièvement blessé dans cette zone et conduit au poste de secours du *Dead Man's Corner* au matin du 7 juin, constitué prisonnier, vivra plusieurs semaines de calvaire. Il se souvient : « *Puis, d'un seul coup, je n'étais plus là, inconscient... En revenant à moi, à un moment indéterminé, j'ai pu comprendre que l'on m'avait pris en charge avec les quelques moyens disponibles. Je n'étais pas le seul à être rentré dans cette infirmerie : durant plusieurs jours, d'autres compagnons d'infortune y ont été amenés. Il régnait un ensemble de cris et de gémissements de douleur permanent, c'était insupportable... Malgré mes graves blessures, il y avait des gars encore*

44. Une autre version, probablement peu fiable, rapporte aussi que Steele aurait été blessé au pied par un éclat d'obus de *Flak*... Par ailleurs, une polémique est née il y a quelques années autour de la question de savoir si John Steele avait bien atterri du côté où, de nos jours, sont accrochés le parachute et le mannequin commémorant son atterrissage. Or, les témoignages allemands – qui, encore une fois, sont essentiels – récoltés par l'auteur (ceux de l'*Ogefr.* May et de l'*Uffz.* Escher) semblent bien indiquer que Steele ait atterri du côté sud du clocher, c'est-à-dire où le parachute et le mannequin se trouvent actuellement (NDT).

45. Notons que si plusieurs photographies américaines d'époque existent, aucune ne montre le commandant de char dans cette position, même si cette anecdote est tout à fait vraisemblable... Par ailleurs, voir l'article de Niels Henkemans (traduction de Tristan Rondeau) dans la revue *Normandie 44*, N°29 (novembre-décembre 2018 et janvier 2019), présentant très bien le mystère planant autour de l'identité du chef de char... (NDT)

plus à plaindre que moi. De nos jours, je ne peux même plus vraiment remettre du clair dans ma mémoire, quant à tout ce temps passé dans cette maison du carrefour de Saint-Côme-du-Mont... ». Tandis que la *Festung Cherbourg* est tombée aux mains des troupes US le 26 juin 1944 – la ville amplement réduite en ruines et en cendres –, ce n'est que trois semaines plus tard que le premier navire de transport a pu pénétrer dans le port, lui aussi largement endommagé et saboté. Ainsi ce bateau accueille-t-il des blessés à son bord le 15 juillet, en vue de les évacuer vers la Grande-Bretagne... Parmi eux, un « *Prisoner of War* », le *Fallschirmjäger* Karl-Heinz Mayer.

De nombreux monuments et stèles commémoratives sont visibles, sur les traces des deux divisions *US-Airborne* ayant combattu dans le Cotentin. Des rues ont pris le nom de combattants américains, et l'attrait du public pour cette zone du Débarquement de Normandie ne faiblit pas, ayant même tendance à s'accroître. Les musées évoluent, affinent leurs collections, suivent l'évolution des technologies et techniques modernes de communication, afin de s'adapter aux nouvelles générations, à un public n'ayant pas connu cette période... Les hommes qui, en 1944, étaient ennemis, se sont retrouvés pacifiquement, sur le ton de la réconciliation, échangeant leurs expériences dans un respect mutuel, de camaraderie par delà les frontières... Leur géné-

L'insigne de fusilier-voltigeur parachutiste de la Luftwaffe, institué en novembre 1936. (Collection privée)

Le 6 juin 2008, des anciens *Fallschirmjäger* ayant combattu en Normandie se retrouvent au Dead Man's Corner Museum. A gauche, Heinrich Leufort et, à droite, Günther Prignitz. Bruno Hinz et Karl-Heinz Mayer reviendront également avec émotion sur Saint-Côme-du-Mont... (Collection Thierry Quittard, 2008)

Dans la pièce de l'angle sud-ouest du musée Dead Man's Corner (devenu D-Day-Experience), le *Regiments-Gefechtsstand* de von der Heydte a été reconstitué avec un réalisme des plus frappants... (Photo von Keusgen)

... de même que le poste de secours du *FJR 6*, installé dans la pièce attenante dès le Jour-J. Les mannequins ont des attitudes et des postures très vivantes, leurs uniformes et équipements montés avec grand soin. (Photo F. Coune/Heimdal - Musée Dead Man's Corner))

Cette fois, un groupe de « *All American* » en chair et en os, des reconstituants eux-aussi très réalistes, sur la place de Sainte-Mère-Église. (Photo von Keusgen)

ration est sur son crépuscule. Ces anciens combattants sont, chaque jour, de moins en moins nombreux. Leurs rangs, à chaque cérémonie, sont toujours plus clairsemés. Le 60ᵉ anniversaire du Débarquement a été particulièrement grandiose, à Sainte-Mère-Église, des événements multimédias, avec des vedettes de la télévision et de la chanson, comme Mireille Mathieu entonnant le chant des partisans, devant un public toutes nationalités confondues (Français, Américains, Anglais, Hollandais, Belges, Allemands...), réuni là pour célébrer la liberté et rendre hommage à ceux qui ont perdu la vie le Jour-J. Le 70ᵉ a lui aussi été très intense, et bientôt le 75ᵉ. J'observe également l'attrait grandissant de la reconstitution, hommes et femmes habillés comme autrefois – en civils, en militaires, principalement américains – , roulant dans des véhicules, parfois magnifiquement restaurés, typiques de l'époque.

Pour conclure ce livre, quelques mots de Juliette Brault : « *Malgré toutes les peines du moment, c'a été formidable de voir les libérateurs débarquer, en juin 1944, pour mettre un terme à cette occupation de près de quatre ans. Vive la liberté !* ».

INDEX DES SOURCES

Récits vécus oraux et écrits

(en grande partie récoltés directement par l'auteur)

Brault Georges, habitant de Fresville en 1944.

Brault Juliette (née Le Cambaye), habitante de Sainte-Mère-Église en 1944.

Burns Dwayne, *F-Company* du *508th PIR, 82nd US-Airborne Division.*

Chaterine Marguerite, habitante de l'Angle (à l'est de Picauville) en 1944.

Deboeser Rolf (*Gefreiter*), fantassin du *Gren.-Rgt. 1058, 91. LL-Div.*

Dixon Jack (Winggezy), *Pathfinder* de la *101st US-Airborne Division* [46].

Eisner Julius, *Pathfinder* du *2/505, 82nd US-Airborne Division.*

Ennenga Johann, membre du *Reichs-Arbeits-Dienst* rattaché à la *Flak-Abteilung 152.*

Escher Rudi (*Unteroffizier*), *Gren.-Rgt. 1058, 91. LL-Div.*

Falley Claus, fils du *Gen.-Lt.* Wilhelm Falley, commandant en titre de la *91. LL-Div.*

Flais Georgette (née Monnier), habitante de Sainte-Mère-Église en 1944.

Hasley Lucien, habitant de Picauville.

Hinz Bruno (*Gefreiter*), *6. Kompanie* du *Fallschirm-Jäger-Regiment 6.*

Josse Auguste, habitant du hameau de Bernaville.

Lagouche Marguerite, habitante de Bernaville en 1944.

Lahaye Charles, habitant de Pont-l'Abbé.

Lebarbenchon Louis, habitant de La Bonneville (à l'ouest d'Étienville).

Le Cambaye Michel, habitant de Sainte-Mère-Église en 1944.

Leidenheimer George, *507th PIR, 82nd US-Airborne Division.*

Lyall "Clancy" (Clarence), *E-Company* du *506th PIR, 101st US-Airborne Division.*

May Rudolf (*Obergefreiter*), *Gren.-Rgt. 1058, 91. LL-Div.*

Mayer Karl-Heinz (*Obergefreiter*), *3. Kompanie* du *Fallschirm-Jäger-Regiment 6.*

Murphy Robert, *Pathfinder* du *505th PIR, 82nd US-Airborne Division.*

Neusser Max, section cycliste de la *Stabs-Kompanie* du *Fallschirm-Jäger-Regiment 6.*

Pentecote Jeannette (née Legoupillot), habitante de Sainte-Mère-Église en 1944.

Russell « Ken » (Kenneth), *F-Company* du *505th PIR, 82nd US-Airborne Division.*

Ce monument rappelle l'emplacement d'un cimetière provisoire américain, ici à Blosville. (Photo von Keusgen)

Monument édifié peu après la fin de la guerre, en l'honneur de la libération du canton par les *101st* et *82nd US-Airborne Divisions*. (Photo von Keusgen)

« The Beginning » (le commencement), rendant hommage aux *Paratroopers* du *507th PIR* dans leur lutte pour la libération de l'Europe occidentale. Il se trouve près d'Amfreville, à l'emplacement de la *DZ « T »* du régiment. (Photo von Keusgen)

Ici, un hommage au *508th PIR*, auprès du pont de Chef-du-Pont, enjambant le Merderet. (Photo von Keusgen)

Spieles Heinrich (*Gefreiter*), *Stabs-Kompanie* du *Gren.-Rgt. 1058, 91. LL-Div.*

Sullivan « Bill » (William), *HQ-Company* du *1/505, 82nd US-Airborne Division.*

Tucker « Bill » (William), *I-Company* du *505th PIR, 82nd US-Airborne Division.*

Villette Paul, habitant de Picauville en 1944.

Bibliographie

Bernage Georges et François Dominique, *Utah Beach – Sainte-Mère-Église – Sainte-Marie-du-Mont*, Heimdal, Bayeux, 2004.

Boivin Michel et **Garnier Bernard**, *Les victimes civiles de la Manche dans la bataille de Normandie*, Conseil général de la Manche, Éditions diffusion de Lys, 1994.

Carell Paul, *Sie kommen ! Der deutsche Bericht über die Invasion und die 80-tätige Schlacht um Frankreich*, Gerhard Stalling Verlag, Oldenburg, 1960.

François Dominique, *82nd US-Airborne-Division 1917-2005*, Heimdal, Bayeux, 2006.

François Dominique, *507th Parachute Infantry Regiment 1942-1945*, Heimdal, Bayeux, 2000.

François Dominique, *508th Parachute Infantry Regiment – Red Devils*, Heimdal, Bayeux, 2001.

Going Chris et Jones Alun, *D-Day – The lost evidence*, Crecy Publishing Limited, Manchester, 2004.

Heydte Friedrich August Freiherr von der, *„Muss ich sterben – will ich fallen“*, K. Vowinckel Verlag, Berg, 1987.

Howarth David, *Invasion – Die entscheidenden 24 Stunden der Schlacht*, Scherz Verlag, Munich, 1959.

Kühn Volkmar, *Deutsche Fallschirmjäger im Zweiten Weltkrieg – Grüne Teufel im Sprungeinsatz und Erdkampf*, Motorbuch Verlag, Stuttgart, 1975.

Jutras Philippe, *Sainte-Mère-Église – Paras US. 6 juin 1994*, Heimdal, Bayeux, 1994.

Lebarbenchon Roger-Jean, *Américains et Normands dans la bataille – Récits et témoignages*, Azer, 1993.

Marshall S.L.A., *Einsatz bei Nacht – Landung und Kampf zweier Luftlandedivisionen*, Verlag Huber & Co AG, Frauenfeld, 1964.

46. Encore une fois, ce personnage a, comme Howard Manoian, inventé un mythe personnel héroïque absolument faux et qui, avec une analyse critique même rapide, ne tient pas debout. Pour ne pas altérer l'intérêt de cet ouvrage, nous avons choisi de ne pas faire figurer ses témoignages dans la version française (NDT/NDLR).

Murphy Robert M, *No better Place to Die – The Battle for La Fière Bridge – Ste-Mère-Eglise, June 1944*, Casemate Publishers, 2011.
Neillands R. et R. de Normann, *D-Day 1944 – Voices from Normandy*, Cassell Military Paperbacks, Londres, 2001.
Renaud Alexandre, *Sainte-Mère-Église – 5-6 Juin 1944*, Julliard, 1984.
Ryan Cornelius, *Der längste Tag – Normandie: 6. Juni 1944*, Lizenzaufgabe, Bertelsmann Lesering, Gütersloh, 1962.
Sakkers Hans (Herausgeber), *Normandie 6. Juni 1944 im Spiegel der deutschen Kriegstagebücher – Der Großangriff auf den Atlantikwall*, Biblio Verlag, Osnabrück, 1998.

Fonds d'articles, récits officiels et correspondances

Correspondance du général James Gavin avec le *First Lieutenant* John Dolan et le *Sergeant* William Owens (anciens membres de la *A/505*), 1959.
Compte rendu du *Major* Landgrebe, commandant le IIIe groupe de batteries de l'*Art.-Rgt. 243* (établi en captivité en 1945).
Compte rendu du *Gen.-Lt.* August Karl-Wilhelm von Schlieben, commandant la *709. Inf.-Div.* (établi en captivité en 1945).
Récits du correspondant de guerre William Walton (parachuté avec la *82nd US-Airborne Division*), 1944.
Recueil de témoignages *Picauville se souvient – Récits anecdotiques du quotidien en juin 1944*, EDITEC, 1994.

Et pour terminer, la statue en bronze « Iron Mike » de La Fière, orientée vers l'ouest et dominant le Merderet. La photo de commémoration a été prise en juin 2008. (Photos von Keusgen)

Crédits photographiques

Collections privées de Joachim Bartuzat junior, Juliette Brault née Le Cambaye, Dwayne T. Burns, Brigitte von Cube, Rolf Deboeser, Sven Eisengräber, Johann Ennenga, Rudi Escher, Claus Falley, Georgette Flais née Monnier, Franz-Josef Freiherr von der Heydte, Bruno Hinz, Jörg Kohnen-May, George Leidenheimer, Clarence C. Lyall, Gerold Maderthaner, Karl-Heinz Mayer, Robert M. Murphy, Max Neusser, Jeannette Pentecote née Legoupillot, Bernhard Prugger, Henri-Jean Renaud, Rudolf Schlögl, Heinrich Spieles, William Sullivan et William Tucker.
Fonds d'archives photographiques (publics ou privés) : *Bundesarchiv Koblenz*, Éditions Heimdal, Archives von Keusgen, National Archives & Records Administration (NARA) Coll. Park/Maryland USA.

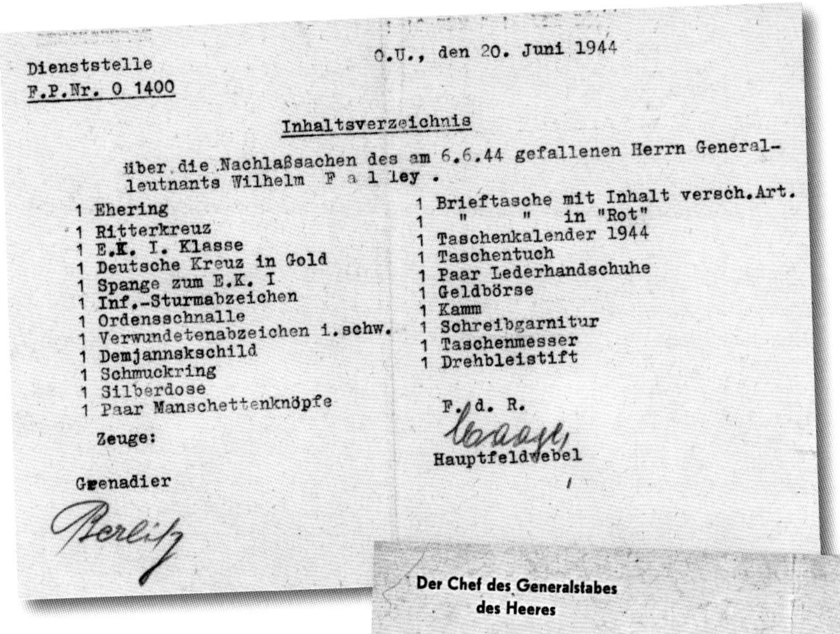

Dienststelle
F.P.Nr. 0 1400

O.U., den 20. Juni 1944

Inhaltsverzeichnis

über die Nachlaßsachen des am 6.6.44 gefallenen Herrn Generalleutnants Wilhelm F a l ley .

1 Ehering
1 Ritterkreuz
1 E.K. I. Klasse
1 Deutsche Kreuz in Gold
1 Spange zum E.K. I
1 Inf.-Sturmabzeichen
1 Ordensschnalle
1 Verwundetenabzeichen i.schw.
1 Demjanskschild
1 Schmuckring
1 Silberdose
1 Paar Manschettenknöpfe

1 Brieftasche mit Inhalt versch.Art.
1 " " in "Rot"
1 Taschenkalender 1944
1 Taschentuch
1 Paar Lederhandschuhe
1 Geldbörse
1 Kamm
1 Schreibgarnitur
1 Taschenmesser
1 Drehbleistift

Zeuge:

Grenadier
Berlitz

F.d. R.
[signature]
Hauptfeldwebel

Ci-dessus : liste des effets personnels du général Falley, établie par l'état-major de la *91. LL-Div.* le 20 juin 1944 : Alliance, décorations, bague (parure), boîte en argent, boutons de manchettes, deux portefeuilles, un calendrier de poche de l'année en cours, une paire de gants en cuir, un porte-monnaie, un peigne, un nécessaire d'écriture, un couteau de poche et un porte-mine. Signé par un *Hauptfeldwebel* (adjudant de compagnie, ou « *Spieß* ») et un témoin, un homme de troupe dénommé Perlitz. (Collection Claus Falley)

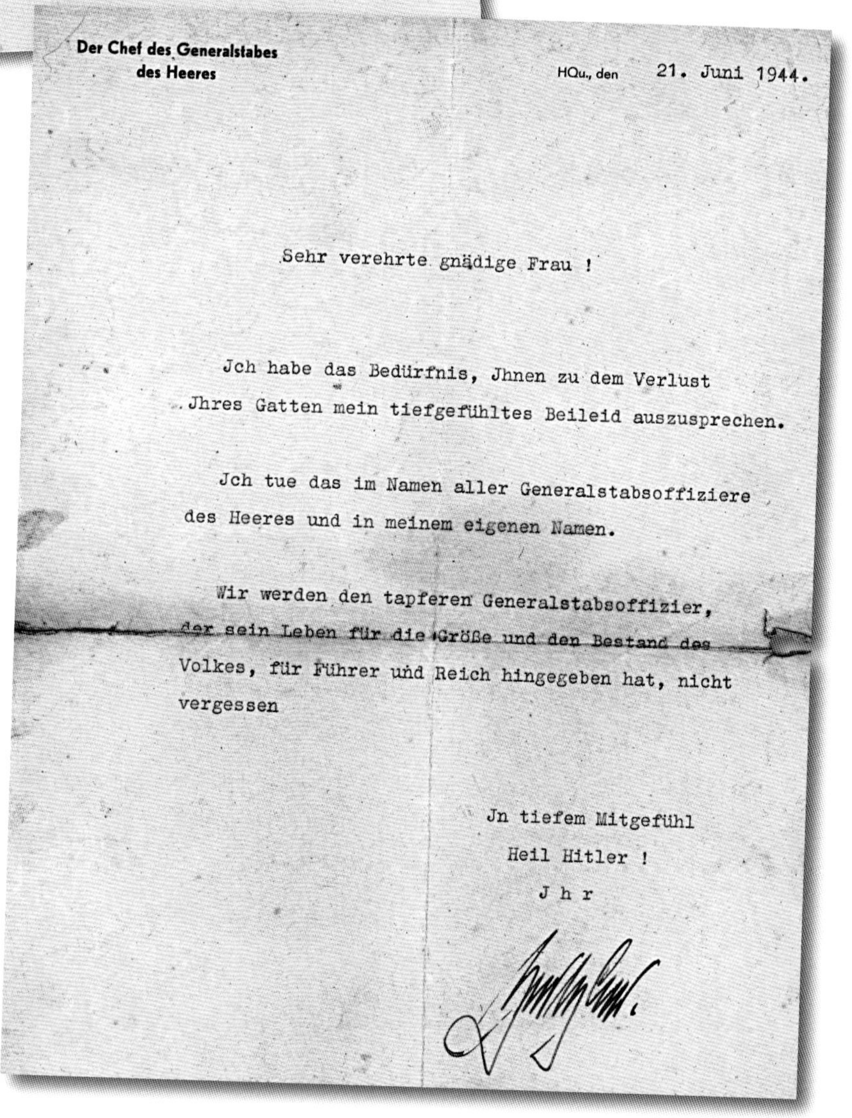

Der Chef des Generalstabes
des Heeres

HQu., den 21. Juni 1944.

Sehr verehrte gnädige Frau !

Jch habe das Bedürfnis, Jhnen zu dem Verlust Jhres Gatten mein tiefgefühltes Beileid auszusprechen.

Jch tue das im Namen aller Generalstabsoffiziere des Heeres und in meinem eigenen Namen.

Wir werden den tapferen Generalstabsoffizier, der sein Leben für die Größe und den Bestand des Volkes, für Führer und Reich hingegeben hat, nicht vergessen

Jn tiefem Mitgefühl
Heil Hitler !
J h r

[signature]

Ci-contre : lettre du chef d'état-major de l'Armée de terre envoyée à l'épouse du *Major* Bartuzat, écrite le 21 juin : « *Très chère Madame, Je tiens à vous exprimer mes plus sincères condoléances, pour la perte de votre mari. Je le fais au nom de tous les officiers de l'état-major du* Heer, *et à titre personnel. Nous n'oublierons pas ce vaillant officier du corps d'état-major, qui a donné sa vie pour la grandeur et la préservation du peuple, pour le* Führer *et le* Reich.

Avec toute ma compassion
Heil Hitler !
Votre Zeitzler »

[Kurt Zeitzler a été à la tête de l'état-major du *Heer* du 24 septembre 1942 au 10 juillet 1944 NDT]

Remerciements

Pour leur appui désintéressé dans la réalisation de cet ouvrage, je tiens à exprimer mes remerciements à Joachim Bartuzat Jr, à Georges Bernage, à Dwayne T. Burns, à Brigitte von Cube, à Rolf Deboeser, à Sven Eisengräber, à Johann Ennenga et son fils, à Georgette Flais, à Roland Girard, à Franz-Josef Freiherr von der Heydte, à Marc Lefèvre (ancien maire de Sainte-Mère-Église), à Joseph Leprieur, à Clancy C. Lyall, à Jeannette Pentecote, au *Magister* Bernhard Prugger, à Henri-Jean Renaud, à Kenneth Russell, à Rudolf Schlögl, à Heinrich Spieles, à William Sullivan et Bill Tucker.
Il me faut, bien entendu, remercier tout particulièrement les personnes suivantes : l'*Oberstleutnant a.D.* Hans-Dieter Bechtold, Juliette Brault, Jack Dixon, Rudi Escher, Claus Falley et son épouse, Bruno Hinz, Marguerite Lagouche, Isabelle Lagoude ; Robert M. Murphy, Karin Clarissa Röhrs, Paul Vilette, ainsi que mon fils Alexandre et mon épouse Elodie.

Helmut Konrad Freiherr von Keusgen

Achevé d'imprimer en juin 2019
sur les presses de l'imprimerie Jelgavas (UE)
pour le compte des Éditions Heimdal
Georges Bernage, éditeur.

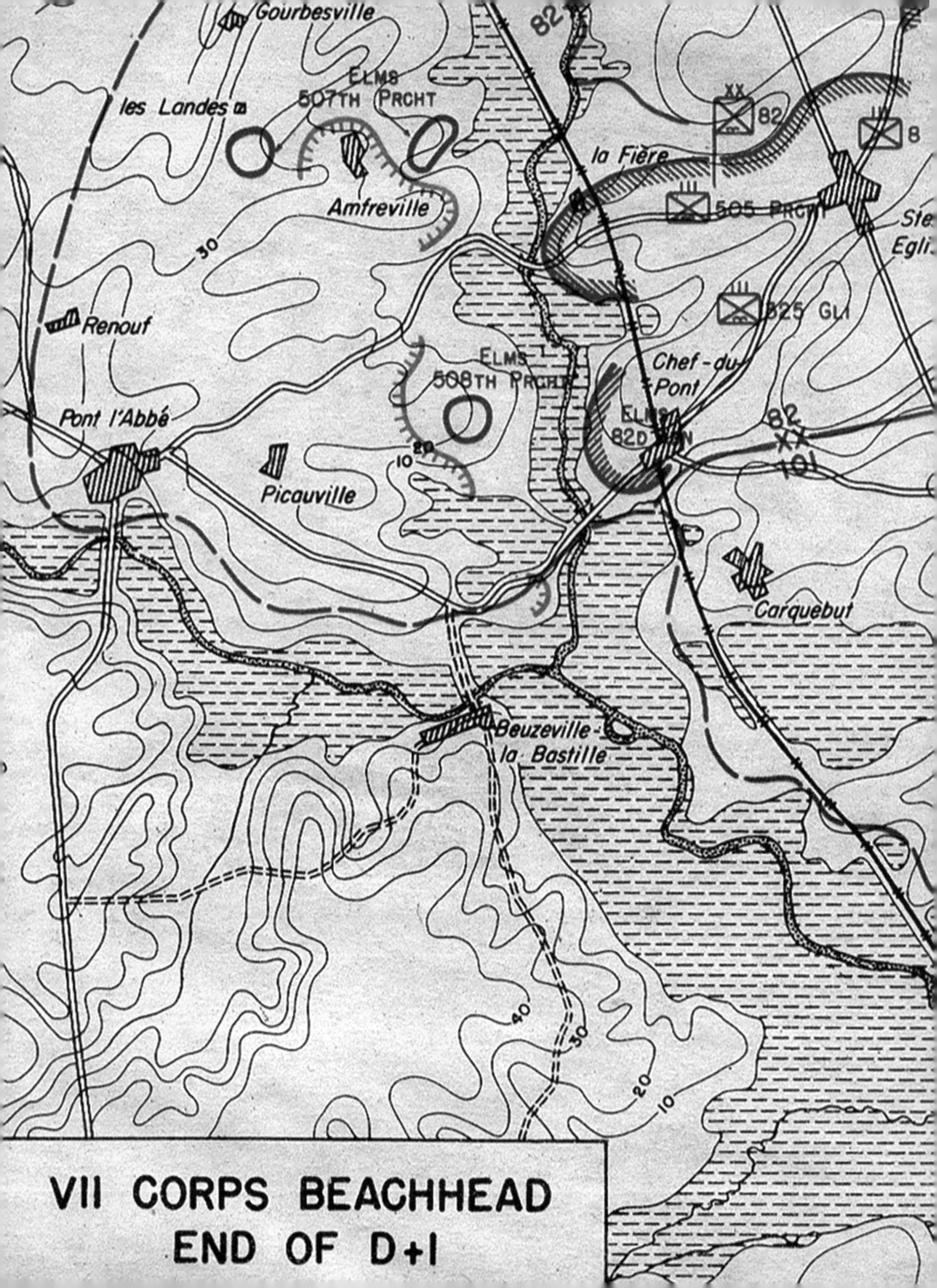
Gourbesville
ELMS
507TH PRCHT
les Landes
Amfreville
la Fière
82
505 PRCHT
8
Ste
Egli
30
Renouf
325 GLI
ELMS
508TH PRCHT
Chef-du-Pont
ELMS
82D DIV
Pont l'Abbé
82
XX
101
20
10
Picauville
Carquebut
Beuzeville-la Bastille
40
30
20
10
VII CORPS BEACHHEAD
END OF D+1